KB057973

빅데이터 인문학: 진격의 서막

빅데이터 인문학: 진격의 서막

800만 권의 책에서
배울 수 있는 것들

에레즈 에이든 & 장바티스트 미셸 지음

김재중 옮김

사계절

일러두기

1. 본문의 이해에 꼭 필요하다고 생각되는 주석은 각주(본문에 *로 표시)로 처리했고, 나머지는 미주(본문에 일련 번호로 표시)로 처리했다. 원주는 별도의 표시를 하지 않았고, 옮긴이 주는 '– 옮긴이'라고 표시했다.

2. 이 책에 실린 도표들은 기본적으로 구글 엔그램 뷰어(books.google.com/ngrams)에서 영어로 검색한 것들이다. 본문에서는 편의상 원어를 병기하지 않았고, 부록에서는 검색어 자체를 보여준다는 의미에서 병기했다. 중국어, 러시아어 등 다른 언어의 검색어인 경우는 본문에도 원어를 병기해두었다.

3. 도서명을 제외한 원서의 이탤릭체 부분은 밑줄을 그어 표시했다.

4. 좌담의 주석은 편집자가 덧붙인 것이다.

chapter 1

빅데이터가 일으킬
인문학 혁명

장차 우리를 압도하고 우리를 사로잡을 이상한 매혹을 수백만 명이 공유하게 될 혁명이 어디선가 일어나고 있었다. 그 핵심에는 인류가 벌인 활동에 관한 역사적 기록의 창조 및 보존과 연관된 빅데이터 혁명이 있었다. 이 혁명의 결과물은 우리가 우리 자신을 바라보는 방법을 바꿀 것이다. 또 우리 사회의 본질을 더 효율적으로 탐색할 수 있는 관찰도구를 창조하게 해줄 것이다. 빅데이터는 인문학을 바꾸고, 사회과학을 변형시키고, 상업 세계와 상아탑 사이의 관계를 재조정할 것이다.

전 세계 주요 도서관의 서가에 꽂혀 있는 모든 책을 읽을 수 있는 로봇이 있다고 가정해보자. 이 로봇은 엄청나게 빠른 속도로 책들을 읽어나가고, 절대로 오류가 생기지 않는 로봇 메모리로 단어들을 하나하나 기억한다. 이 로봇 역사학자에게 우리는 무엇을 배울 수 있을까?

미국인이라면 친숙할 간단한 사례를 하나 보자. 오늘날 미국인들은 '남부에 있는 주州는 남부인들로 가득 차 있다are'라고 말한다. 그리고 '북부에 있는 주는 북부인들로 가득 차 있다are'라고 말한다. '뉴잉글랜드 주는 뉴잉글랜드인들로 가득 차 있다are'라고 말한다. 그러나 우리는 '미합중국the United States은 시민들로 가득 차 있다is'라고 말한다.

왜 우리는 여기서 단수형을 사용할까? 이것은 첨예한 문법 문제를 넘어 미국의 국가 정체성에 관한 문제다.

미합중국이 세워질 때 나라를 기초한 문서인 「연합헌장Articles of Confederation」은 중앙정부를 약한 정부로 규정하고, 새로운 독립체entity를 단일 국가가 아니라 오늘날의 유럽연합과 다소 유사한, 독립적인 주들이 맺은 '우애의 연맹league of friendship'으로 표현했다. 사람들은 자신을 미국인American이라기보다는 특정한 주에 속하는 시민으로 여겼다.

마찬가지로, 시민들은 '미합중국'을 각각 뚜렷이 구분되고 대체로 독립적인 주들의 무리를 표현하기에 적합한 복수형으로 나타냈다. 예를 들어 1799년 존 애덤스 대통령은 연두교서에서 '미합중국과 영국 국왕 폐하 사이의 조약들the United States in their[1] treaties with His Britannic Majesty'에 관하여 말했다. 오늘날 미국 대통령이 이렇게 표현하는 것은 상상조차 할 수 없다.

'우리 인민들We the People'(1787년 헌법)*은 언제 진정으로 '하나의 국

빅데이터가 일으킬 인문학 혁명

가one nation'(1942년 국기에 대한 맹세)가 됐을까?²

    역사학자들에게 물어보면 그들은 제임스 맥퍼슨James McPherson의 유명한 남북전쟁 역사서『자유의 함성Battle Cry of Freedom』의 마지막에 등장하는 잘 알려진 답변으로 우리를 인도할 것이다.

> …… 전쟁이 낳은 큰 차원의 결과가 무엇인지는 분명해 보인다. 분리독립과 노예제는 애퍼매톡스Appomattox** 이후 고사해 125년 동안 되살아나지 못했다. 이런 결과가 오로지 전쟁 때문에 나타났다고는 할 수 없지만, 적어도 전쟁이 마침표를 찍은 미국 사회와 국가의 광범위한 전환을 의미한다. 다시 말해 1861년 이전에 '합중국United States'이라는 두 단어는 '합중국은 공화국이다the United States are a republic'처럼 일반적으로 복수 명사로 표현됐다. 전쟁은 합중국이 단수 명사로 전환됐음을 알리는 이정표가 되었다.³

    이런 주장을 한 사람이 맥퍼슨이 처음은 아니다. 이 케케묵은 이야기는 적어도 100년 전부터 도마 위에 올랐다. 1887년『워싱턴 포스트』에 등장하는 다음의 기사 발췌문을 보라.

> 몇 년 전만 해도 합중국을 복수형으로 말하던 시절이었다. 사람들은 'the United States are', 'the United States have', 'the United States

---

• 미국 헌법은 합중국을 복수로 취급한다. 예를 들어 제3조 제3절은 "미국에 대한 반역죄는 그들them에 대하여 전쟁을 일으킬 때에만 성립한다"라고 되어 있다.
•• 미국 버지니아 주 중부에 있는 도시. 남북전쟁에서 남군을 이끌었던 리 장군이 1865년 4월 9일 북군 총사령관 그랜트 장군에게 항복한 곳이다. ─옮긴이

were'라고 했다. 그러나 전쟁은 이 말들을 바꾸어버렸다. 문법 문제는 체서피크에서 세바인 패스에 이르는 전선을 따라 영원히 정착했다. 웰스, 그린, 린들리 머리가 아니라 셰리든의 기병, 셔먼의 소총, 그랜트의 대포가 그렇게 만들었다.* …… 데이비스**와 리 장군의 항복은 복수형에서 단수형으로의 전환을 의미했다.⁴

한 세기가 지난 뒤인데도 이처럼 마음을 뒤흔드는 언어와 대포와 모험 이야기를 읽으면서 전율을 느끼지 않기는 어려웠다. 어느 누가 문법에 관한 전쟁, 혹은 '셰리든의 기병들'이 정착시킨 용례의 미묘한 지점 같은 것을 꿈이나 꾸었겠는가?

하지만 이 말을 믿어야 할까?

분명 그럴 것이다. 제임스 맥퍼슨은 미국역사학회의 회장을 역임한 전설적인 역사학자로, 그의 유명 저작 『자유의 함성』은 퓰리처상까지 받았다. 더구나 1887년 『워싱턴 포스트』에 기사를 쓴 사람은 분명 이러한 문법적 반전을 직접 경험했을 테고, 그들의 목격자 기억eyewitness testimony은 매우 선명했을 것이다.

그렇지만 맥퍼슨이 아무리 명석하다 해도 전혀 틀리지 않는다고 할 수는 없다. 그리고 목격자들은 종종 사실을 오해하곤 한다. 더 좋은 방법이 없을까?

아마도 있을 것이다. 우리의 로봇—모든 도서관의 모든 책을 읽은 가

---

* 앞의 세 사람은 영어 문법학자들이고, 뒤의 세 사람은 남북전쟁에서 북군을 이끌었던 장군들이다. ─옮긴이
** 남부연합의 대통령이었던 제퍼슨 데이비스를 가리킨다. ─옮긴이

상의 로봇—에게 기계적으로 추출한 의견을 요청한다고 생각해보자.

우리의 요청에 따라 우리의 편리한 로봇 역사가가 그 엄청난 기억력을 이용해 아래와 같은 도표를 그린다고 생각해보라. 이 도표는 'The United States is'와 'The United States are'라는 표현이 미국에서 영어로 출판된 책들에서 얼마나 자주 쓰였는지를 장기간에 걸쳐 보여준다. 도표에서 가로축은 연도별로 시간의 흐름을 보여준다. 세로축은 이 두 표현의 빈도를 보여주는데, 우리가 보고자 하는 해에 평균적으로 10억 단어마다 몇 회나 쓰였는지를 나타낸다. 예를 들어 로봇은 1831년에 출판된 책에서 3억 1338만 8047개의 단어를 읽었다. 이 단어들 가운데 'The United States is'라는 표현을 6만 2759회 보았다. 이것을 환산하면 10억 단어마다 평균 20회 쓰인 것이며, 도표에는 1831년에 상응하는 선의 높이로 표현돼 있다.

이 도표는 사람들이 언제부터 미합중국을 단수형으로 부르기 시작했는지를 명명백백하게 보여준다.

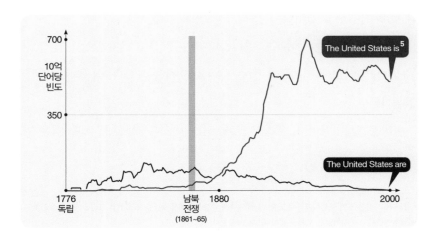

그런데 작은 문제가 하나 있다. 가상의 로봇이 그린 가상의 도표를 보면 우리가 조금 전에 독자들에게 한 이야기는 잘못됐다. 한 예로, 복수에서 단수로의 변환은 단번에 일어나지 않았다. 1810년대에서 시작해 1980년대까지 150년이 넘는 기간 동안 점진적으로 일어났다. 더군다나 남북전쟁 기간에 갑작스러운 전환 같은 것은 없었다. 사실 전쟁 직전과 직후에는 별다른 차이가 없었다. 전후에 가속이 붙긴 했지만, 리 장군이 항복하고서 5년이 지난 뒤부터 그랬다. 로봇에 따르면, 전쟁이 끝나고 15년이 지난 1880년까지 단수형을 더 보편적으로 사용하지는 않았다. 심지어 오늘날까지도 주들의 연합이 새겨진 복수형의 깃발the plural banner of state-spangled confederacy은 펄럭이고 있다.*

물론 이 모든 것은 가상의 이야기다. 목격자나 상을 받은 역사가를 능가하는 속독 로봇에 관한 이야기는 도저히 믿기 어렵기 때문이다.

이 모든 것이 사실이라는 점만 빼고는 말이다.

맥퍼슨이 명석하기는 하지만 단수형에 한해선 틀렸다. 목격자는 사건을 정확하게 회상하지 못했다. 그리고 우리가 여러분에게 이야기한 로봇은 존재한다. 우리가 방금 보여준 도표는 그 로봇이 그린 것이다. 이 도표말고도 수십억 개의 도표가 더 그려질 것이다. 오늘날 전 세계의 수백만 명이 로봇의 디지털 눈을 통해 역사를 새로운 방식으로 보고 있다.

---

* 미국의 국가인 〈성조기여 영원하라The Star-Spangled Banner〉에 빗댄 표현으로, '별star' 대신 '주state'를 넣은 말놀이다. -옮긴이

빅데이터가 일으킬 인문학 혁명

역사적 변화를 측정하는 현미경이 있다면

새로운 종류의 렌즈가 우리가 세상을 보는 방식에 영향을 미친 것은 이번이 처음은 아니다.

13세기 말의 새로운 발명품인 안경은 이탈리아 전역에서 들불처럼 퍼져나가기 시작했다. 아예 존재하지도 않던 안경이 수십 년 만에 단순히 진기한 물건에서 아주 흔한 물건으로 바뀌었다. 스마트폰의 전신인 안경은 이탈리아인들에게 없어서는 안 될 기기로서, 패션과 기능을 결합한 웨어러블 테크놀로지wearable technology의 초기 대성공작이었다.

안경이 유럽을 넘어 전 세계로 퍼져나가면서 시력검사가 성황을 이루었으며, 렌즈[6]를 만드는 기술도 발전하고 렌즈 값도 싸졌다. 당연히 여러 겹의 렌즈가 겹쳐졌을 때 어떤 일이 일어나는지를 다룬 실험도 등장했다. 얼마 후 사람들은 간단한 공학 기술을 가지고도 사물을 극단적으로 확대할 수 있다는 사실을 알아챘다. 합성렌즈compound lenses는 맨눈으로는 보이지 않던 세계를 새로이 드러내 보였다.

예를 들어 합성렌즈는 아주 작은 것들을 확대하는 데 쓰였다. 현미경은 매우 오래된 생명의 수수께끼와 관련해 적어도 두 가지 놀라운 사실을 발견해냈다. 현미경은 우리 주변의 모든 동식물이 아주 작고 물리적으로 분리된 단위로 잘게 나뉘어 있다는 것을 보여주었다. 이 사실을 발견한 로버트 후크Robert Hooke[7]는 이러한 단위들이 수도원의 거주 구역과 비슷하다고 주장하며, 이것들을 세포cell라고 명명했다. 현미경은 미생물microbes[8]의 존재도 밝혀냈다. 이 독립적 유기체는 종종 단 하나의 세포로 이뤄지는데, 생태계living world의 아주 방대한 다수가 이들로 구성돼 있다. 현미경이 발명되기 전에는 어느 누구도 그러한 생물 형태가 존재하리라고 생각하지 못했다.

합성렌즈는 멀리 있는 사물을 확대하는 데에도 사용되었다. 현대의 기준에서 보면 아이들 장난감에 불과한 30배율 망원경을 가지고 갈릴레오[9]는 우주의 수수께끼와 씨름했다. 그의 망원경은 어디를 보건 전에 보았던 것보다 더 많은 것을 볼 수 있게 해주었다. 오랫동안 완벽한 구라고 믿었던 달에 갈릴레오가 망원경의 초점을 맞추자 계곡과 평원과 산들이 눈에 들어왔는데, 산들은 늘 해의 반대편을 향해 그늘을 뚜렷이 드리웠다. 갈릴레오는 은하수Milky Way라고 불리던, 밤하늘을 가로지르는 밝은 띠를 탐구해 오늘날 우리가 갤럭시Galaxy라고 부르는 이것이 사실은 셀 수 없이 많은 아주 작은 별들로 이루어져 있음을 알아냈다. 갈릴레오가 성취한 가장 유명한 발견은 망원경의 초점을 행성들에 맞췄을 때 이뤄졌다. 그는 문자 그대로 신세계인 금성, 목성의 주변을 도는 위성들의 상像, phase을 보았다.

갈릴레오의 관측은 지구가 모든 것의 중심에 자리 잡고서 정지해 있다는 프톨레마이오스의 개념에 반하는 결정적 증거로 활용됐다. 그의 관측으로 태양이 중심이고 그 주위를 행성들이 돈다는 코페르니쿠스의 관점이 나올 수 있었다. 빛을 이용한 단순한 장난감에 불과했던 광학렌즈는 갈릴레오의 민첩한 손을 거치면서 과학혁명을 일으켰을 뿐만 아니라 동시에 서구인의 삶에서 종교가 지닌 의미에도 변화를 가져왔다. 이 일은 근대 천문학의 탄생 이상이었다. 나아가 그것은 근대 세계의 탄생을 의미했다.[10]

250여 년이 지난 오늘날에도 현미경과 망원경은 과학의 진보에서 엄청난 의의를 가진다. 물론 기기 자체는 바뀌었다. 전통적인 광학적 상 만들기optical imaging는 훨씬 더 정교해졌고, 현대적인 현미경과 망원경은 명백히 다른 과학적 원리에 의존한다. 예를 들어 주사형 터널 현미경scanning tunneling microscope은 20세기 양자역학의 원리를 이용한다. 그렇지만 천문학·생물학·화학·물리학 등 과학의 다양한 분야에서 학문의 경계는 여전히 학자들이 실제로 사용하는 관찰도구에 의해, 즉 최신 현미경과 망원경을 통해 알아내는 것들에 의해 그어진다.

대학원생 시절이던 2005년, 우리 두 사람은 과학자들이 사용한 관찰도구들과 이 도구들이 과학을 가능하게 했던 방식에 관해 생각하며 긴 시간을 보냈다. 그러다 우리는 엉뚱해 보이는 아이디어에 와락 호기심이 생겼다. 오랜 시간 우리는 역사 연구에 흥미를 갖고 있었다. 특히 인류 문화가 어떻게 변해왔는가 하는 문제에 사로잡혀 있었다. 이러한 변화 가운데 상당수는 극적이지만 대개는 극히 미묘해서 다른 무언가의 도움을 받지 않고 인간의 지능만으로는 거의 알아낼 수가 없다. 우리는 인류 문화를 측정하는 현미경 같은 것이 있어서 우리가 전혀 알아채지 못했던 이러한 작은 결과들을 알아내고 추적할 수 있다면 얼마나 대단할까 하고 생각했다. 아니면 어떤 망원경이 있어서 멀리 떨어진 곳, 심지어 다른 대륙이나 수세기 전에 있었던 일들을 볼 수 있게 해준다면? 간단히 말해 물리적인 사물을 관찰하는 대신 역사적 변화를 관찰하는 어떤 도구를 창조하는 게 가능하다면?

물론 이런 도구가 갈릴레오의 망원경이 이룩한 것과 같은 수준의 기여를 하지는 않을 것이다. 근대 세계는 이미 존재한다. 태양은 이미 태양계의 중심에 있다. 기본적으로 관찰도구가 좋은 물건이라는 점은 익히 알려져 있다. 그러나 우리가 추론하기로 이 새로운 관찰도구는 박봉에 배를 곯지만 과잉 교육을 받은 전형적인 박사학위 지망생이 가장 바라는 바인 졸업을 하버드가 최종적으로 승인해줄 만큼 끝내주는 것이어야 했다.

우리가 이처럼 다소 비밀스런 질문을 부여잡고 씨름하고 있을 때, 장차 우리를 압도하고 우리를 사로잡을 이상한 매혹을 수백만 명이 공유하게 될 혁명이 어디선가 일어나고 있었다. 그 핵심에는 인류가 벌인 활동에 관한 역사적 기록의 창조 및 보존과 연관된 빅데이터 혁명이 있었다. 이 혁명의 결과물은 우리가 우리 자신을 바라보는 방법을 바꿀 것이다. 또 우리 사회의 본질을 더 효율적으로 탐색할 수 있는 관찰도구를 창조하게 해줄 것이다. 빅데이터는 인문학을 바꾸고, 사회과학을 변형시키고, 상업 세계와 상아탑 사이의 관계를 재조정할 것이다. 이 모든 일이 어떻게 일어났는지 더 깊이 이해할 수 있도록, 기록의 역사를 아주 미약한 시작에서부터 우리 삶의 어디에나 존재하는 현재에 이르기까지 자세히 들여다보자.

디지털 지문

1만 년 전 선사시대 양치기들은 주기적으로 양을 잃어버렸다. 그들은 불면증 환자들의 충고를 받아들여, 양의 마릿수를 잘 셀 수 있는 아이디어를 떠올렸다. 오늘날 노름꾼들이 얼마나 땄는지 기록하기 위해 포커칩을 사용하듯이, 이 최초의 회계원들은 양을 가리키는 패counter로 돌멩이를 사용했다.

빅데이터가 일으킬 인문학 혁명

이 방식은 아주 잘 먹혔다. 4000년이 넘는 기간 동안, 사람들은 갈수록 많아지는 재산목록을 기록할 때 돌멩이에 무늬를 새기는 단순한 도구인 첨필stylus을 사용했다. 이 무늬들은 세고자 하는 서로 다른 유형의 사물들을 나타내는 데 사용됐다. 마침내 기원전 4000년경 누군가가 동전의 석기시대 조상인 여러 개의 작은 돌에 기록하는 일이 비효율적이라고 판단했다. 그보다 엄청 큰 돌 하나를 가져다가 바늘로 무늬들을 나란히 새겨 넣는 쪽이 더 쉬웠다. 이로써 쓰기writing가 탄생했다.[11]

돌이켜 생각해보면 양의 수를 세려는 욕망처럼 일상적인 어떤 것이 문자언어 같은 본질적인 것의 발전을 위한 자극제였다는 점이 놀라워 보일지도 모른다. 그러나 기록을 향한 욕망은 항상 경제 활동을 동반했다. 거래란 누가 무엇을 소유하는지를 명확하게 기록하지 않으면 무의미하기 때문이다. 이와 같이 인류 초기의 쓰기는 내기에 건 진귀한 동물, 계산서, 계약서 등 갖고 싶은 것을 얻는 일과 관련된 내용이 지배적이었다. 선지자들prophet의 글이 있기 훨씬 전에 이윤profit의 글이 먼저 있었던 셈이다. 사실 많은 문명이 우리가 종종 문화사와 관련지어 생각하는 위대한 저작물들을 기록하고 후세에 남기는 단계까지 가지 못했다. 고대 사회에서 살아남은 것은 대부분 영수증 더미다. 이런 기록들을 생산한 영리업체들이 아니었더라면 우리는 그것들이 유래한 문화에 대해 아주 조금밖에 알지 못할 것이다.

이런 상황은 예전보다 오늘날 더하다. 선조들과 달리 오늘날의 기업들은 사업을 하는 과정에서 생겨난 단순한 부산물로서 기록들을 남기는 것이 아니다. 구글이나 페이스북, 아마존 같은 회사들은 사용자들이 인터넷에서 자신을 드러내고 서로 교류할 수 있는 도구들을 만든다. 이런 도구들은 디지털화된 개인적·역사적 기록들이 쌓여야만 작동한다. 이런 회사들에게는 인류 문화를 기록하는 것이 핵심 사업이다.

이것은 웹페이지, 블로그, 온라인 뉴스와 같이 대중적인 소비를 꾀하는 것들의 단순한 기록이 아니다. 우리의 개인적인 커뮤니케이션은 이메일을 통해서건 스카이프Skype를 통해서건, 아니면 문자 메시지를 통해서건 온라인에서 점점 더 많이 이뤄진다. 이 메시지들 가운데 상당수는 어딘가에 어떤 형식으로, 종종 여러 개체에 의해, 이론적으로는 영원히 보존된다. 트위터에서건 링크드인LinkedIn에서건, 사적이건 사업적이건 우리의 관계는 열거되고 인터넷이 중간에 끼어든다. 우리가 '더하기plus', '추천하기recommend' 버튼을 누르거나 e-카드를 보낼 때 잠시 가졌던 생각과 느낌은 영구적인 디지털 지문을 남긴다. 구글은 우리가 상대방의 이름조차 잊어버리고 한참이 지난 뒤에도 우리가 화가 나서 보낸 이메일에 담긴 모든 단어를 기억할 것이다. 페이스북의 사진들은 우리가 흐릿한 기억과 엄청난 숙취에 시달리며 깨어날 때에도 그날 밤 바에서 있었던 일을 상세하게 연대기순으로 기록할 것이다. 우리가 책을 쓰면 구글이 스캔한다. 우리가 사진을 찍으면 플리커Flickr가 저장한다. 우리가 영화를 만들면 유튜브가 스트리밍 서비스로 보여줄 것이다.

우리가 현대적인 삶이 제공하는 모든 것을 경험하고, 삶의 점점 더 많은 부분을 인터넷 상에서 영위하게 되면서 우리의 디지털 부스러기는 점점 더 철저하게 자취를 남기기 시작했다. 우리 개개인이 남기는 기록은 그 폭과 깊이가 믿기 어려울 정도다.

빅데이터가 일으킬 인문학 혁명

빅데이터

이 정보들을 모두 합하면 그 양이 얼마나 될까?

컴퓨터과학에서 정보를 측정하는 데 사용되는 단위는 2진수binary digit를 줄인 비트bit다. '예-아니오 질문'의 답을 1비트로 볼 수 있는데 1은 '예'고, 0은 '아니오'다. 8비트는 1바이트byte로 불린다.[12]

현재 보통 사람의 데이터 발자국, 즉 전 세계적으로 한 사람이 연간 만들어내는 데이터의 양은 거의 1테라바이트terabyte에 가깝다. 이것은 약 8조 개의 예-아니오 질문과 맞먹는 양이다. 집단적으로 보면 인류는 매년 5제타바이트zettabyte[13]의 데이터를 만들어낸다. 이것은 40,000,000,000,000,000,000,000(400해垓) 비트다.

이처럼 큰 수는 가늠하기 어려우니 알기 쉽게 구체적으로 예를 들어보겠다. 만약 당신이 1메가바이트megabyte가 담긴 정보를 손으로 직접 쓴다면 그 결과 나오는 1과 0의 행렬은 에베레스트 산보다 다섯 배 높을 것이다.[14] 만약 1기가바이트gigabyte를 손으로 직접 쓴다면 지구의 적도를 한 바퀴 돌 것이다. 1테라바이트를 손으로 쓰면 토성을 스물다섯 번 왕복할 것이다. 1페타바이트petabyte를 손으로 쓰면 인간이 만든 물체 가운데 우주로 가장 멀리 날아간 보이저 1호 탐사선까지 왕복할 수 있을 것이다. 1엑사바이트exabyte를 손으로 쓰면 켄타우로스 자리의 알파별Alpha Centauri*에 도달할 것이다. 만약 당신이 인류가 1년에 만들어내는 5제타바이트를 모두 손으로 쓴다면 은하수에 있는 은하계의 중심galactic core**에

---

* 태양계에서 가장 가까운 별로, 켄타우로스 별자리에서 가장 밝다. 태양에서 4.37광년 떨어져 있다. - 옮긴이

도달할 것이다. 만약 당신이 이메일을 보내거나 영화를 스트리밍으로 보는 대신 고대의 양치기들처럼 양의 마릿수를 세는 데 5제타바이트를 사용한다면, 당신은 별로 어렵지 않게 한 치의 공간도 남기지 않고 우주를 가득 채운 양 떼를 세게 될 것이다.[15]

이런 종류의 기록을 빅데이터big data라고 부르는 이유다. 오늘날의 빅데이터는 빙산의 일각에 불과하다. 데이터 저장 기술이 발달하고, 대역폭bandwidth[***]이 높아지고, 우리의 삶이 서서히 인터넷으로 옮겨가면서 호모사피엔스가 남기는 데이터 발자국의 양은 2년마다 두 배씩 늘고 있다.[16] 빅데이터는 더 커지고, 더 커지고, 더 커지는 중이다.

연구자들의 신대륙, 디지털 데이터

이론의 여지없이 오늘날의 문화적 기록들과 과거의 기록들 사이의 가장 결정적인 차이는 오늘날의 빅데이터는 디지털 형태로 존재한다는 점이다. 빛을 확실하게 변형시키고 조작할 수 있게 해준 광학렌즈와 마찬가지로, 디지털 미디어는 정보를 확실하게 변형시키고 조작할 수 있게 해준다. 디지털 기록이 풍부하고 연산력computing power이 좋아지면 인류 문화를 들여다보기에 안성맞춤인 위치를 확보할 수 있을 것이다. 이곳은 우리가 세계와 그 안에 있는 우리의 장소를 이해하는 데 경외심을 일으

** 회전하는 은하계의 중심. 태양계로부터 떨어진 거리에 관해선 다양한 학설이 있지만, 위키피디아에 따르면 최신의 기하학적 방법으로 추산된 거리는 2만 5000~2만 8000광년이다. ─ 옮긴이
*** 주파수의 범위를 뜻하는 용어. 일반적으로 통신에서 정보를 전송할 수 있는 능력을 의미한다. 대역폭이 높을수록 더 많은 사용자가 접속할 수 있고, 사용자는 더 많은 데이터를 주고받을 수 있다. ─ 옮긴이

빅데이터가 일으킬 인문학 혁명

킬 만큼 기여할 잠재력을 갖고 있다.

이런 질문을 한번 생각해보라. 만약 당신의 탐구 주제가 현대 인간 사회에 대해 배우는 것인데, 사회가 어떻게 움직이는지를 잘 아는 전문가로 가득한 일류 대학의 사회학과에 제한 없이 접근할 수 있거나, 또는 인간의 사회적 관계를 온라인으로 매개하는 것을 목표로 삼은 회사인 페이스북에 제한 없이 접근할 수 있다고 할 때, 어느 쪽이 당신에게 더 도움이 될까?

사회학과의 일원이 된다면 학습과 연구에 평생을 바친 사람들에게서 눈부신 통찰이라는 혜택을 얻는다. 페이스북은 10억 명이 하루하루 살아가는 사회적 삶의 일부다.[17] 페이스북은 그들이 어디에 살고, 어디에서 일하며, 어디서 누구와 함께 노는지, 무엇을 좋아하고, 언제 아픈지, 그리고 그들이 친구와 무슨 이야기를 하는지 알고 있다. 따라서 질문에 대한 우리의 답은 명백히 페이스북일 것이다. 만약 그렇지 않다면, 페이스북이나 페이스북과 비슷한 다른 사이트가 지구에 사는 모든 개인에 관해 1만 배 정도 많은 정보를 저장할 20년 뒤라면 어떤가?

이런 종류의 심사숙고가 과학자들은 물론이고 인문학자들까지도 익숙하지 않은 어떤 것을 하도록 이끌고 있다. 그들은 상아탑에서 빠져나와 주요 회사들과 공동 작업을 하기 시작했다. 관점과 영감에서 극단적 차이가 있는데도 기묘한 연관성을 보이는 이 사람들은 그들의 선배들이 감히 상상하지도 못한, 인간학의 역사에서 전대미문의 거대한 규모를 지닌 데이터세트를 이용해 연구를 수행하고 있다.

스탠퍼드의 경제학자 존 레빈Jon Levin은 실제 세계의 시장에서 가격이 어떻게 성립되는지를 조사하기 위해 이베이eBay와 협력했다. 레빈은 이

베이의 판매자들이 종종 자신이 팔려는 상품에 매길 가격을 결정하고자 작은 실험을 한다는 사실을 이용했다. 레빈과 그의 동료들은 이러한 가격 책정 실험 수십만 건을 동시에 연구하여, 매우 발달했지만 여전히 경제학 이론의 하위 분야에 머물러 있던 가격 이론에 환한 빛을 비추었다. 레빈은 현존하는 문헌들이 대개는 맞지만 어떤 것은 심각한 오류가 있음을 보여주었다. 그의 업적이 지닌 영향력은 어마어마했다. 이 연구 덕분에 그는 40세 이하 경제학자를 대상으로 하며 종종 노벨상의 전조가 되는 존 베이츠 클라크 메달을 받았다.[18]

UC샌디에이고의 제임스 파울러James Fowler가 이끄는 연구팀은 페이스북과 협력해 6100만 명에 달하는 페이스북 회원을 상대로 실험을 수행했다. 이 실험에서 사람들은 친한 친구가 유권자로 등록했다는 사실을 알게 됐을 때 유권자 등록을 하는 경향이 더 높다는 사실이 밝혀졌다.* 더 친한 친구일수록 영향력은 더 컸다. 명망 높은 과학 저널인 『네이처』의 표지를 장식한 이 실험은 이런 매혹적인 결과 외에도 2010년 선거에서 30만 명이 넘는 사람들이 더 투표하도록 해서 투표율을 높이는 결과를 가져왔다. 이것은 선거 결과를 결정하기에 충분한 수다.[19]

노스이스턴 대학교의 물리학자 알베르트 라슬로 바라바시Albert-László Barabási는 몇몇 거대 전화 회사와 함께 사람들이 휴대전화로 남긴 다량의 디지털 흔적을 분석하여 수백만 명의 이동 경로를 추적했다. 그 결과

---

* 미국에서는 18세 이상이면 누구나 투표권을 행사할 수 있지만, 투표 연령이 되었다고 누구나 자동으로 투표를 할 수 있는 것은 아니다. 실제로 투표를 하기 위해선 자신이 거주하는 주 선거위원회에 유권자 등록을 해야 한다. 19세기 말에 부정선거를 방지한다는 명분으로 채택된 이 제도는 흑인이나 이민자 등 교육 및 소득 수준이 낮은 사람들의 투표를 어렵게 하고 있다. 미국의 선거운동은 보통 지지자들에게 투표의 전 단계인 유권자 등록을 하라고 권유하는 일에서 시작된다. – 옮긴이

도시 전체를 대상으로 보통 사람들의 이동을 다룬 참신한 수학적 분석이 도출되었다. 바라바시와 그가 이끄는 연구팀은 이동의 역사에 관한 분석에 대단히 뛰어나서 종종 어떤 사람이 다음에 어디로 갈지를 예측하기까지 했다.[20]

소프트웨어 엔지니어인 제러미 긴스버그Jeremy Ginsberg가 구글에서 이끄는 팀은 인플루엔자가 유행할 때 사람들이 인플루엔자의 증상과 합병증, 치료약 등에 대해 더 많이 검색하는 경향이 있다는 것을 알게 됐다. 그들은 별로 놀라울 것이 없는 이 사실을 매우 중요한 일을 하는 데 사용했다. 특정 지역에 있는 사람들이 무엇을 구글링Googling하는지를 들여다보고 다가오는 독감 유행을 예측하는 시스템을 개발한 것이다. 그들의 조기 경보 시스템은 질병의 조기 경보를 위해 고비용의 방대한 인프라를 유지하고 있는 미국 질병통제예방센터보다 훨씬 더 빨리 새로운 독감 유행을 식별해낼 수 있었다.[21]

하버드의 경제학자 라지 체티Raj Chetty는 미국 국세청에 접근했다. 그는 국세청을 설득해 특정 도시 지역의 학교에 다녔던 학생 수백만 명의 정보를 공유했다. 체티 팀은 이 정보를 학생들의 학급 배정 관련 정보를 기록하고 있는 해당 학군의 데이터세트와 결합했다. 이렇게 해서 어떤 학생들이 어떤 선생님과 공부했는지를 알게 됐고, 이 모든 것을 조합해 좋은 선생님이 미치는 장기적 영향, 다른 다양한 정책적 개입에 관해 숨이 멎을 듯한 일련의 연구를 성취할 수 있었다. 그들은 좋은 선생님은 학생이 대학에 들어갈 가능성, 졸업하고 몇 년이 지난 뒤의 수입, 심지어 만년에 좋은 이웃으로 생을 마칠 가능성에까지 뚜렷한 영향을 미친다는 사실을 발견했다. 이 팀은 그들이 발견한 사실을 교사 효율성teacher effectiveness 측정법을 개선하는 데 사용했다.[22] 체티도 2013년에 존 베이츠 클라크 메달을 받았다.

'파이브서티에이트FiveThirtyEight'라는 자극적인 블로그를 통해 전직 야구 분석가로 이름을 날린 네이트 실버Nate Silver는 빅데이터 접근법이 전국적인 선거의 승자를 예측하는 데 사용될 수 있을지 탐색하고 있다. 실버는 갤럽Gallup, 라스무센Rasmussen, 랜드RAND, 멜맨Mellman, 시엔엔CNN을 비롯해 다른 많은 곳에서 나온 대통령 선거에 관한 방대한 수치들로부터 데이터를 수집했다. 이 데이터를 사용해 그는 오바마가 2008년 선거에서 이길 것이라고 정확하게 예측하고, 49개 주와 워싱턴DC 선거인단의 승자를 정확하게 예측했다. 그의 예측이 틀린 단 하나의 주는 인디애나였다. 개선의 여지가 별로 없을 정도로 훌륭했지만, 그는 다음 선거에서 이 부분을 개선했다. 2012년 대통령 선거 날 아침, 실버는 오바마가 90.9퍼센트의 확률로 롬니를 이겼다고 선언했고, 워싱턴DC와 모든 주―물론 인디애나도 포함한―에서의 승자를 정확하게 예측했다.[23]

이런 목록은 끝도 없이 이어진다. 오늘날 연구자들은 빅데이터를 가지고 그들의 조상은 꿈조차 꾸지 못했던 실험을 하고 있다.

구글의 야심, 단 하나의 도서관

이 책은 이런 실험들 가운데 하나에 관한 이야기다.

우리가 벌인 실험의 대상은 어떤 사람이나 개구리 또는 분자나 원자가 아니다. 우리 실험의 대상은 역사의 역사에 관한 가장 환상적인 데이터 세트 가운데 하나이며 만들어진 모든 책[24]을 망라하는 것을 목표로 삼은 디지털 도서관이다.

이런 놀라운 도서관은 어디서 유래했을까?

1996년 스탠퍼드에서 컴퓨터과학을 연구하던 대학원생 두 명은, 이제는 없어졌지만 '스탠퍼드 디지털 도서관 테크놀로지 프로젝트'[25]라고 알려진 일을 하고 있었다. 목표는 월드와이드웹으로 책들의 세계를 통합하는 미래의 도서관을 구상하는 것이었다. 그들은 사용자가 도서관의 장서들을 검색하고 사이버 공간에서 책과 책 사이를 넘나들 수 있게 해주는 도구를 만들고 있었다. 그러나 디지털 형식의 책들이 상대적으로 너무 적었던 당시로서는 현실에서 실현되기 어려운 일이었다. 그래서 이 두 사람은 월드와이드웹의 빅데이터 행렬에 동참해, 한 텍스트에서 다른 텍스트로 이동하게 해주는 아이디어와 테크놀로지를 작은 검색엔진으로 전환했다. 그들은 이것을 '구글'이라고 불렀다.

2004년부터 구글이 스스로에게 부여한 '세계의 정보들을 조직하는' 사명은 매우 순조롭게 진행되었고 설립자인 래리 페이지Larry Page는 자신이 예전에 사랑했던 도서관으로 돌아갈 수 있는 시간을 조금 융통할 수 있었다. 실망스럽게도 디지털 형식이 가능한 책은 여전히 매우 적었다. 그러나 그사이 변화가 생겼다. 페이지가 억만장자가 된 것이다. 그래서 페이지는 구글이 책을 스캔하고 디지털화하는 사업에 뛰어들어야겠다고 결정했다. 페이지는 자기 회사가 이 일에 착수하기만 하면 구글이 이 모든 것을 잘 해내리라 생각했다.

야심이 지나치다고? 분명히 그렇다. 그러나 구글은 이 일을 해내고 있다. 이 프로젝트가 공식적으로 선언되고 9년이 흐른 뒤, 구글은 3000만 권 이상의 책을 디지털화했다. 출간된 책 네 권 가운데 약 한 권꼴이다.

하버드(1700만 권), 스탠퍼드(900만 권), 옥스퍼드 보들리언(1100만 권)을 비롯해 어떤 대학 도서관이 보유한 장서보다 많은 양이다. 러시아 국립도서관(1500만 권), 중국 국립도서관(2600만 권), 독일 국립도서관(2500만 권)보다도 많다. 이 글을 쓰는 현재, 이보다 많은 책을 보유한 도서관은 미 의회도서관(3300만 권)이 유일하다. 여러분이 이 문장을 읽을 때면 구글은 이마저도 추월할 것이다.[26]

롱데이터

'구글 북스Google Books' 프로젝트가 시작되었을 때, 우리는 다른 사람들과 마찬가지로 이 소식을 뉴스 기사로 접했다. 그러나 구글의 프로젝트를 충분히 이해한 것은 2년이 지난 2006년이었다. 그 시절 우리는 영문법의 역사를 다루는 논문을 마무리하고 있었다. 이 논문을 쓰기 위해 우리는 옛 영문법 교과서들을 작은 규모로 손수 디지털화했다.

우리의 연구와 가장 관계가 깊은 책들은 하버드의 와이드너 도서관의 저 깊은 곳에 파묻혀 있었다. 이 책들을 찾아가는 방법은 다음과 같다. 먼저 동관 2층으로 간다. '루스벨트 컬렉션'과 '미국 언어' 구역을 지나치면 청구번호가 8900으로 시작하는 통로가 보인다. 우리가 찾는 책들은 꼭대기에서 두 번째 서가에 있다. 연구가 진행되는 몇 년 동안 우리는 이 서가를 자주 방문했다. 몇 년, 어떤 경우에는 몇 십 년 동안 이 책들을 뽑아든 사람은 우리가 유일했다. 우리 빼고는 누구도 이 서가에 관심을 보이지 않았다.

어느 날, 우리는 연구를 위해 우리가 정기적으로 이용하고 있는 책이 구글 북스 프로젝트 덕분에 웹에서도 볼 수 있다는 사실을 알게 됐다. 우리는 호기심 차원에서 우리의 서가에 놓인 책들도 구글 북스에서 하나씩 찾아보았다. 그것들도 마찬가지였다. 구글이 중세 영문법에 관심이 있어서가 아니었다. 우리가 찾아본 거의 모든 책은 어떤 서가에 꽂혀 있건 간에 전부 디지털 쌍둥이counterpart가 있었다.[27] 우리가 한 줌의 책들을 실험하며 보내는 동안 구글은 빌딩 한 채를 디지털화해놓은 것이다.

빌딩의 책들을 통째로 디지털화하는 구글의 프로젝트는 완전히 새로운 유형의 빅데이터를 만들어내는데, 이것은 사람들이 이전에 무언가를 보던 방식을 바꾸어놓을 잠재력을 지니고 있었다. 대부분의 빅데이터는 최근의 사건들에서 생성된 최근의 기록들이어서 크기는 하지만 짧다. 근본적으로 데이터의 생성이 비교적 최근에 일어난 인터넷 혁신에 의해 촉진됐기 때문이다. 우리의 목표는 한 세대에 이어 다음 세대가 살다가 죽을 때까지 정도로 오랜 기간에 걸쳐 이어지는 문화적 변화의 유형을 연구하는 것이었다. 역사적 시간이라는 규모에서 일어난 변화를 탐구할 때 짧은 데이터는 제아무리 크다 해도 별다른 도움이 안 되기 때문이었다.

구글 북스는 우리 시대의 다른 모든 디지털 미디어와 마찬가지로 큰 데이터세트다. 그렇지만 구글이 디지털화한 것의 상당수는 최신이 아니다. 이메일이나 RSS피드, 슈퍼포크superpoke* 등과 달리 책 기록은 수세기 전으로 거슬러 올라간다. 그러므로 구글 북스는 단순히 <u>빅데이터</u>가 아니라 <u>롱데이터</u>[28]다.

---

* 페이스북, 마이스페이스 등을 기반으로 했던 소셜 게임 애플리케이션. 2011년 9월에 서비스가 종료됐다. – 옮긴이

이처럼 디지털화한 책들은 롱데이터를 포함하고 있기에 대부분의 빅데이터와는 달리 현대 인류의 그림을 그리는 데에만 국한되지 않는다. 책은 상당히 오랜 시간—한 인간의 삶의 길이보다 길고, 심지어 모든 국가의 생애보다 긴 기간—에 걸쳐 우리 문명이 어떻게 변화했는지를 담은 초상화를 제공한다.

책은 다른 이유에서도 대단히 매력적인 데이터세트다. 책들은 놀랍도록 다양한 범위의 주제를 다루며 폭넓은 시각을 반영한다. 방대한 장서를 탐구하는 일은 수많은 사람들, 그중의 상당수는 이미 죽은 사람들을 조사하는 작업이라고 볼 수 있다. 역사와 문학 분야에서 특정 시기에, 특정 장소에서 나온 책들은 해당 시기와 장소에 관한 정보에서 가장 중요한 원천이다.

이는 우리가 구글의 책들을 디지털 렌즈로 검토하여 인류 역사를 연구하는 관찰도구를 만들 수 있다는 뜻이었다. 그것이 우리를 얼마나 멀리 데려다줄지 모르지만, 우리는 이 데이터에 손을 대야 한다는 사실을 깨달았다.

더 많은 데이터, 더 많은 문제들

빅데이터는 우리의 주변 세계를 이해할 새로운 기회를 제공하지만, 동시에 새로운 과학적 도전 과제들을 만들어낸다.

주요한 도전 과제 가운데 하나는 빅데이터가 과학자들이 접하는 전형적인 종류의 데이터와는 매우 다르게 구성된다는 점이다. 과학자들은 한결같이 정확한 결과를 생산해내는 우아한 실험을 통해 세심하게 구성된 질문에 답하기를 좋아한다. 그렇지만 빅데이터는 지저분한 데이터다. 전형적인 빅데이터세트는 어떤 과학적 목적 없이 임시 절차를 통해 수집된 사실과 수치의 잡다한 모음이다. 이것은 오류로 구멍이 숭숭 뚫려 있고 화가 날 정도로 수없이 많은 공백으로 훼손돼 있다. 사라진 정보의 조각은 합리적인 과학자라면 누구라도 알고 싶어하는 것들이다. 이런 오류와 누락은 종종 일관성이 없어서, 심지어 하나의 데이터세트라고 생각되는 것 안에서조차 그렇다. 빅데이터세트는 흔히 엄청나게 많은 작은 데이터세트를 종합해서 만들어지기 때문이다. 예외 없이 어떤 하부 데이터세트는 다른 것들에 비해 믿을 만하고, 각각의 하부 데이터세트는 저마다 독특한 특성을 보인다. 페이스북의 소셜네트워크가 좋은 예다. 누군가의 '친구 맺기' 요청을 '수락'하는 것은 페이스북 네트워크의 일각에서는 다른 어떤 것을 의미한다. 어떤 사람들은 자유분방하게 친구 맺기를 수락한다. 다른 사람들은 좀 더 비밀스럽다. 어떤 사람들은 동료들과 친구를 맺지만, 다른 사람들은 그렇지 않다. 빅데이터를 가지고 작업을 하다 보면 당신이 갖고 있는 데이터에 아주 친숙해져서 이런 기이한 버릇들을 분해해서 일부를 다시 조립할 정도가 된다. 하지만 어떻게 해야 페타바이트와 친밀해질 수 있단 말인가?

두 번째 주요한 도전 과제는 빅데이터가 우리가 생각하는 전형적인 과학적 방법론에 너무나도 들어맞지 않는다는 점이다. 과학자들은 구체적인 가설을 확정하고, 그들이 알아낸 것들을 모아서 점진적으로 인과관계를 만들고, 마침내 수학적 이론을 세우기를 좋아한다. 합리적으로 흥미로워 보이는 어떤 빅데이터를 더듬다 보면 분명 어떤 발견을 하게 될 것이다. 말하자면 공해公海에서 이루어지는 해적 행위와 대기大氣 사이의 상관관계 같은 것 말이다. 이런 종류의 탐사 연구는 때로 '가설 없는' 연구로 불린다. 시작할 때 무엇을 찾을지 전혀 알지 못하기 때문이다. 그러나 이런 상관관계를 원인과 결과의 측면에서 설명해야 할 때가 오면 빅데이터는 거의 맥을 못 춘다. 해적 행위가 지구 온난화를 불러왔는가? 더운 날씨가 더 많은 사람들을 공해에서의 해적 행위에 나서도록 했는가? 만약 둘이 서로 관련이 없다면 이 둘은 모두 왜 최근 들어 증가하고 있는가? 빅데이터는 종종 우리에게 짐작만을 남긴다.

덜 설명되거나 아예 설명되지 않은 패턴들이 계속 비축되자, 어떤 이들은 상관관계가 인과관계를 과학적 스토리텔링의 근본에서 내쫓으려 한다고 주장했다. 심지어 빅데이터의 등장이 이론의 종말로 이어질 것이라는 주장도 나왔다. 그렇지만 이런 시각은 선뜻 받아들이기가 어렵다. 근대 과학의 위대한 성취들 가운데는 아인슈타인의 일반상대성 이론, 다윈의 자연선택에 의한 진화처럼 기본 원리first principle의 작은 집합 측면에서 복잡한 현상의 원인을 설명하는 이론들이 있다. 우리가 이런 이론들을 향한 분투를 멈춘다면 과학이 늘 추구해온 것들을 더이상 보지 못할 위험이 있다. 우리가 수백만 개의 발견을 한다 한들 단 한 가지도 설명하지 못한다면 무슨 의미가 있겠는가? 우리가 하는 일이 어떤 현상을 설명하는 일을 포기해야 한다는 뜻은 아니다. 우리에게는 우리에게 적합한 일이 있다는 뜻일 뿐이다.

마지막 도전 과제는 데이터가 존재하는 곳의 변화다. 과학자로서 우리는 실험실에서 실험을 하거나 자연으로 나가 우리가 관찰한 것을 기록하여 데이터를 얻는 방식에 익숙하다. 데이터를 얻는 것은 어느 정도까지는 과학자가 제어할 수 있는 범위 안에 있다. 그러나 빅데이터의 세계에

빅데이터가 일으킬 인문학 혁명

서는 종종 거대 기업이나 정부가 가장 강력한 데이터세트로 가는 관문을 지키고 있다. 그리고 그들과 그들의 시민들, 고객들은 그 데이터가 어떻게 사용되는지에 무척이나 신경을 쓴다. 싹수 있는 어떤 학자들이 제아무리 좋은 의도를 가졌다 하더라도 국세청이 세금신고서를 그 학자들과 공유하기를 바라는 시민은 거의 없을 것이다. 이베이의 판매자들은 자신들의 거래에 관한 모든 기록이 공개되거나 불특정의 대학원생에게 공개되는 것을 바라지 않는다. 검색엔진의 로그기록이나 이메일은 개인정보로서 비밀이 지켜져야 한다. 책과 블로그의 저자들은 저작권의 보호를 받는다. 기업들은 그들이 통제하는 데이터에 대해 강력한 독점적 이해관계를 갖는다. 그들은 좀 더 많은 광고 수익을 올리려는 관점에서 데이터를 분석하지만 자신들이 차지한 경쟁적 우위의 핵심을 외부인과 공유하기는 꺼린다. 자신들의 실리에 기여하기를 싫어하는 학자들이나 과학자들에게는 특히 그러하다.[29]

　이러한 이유들 때문에 인류의 자기인식self-knowledge의 역사에서 가장 강력한 자원 가운데 일부가 사용되지 못한 채 흘러가고 있다. 소셜네트워크 연구가 수십 년이 지났는데도 페이스북의 총체적 소셜네트워크에 관한 공적 연구는 거의 진행되지 않았는데, 이 회사가 그것을 공유할 만한 어떤 유인도 가지고 있지 않기 때문이다. 경제 시장에 관한 이론은 수세기 전부터 등장했지만 주요 온라인 시장의 상세한 거래 정보에는 여전히 경제학자들이 접근할 수가 없다(레빈의 이베이 연구는 일반적이라기보다는 예외에 해당한다). 그리고 인류는 지구를 지도로 그리기 위해 수천 년 동안 분투해왔지만 지구 전체 표면을 가로세로 50센티미터 크기 해상도의 위성사진으로 만들 수 있는 '디지털글로브DigitalGlobe' 같은 회사가 만든 이미지들은 한 번도 체계적으로 탐사된 적이 없다. 이런 점들을 생각하면 배우고 탐구하고자 하는 인간의 식을 줄 모르는 욕망 안에 이러한 간극이 있다는 데 깜짝 놀랄 수밖에 없다. 이것은 마치 천문학자들이 멀리 있는 별들을 연구하는 데 여러 세대에 걸쳐 매진했지만 법률적 문제 때문에 태양을 바라보는 일이 금지된 것과 마찬가지다.

그렇지만 태양이 거기 있다는 것을 아는 이상 그것을 쳐다보고 싶은 욕망을 억누르기는 힘들다. 그리고 오늘날 전 세계에 걸쳐 이상한 혼인비행婚姻飛行이 일어나고 있다. 학자들과 과학자들은 기업들이 보유한 데이터에 접근하기 위해 엔지니어, 제품 담당 책임자, 고위 경영자에게까지 다가가고 있다. 때로는 대화가 순조롭게 진행된다. 그들은 커피를 마시러 나간다. 하나의 쟁점이 다른 쟁점으로 이어지고 1년이 지난 뒤 완전히 새로운 사람이 그림에 등장한다. 유감스럽게도 이 사람은 보통 변호사[30]이다.

구글의 도서관에 있는 모든 것을 분석할 때 우리는 이 모든 난관에 대처할 방법을 찾아야 했다. 디지털 책들이 제기하는 난관들은 독특한 것이 아니었고, 오늘날의 빅데이터 세계의 축소판이었다.

컬처로믹스

이 책은 역사적 변화를 수량화하고자 우리가 7년에 걸쳐 기울인 노력에 관한 것이다. 그 결과물은 새로운 종류의 관찰도구와 우리가 컬처로믹스Culturomics[31]라고 부르는 언어와 문화, 역사에 대한 이상하고, 매혹적이고, 중독성 강한 접근법이다.

우리는 컬처로믹스 접근법으로 가능해질 모든 종류의 전망을 묘사할 것이다. 우리가 만든 엔그램ngram 데이터가 영문법의 변화에 관해 무엇을 밝혀냈고, 사전들이 어떤 실수를 했고, 사람들이 어떻게 유명해지며, 정부가 어떻게 사상을 억압하고, 사회가 어떻게 배우고 망각하는지에 대해 이야기할 것이다. 우리의 문화가 어떻게 결정론적으로 행동하는 것처럼 보이는지, 그리고 우리 집단의 미래가 지닌 여러 측면을 예측하는 일이 어떻게 가능한지를 조금이나마 언급할 것이다.

당연히 우리의 새로운 관찰도구[32]도 소개할 것이다. 구글과 함께 우리가 만든 이 도구는 (그 이유는 3장에 가면 명백해지겠지만) '엔그램 뷰어Ngram Viewer'라고 불린다. 2010년 세상에 공개된 엔그램 뷰어는 긴 시간 동안 특정한 단어, 특정한 아이디어가 얼마나 자주 언급되는지를 도표로 보여준다. 이 관찰도구와 그것의 탄생을 이끈 막대한 수학적 계산은 바로 우리가 서두에서 제시한 로봇 역사학자다. 여러분도 books.google.com / ngrams에서 지금 당장 실험해볼 수 있다. 전 세계 모든 연령대의 수백만 명이 역사를 새로운 방식으로 이해하기 위해 지금껏 아무도 그려본 적 없는 도표를 그려내는 이 근면하고 성실한 로봇을 밤낮으로 이용하고 있다.

요약하자면 이 책은 로봇이 말하는 역사, 디지털 렌즈로 들여다봤을 때 보이는 인류의 과거에 관한 책이다. 오늘날 엔그램 뷰어가 이상하고 예외적으로 보일지라도 이 디지털 렌즈는 수세기 전 광학렌즈가 그랬던 것처럼 번창하고 있다. 이 새로운 관찰도구는 급성장하는 디지털 발자국에 힘입어 역사학과 지리학, 전염병학, 사회학, 언어학, 인류학, 나아가 생물학과 물리학에 이르기까지 가려져 있던 측면들을 매일 새로이 드러내

보이고 있다. 세상은 변하고 있다. 우리가 세상을 보는 방식도 변하고 있
다. 우리가 그러한 변화를 보는 방식들 역시, 음, 변하고 있다.

빅데이터가 일으킬 인문학 혁명

ापेक्ष/**

그림 한 점은 단어 몇 개의 가치와 맞먹을까?

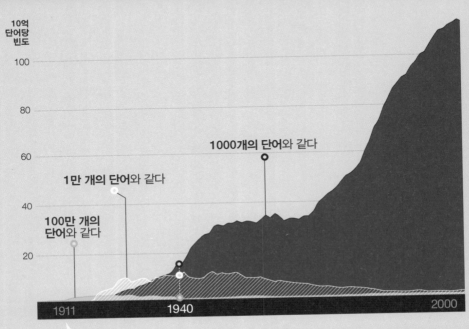

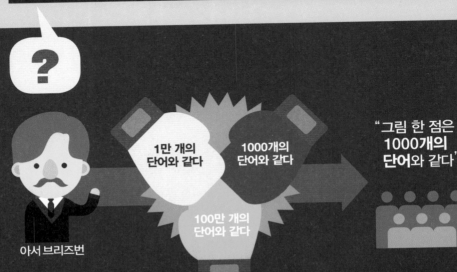

1911년 미국의 뉴스 편집자 아서 브리즈번Arthur Brisbane은 마케팅 담당자 무리에게 그림 한 점은 "1000 개의 단어와 같다worth a thousand words"라고 말한 것으로 유명하다.[33] 혹은 그는 그림 한 점이 "1만 단어ten thousand words"와 같다고 제시했다. 아니면 "100만 단어a million words"였나? 어쨌든 몇 십 년이 지나면서 이 표현은 방방곡곡에 급속히 퍼졌고, 브리즈번은 아마도 원통하겠지만 지금은 이 표현이 일본 속담에서 나왔다고들 말한다(어쨌거나 그의 청중은 마케팅을 하는 사람들이었다).

브리즈번이 실제로 한 말은 무엇이었을까? 아쉽게도 우리의 새로운 관찰도구는 이 표현의 첫 번째 사례를 기록하지 않은 듯하다. 이것에 관한 일본 속담도 있다.

모든 말speech에 비하면,
메뚜기, 구글의 스캔된 책들은
하이쿠에 불과하구나.*

그렇지만 우리의 관찰도구는 브리즈번의 상징경제학의 원칙이 어떻게 해서 그런 모양새를 갖추게 됐는지를 보여준다.

1000단어, 1만 단어, 100만 단어와 같은 변종들은 브리즈번의 (아마도) 운명적인 언급 직후에 등장한 것으로 드러났다. 이 세 가지 표현은 그 후로 20여 년 동안 경쟁을 벌였다. 1만 단어는 초기에 우세를 보였다. 그렇지만 1930년대가 됐다. 1만과 100만은 대공황기에 과도한 것 같은가? 이유가 무엇이 됐든, 이 시기에는 "그림 한 점은 1000개의 단어와 같다"가 서서히 상승해 경쟁에서 크게 앞지르기 시작했다.

* 구글 북스의 디지털화된 책들의 내용이 마치 메뚜기가 뛰어간 자리처럼 듬성듬성해서 압축의 대명사인 일본의 하이쿠를 보는 것과 같다는 뜻이다. ─옮긴이

chapter 2

데이터 오디세이: 언어는 어떻게 진화하는가

언어는 문화를 총체적으로 연구할 수 있게 해주는 거대한 소우주다. 그것은 인류가 의사소통을 하기 위한 핵심적 수단이다. 언어는 변화한다. 셰익스피어의 희곡을 본 사람이라면 이 점을 확실히 이해할 것이다. 마지막으로 언어는 글로 쓰이는데, 이렇게 문자의 형태로 남은 언어는 과학적 연구에 알맞은 데이터세트를 제공한다. 문자언어는 빅데이터의 가장 오래된 조상 가운데 하나인 셈이다.

아름다운 아름다운 아름다운 아름다운 아름다운 아름다운 아름다운 아
름다운 아름다운 아름다운 아름다운 아름다운 아름다운 아름다운 아름
다운 아름다운 아름다운, 아름다운, 아름다운, 아름다운, 아름다운, 아
름다운, 아름다운, 아름다운." 아름다운. 아름다운. 아름다운." 아름다
운…… 아름다운……[1]

－『전설적·어휘적·다변적 사랑』에서

1996년 개념예술가인 캐런 라이머Karen Reimer[2]는 『전설적·어휘적·다
변적 사랑Legendary, Lexical, Loquacious Love』이라는 책을 출간했다. 그녀가
이 책을 쓴 방식은 다음과 같다. 라이머는 연애소설 한 편을 골라 본문에
등장하는 전체 단어들을 알파벳순으로 재배열했다. 어떤 단어가 소설에
서 여러 번 등장하면 그녀의 책에도 여러 번 등장한다.

이 책은 어떤 구문이나 문장도 없다. 그저 알파벳순으로 단어들이 나
열된 345쪽짜리 긴 목록일 뿐이다. 이 책은 소설처럼 보이지 않고 그렇
게 읽을 수도 없다. 사실 당신이 이것을 읽어보면 무슨 뜻인지 전혀 이해
가 되지 않을 것이다. 우리는 연애소설을 거의 읽지 않지만 라이머의 작
품은 그렇지 않다. 흥미진진하기 그지없는 이 책은 시작부터 극적이어서
맨 앞 장부터 끝 장까지 우리를 매료시켰다.

1장

A

A A A A A A A A A A A A A A A A A A A A A A A A A A A A A A A A A A A A
A A A A A

데이터 오디세이: 언어는 어떻게 진화하는가

이 책은 이렇게 시작해서 놀랍게 끝난다.

25장

z

zealous

26장이 아니라 25장이다.* 그러니까 알파벳 엑스x를 위한 장이 없다. 그 소설에는 X로 시작하는 단어가 한 개도 없었기 때문이다. 비록 어떤 연애소설이 XXX 등급일지라도 실제 연애소설에는 X로 시작하는 단어가 거의 없다.

한 권의 책이지만 『전설적·어휘적·다변적 사랑』은 연애소설 장르에 대해 매우 그럴듯한 통찰력을 보여준다. 예를 들어 이 책은 그녀를 위한 책이다. 그녀의her라는 단어는 거의 여덟 쪽(130~138쪽)이나 차지한다. 그의his는 두 쪽 반(141~144쪽)에 그친다. 눈eyes은 반 쪽, 젖가슴breasts은 3분의 2쪽이지만, 엉덩이buttocks는 겨우 한 줄뿐이다. 이따금 이 책은 짜릿하다. 절정climaxes은 62쪽에 세 번 등장한다. 힘내요, 아가씨!(아니면 총각인가? 우리로선 알 길이 없다.)

이 책은 종종 외양만 너무 길게 곱씹는다. 예를 들어 아름다운beautiful 은 스물아홉 번 나온다. 똑똑한intelligent은? 겨우 한 번 나온다. 다른 한편으로는 원본이 풍기는 계략의 냄새를 맡을 수 있는데, 살 떨리는 187쪽을 보면 "살인자들Murderers 살인자들, 살인하는murdering 살인하는 살인하는

---

* 영어 알파벳은 스물여섯 자다. ─옮긴이

살인하는 살인하는 살인하는, 살인적인murderous 살인적인. 살인들murders 살인들, 어두컴컴한murky, 속삭이다murmur, 속삭였다murmured"라는 단어들이 나온다.

우리는 이 책을 몇 년 동안 읽고 또 읽었는데 그때마다 흥미롭고 새로운 아이디어를 발견했다.

이것은 뭔가 좀 이상한 책이다. 당신은 라이머가 연애소설을 알파벳순으로 나열하여 원작의 의미를 지워버리고, 그 소설을 재미나게 했던 모든 것을 없애버렸다고 생각할 것이다. 어느 정도는 사실이다. 그러나 라이머가 알파벳순으로 변형하는 과정에서 단어들의 빈도, 곧 그 소설을 구성하는 어휘적 원자atom와 같은, 보이지 않던 세계가 드러났다. 빈도와 이것이 들려주는 이야기가 그녀의 작품을 그토록 매력적으로 읽히게 만든 것이다.

장기적 관점

2005년 우리가 처음 만났을 때 빅데이터[3]는 아직 아무것도 아니었다. 눈 깜짝할 사이에 수백만 권의 책을 읽는다는 아이디어는 아직 우리 머릿속에 떠오르지도 않았다. 우리는 단지 과제를 완수하기 위해 흥미로운 질문을 찾아다니는 젊은 대학원생일 뿐이었다.

매혹적인 질문을 찾으려면 매혹적인 환경에 들어가는 것이 도움이 된다. 우리는 하버드의 '진화 동역학 프로그램Program for Evolutionary Dynamics'[4]에서 처음 만났는데, 창의성과 과학의 천국 같은 이 프로그램은 카리스마 넘치는 수학자이자 생물학자인 마틴 노왁Martin Nowak이 창시했다. 수학자, 언어학자, 암 연구자, 종교학자, 심리학자, 물리학자들이 모인 PED('진화 동역학 프로그램'인가, '혁명 동역학 프로그램Program for rEvolutionary Dynamics'인가? 아니면 '매일 매일 파티Party Every Day' 프로그램인가?)는 그 시절 세계를 바라보는 새로운 방식을 탐구하고 있었다. 노왁은 어디서 찾아냈는지는 상관하지 말고 엄청 흥미로운 문제들과 씨름하라고 우리를 북돋웠다.

무엇이 문제를 매혹적으로 만드는가? 무엇이 되었든, 모두가 어느 한 가지에 완전히 동의하지는 못할 것이다. 우리가 보기에 매혹적인 질문이란 마치 어린아이의 질문과도 같아서 누구도 어떻게 답할지 모르는 것이자, 여러 사람이 평생을 바친 과학적 탐구―우리가 쏟아붓고자 하는 종류의 노력―를 통해서만 의미 있는 진보가 이루어질 수 있는 것이었다. 과학자들에게 아이들은 위대한 아이디어의 원천이다. 아이들이 던지는 질문은 표면적으로는 간단하고 이해하기 쉬워 보여도 매우 근원적인 것들이기 때문이다. "해는 밤에 어디로 가나요?"[5]라든지, "하늘은 왜 파래요?"[6]와 같은 질문은 호기심 많은 사람들을 자연스레 천문학과 물리학의 핵심으로 인도한다. "나무는 산만큼 높이 자랄 수 있나요?"[7]라든지, "사고가 나지 않도록 조심조심 살면 우리는 영원히 살 수 있을까요?"와 같은 질문은 현대 생물학의 가장 긴급한 이슈를 향해 나아간다. "왜 잠을 자야 하죠?"[8]는 닳고 닳은 상투적 질문이지만, 아직도 신경과학자들의 밤잠을 설치게 하는 문제다.

하지만 이 모든 질문 가운데 특별히 우리의 눈길을 사로잡은 것은 "왜 우리는 drived라고 하지 않고 drove라고 하나요?"였다.

이 질문이 우리를 강하게 사로잡은 이유는 이것이 단순해 보여도 실은 인류에 관해 아주 심오하고 중요한 사실을 담고 있는 사례였기 때문이다. 왜 우리는 문화적으로 어떤 단어들은 쓰고 어떤 단어들은 쓰지 않는가? 왜 우리는 어떤 생각은 하지만 어떤 생각은 하지 않는가? 왜 우리는 어떤 관습들은 따르고 다른 관습들은 따르지 않는가?

이런 질문에 맞닥뜨렸을 때에는 두 가지 접근법이 가능하다. 하나는 어떤 것을 어떤 식으로 존재하게 하는 현재의 환경에 집중하는 것이다. 예를 들면 이렇게 말하는 식이다. "사랑하는 아가야, 모두가 drove라고 말하니까 너도 drove라고 하는 거란다. 네가 drived라고 하면 이웃들이 부모인 우리가 너에게 옳은 영어를 가르치려 애쓰지 않았다고 생각할 거야." 이는 멋진 답변으로, 철학자들이 수세기에 걸쳐 고심하고 있는 사회적 규범에 관한 복잡한 쟁점들을 제기한다. 하지만 과학자에게는 때로 장기적 관점을 선택하는 것이 도움이 된다.

단언컨대, 과학의 역사에서 장기적 관점의 가장 인상적인 사례는 찰스 다윈의 업적에서 찾아볼 수 있다. 다윈은 150년도 더 전에 배를 타고 여행하면서 온갖 종류의 생명체와 마주쳤는데, 갈라파고스 섬에서 만난 새들을 보고서는 이런 궁금증을 품었다. 저 핀치새들의 부리는 왜 저렇게 생겼을까? 더 일반적으로 말하면, 왜 모든 유기체는 그러한 모양으로 존재할까?

다윈이 다음으로 한 일에서는 극도의 통찰력이 빛을 발한다. 그는 전반적으로 현재에 초점을 맞추지 않고 장기적 관점을 선택했다. 다윈은 스스로에게 물었다. 왜 사물은 오랜 시간에 걸쳐 이렇게 존재하게 됐을까? 우리가 세상을 지금의 모습 그대로 이해하려면 오늘날의 상태를 불러온 변화의 과정을 이해해야 한다고 그는 추론했다. 다윈의 중대한 발견인 이 변화의 과정은 생식·돌연변이·자연선택이 조합된 것으로, 생태계의 놀라운 다양성을 설명해준다. 이 발견을 다른 말로 표현하면 바로 진화론이다.

장기적 관점을 선택하면, 왜 drived가 아니라 drove를 쓰느냐는 질문은 인류 문화의 진화를 구체화한 힘에 대한 과학적인 탐구가 된다. 우리는 오랫동안 이 힘을 알아내려면 어디서 시작해야 할지 전혀 알지 못했다. 우리가 가진 것이라곤 어린아이같이 순진한 질문뿐이었다.

문자언어, 빅데이터의 가장 오래된 조상

과학자로서 우리는 데이터를 모을 수 있어야 한다. 데이터는 냉철하고, 엄격한 사실이며, 정확한 측정치measurement다. 우리는 명료한 가설을 세운 다음, 정확한 실험과 명확한 분석으로 그것을 조작할 수 있어야 한다. 이런 관점에서 보면 정의하기 어렵고 측정하기는 더 어려운 문화라는 것은 상대하기가 만만치 않다. 인류학 같은 분야에서 과학적 연구가 그토록 어려운 이유가 바로 이 때문이며, 부분적으로 이런 문제 때문에 2010년 미국인류학회가 설립 목적에서 '과학'이라는 단어를 제거하는 논쟁적인 결정을 내렸다(이 단어는 그 이후 복원됐다).[9]

우리는 문화의 범주 가운데 정의하고 측정하기 쉬운 부분부터 시작하기로 했다. 그것은 바로 언어였다. 언어는 문화를 총체적으로 연구할 수 있게 해주는 거대한 소우주다. 그것은 인류가 의사소통을 하기 위한 핵심적 수단이다. 언어는 변화한다. 셰익스피어의 희곡을 본 사람이라면 이 점을 확실히 이해할 것이다. 마지막으로 언어는 글로 쓰이는데, 이렇게 문자의 형태로 남은 언어는 과학적 연구에 알맞은 데이터세트를 제공한다. 문자언어는 빅데이터의 가장 오래된 조상 가운데 하나인 셈이다.

그러면 어떻게 언어의 진화를 탐구할 것인가? 생물학에서 진화의 폭넓은 패턴을 이해하려면 화석을 관찰하는 것보다 더 좋은 방법은 없다. 하지만 화석을 찾기란 쉽지 않다. 화석을 발굴하려면 세심한 계획과 훌륭한 전략의 조합이 필요하다. 화석 찾기에 성공하고 싶다면 아마도 현 세대에서 가장 위대한 공룡 사냥꾼인 네이선 미르볼드Nathan Myhrvold[10]에게 한 수 배우는 편이 좋으리라(그는 재주가 많은 사람이어서 '마이크로소프트 리서치Microsoft Research'를 설립했고, 현대적인 요리법을 다룬 책도 썼다). 미르볼드가 다른 사람들보다 운이 좋았던 것은 아니었고, 그가 더듬거리면서 찾아낸 희끄무레한 돌이 모조리 티렉스('티라노사우루스 렉스'의 약자)의 해골로 판명된 것도 아니었다. 미르볼드와 그의 동료들은 탐사할 곳, 즉 희끄무레한 돌들이 화석일 가능성이 높은 곳을 찾아내기 위해 상세한 지질지도와 위성사진을 이용했고 티렉스의 생태에 관해 뼈를 깎는 연구를 했다. 그 결과 그들은 1999년 이래로 티렉스 해골을 아홉 개나 발견했는데, 이에 앞서 지난 90년 동안 발견된 것들은 전부 합해도 열여덟 개에 불과했다. 미르볼드는 "우리는 티렉스에 관한 한 지배적인 시장점유율을 보유했다"라고 말했다.

우리의 포부는 언어-화석 분야에서 지배적 시장점유율을 확보하는 것이었다. 공룡 화석이 생물학적 진화에 관해 우리에게 알려주듯, 언어학의 화석은 언어가 어떻게 진화해왔는지를 이해하는 데 도움이 될 터였다. 하지만 그런 화석을 발굴할 좋은 기회를 잡으려면 발굴 장소를 찾아내는 데 도움이 될 지도 원리guiding principle 같은 것이 필요했다. 나중에 알게 됐지만, 바로 그러한 나침반이 80년 전에 우리처럼 숫자 세기를 정말로 좋아하는 한 남자에 의해 만들어졌다.

1937: 데이터 오디세이

조지 킹슬리 지프George Kingsley Zipf는 1930~40년대에 하버드 대학교 독문학과 학과장으로 있었다. 드물게도 그는 이런저런 기술을 동시에 보유한 사람이라 저명한 인문학자인데도 수량에 강한 애착을 보였다.

지프는 문필가였기에 오랫동안 단어들에 대해 고민했다. 지프가 보기에 모든 단어는 동등하게 창조되지 않았다. the라는 단어는 언제나 사용돼왔지만, 우리는 quiescence(침묵, 정적)는 거의 듣지 못한다. 지프는 이처럼 헷갈리는 불균형을 발견하고서 대체 무슨 일이 벌어지고 있는지 이해하고 싶어했다.

지프의 질문을 이렇게 생각해볼 수 있다. 영어가 한 나라이고 각각의 단어는 그 나라의 시민이라고 상상해보자. 그리고 각각의 단어-시민들의 키는 그 단어가 사용되는 빈도에 비례한다고 상상해보자. the[11]는 거인인 반면에 quiescence[12]는 아주 작을 것이다. 이처럼 기묘할 정도로 크기가 서로 다른 사람들 사이에서 산다면 어떨까? 이것이 바로 지프가 매혹적이라고 여긴 순진한 질문이었다.

이 세계가 어떻게 생겼는지를 묘사하기 위해 지프는 모든 단어의 인구조사를 실시해 각각이 몇 회나 사용됐는지를 세야 했다. 오늘날 이 같은 종류의 일은 컴퓨터를 사용하면 누워서 떡 먹기다.[13] 명령어 한 줄이면 된다. 『전설적·어휘적·다변적 사랑』과 같은 개념예술 작품을 쓰는 데 수십 년이 걸리지 않은 것도 그 덕분이다. 그러나 1937년 당시에는 어떤 것도 컴퓨터로 셀 수 없었다. 현대적인 컴퓨터가 존재하지 않았던 탓이다. 그 당시에 컴퓨터computer라는 단어는 산술 계산을 전문으로 하는 연구자를 가리켰다.[14]

만약 지프가 단어들의 빈도를 세려 했다면 모든 단어가 사용된 사례를 일일이 세서 손으로 적는 오래된 방식을 따라야 했을 것이다. 이런 작업은 분명히 미쳐버릴 정도로 지루할 것이다.

그러니 그가 우연히 마일스 L. 핸리Miles L. Hanley의 작품[15]을 발견했을 때 무척이나 흥분했을 게 분명하다. 『율리시스』의 엄청난 팬이었던 핸리는 『제임스 조이스의 '율리시스' 단어색인Word Index to James Joyce's Ulysses』이라는, 다소 지루한 제목이지만 품이 많이 들어간 영웅적인 작품을 출간했다. 그는 용어색인concordance으로 불리는 학술서의 한 형태인 이 책을, 동료 『율리시스』 연구자들과 열광적인 팬들이 『율리시스』에 나온 모든 단어의 모든 사례를 찾아볼 수 있도록 하고자 썼다. 어떤 책도 이 책만큼 지프를 흥분시키지는 못했을 것이다. 자신이 품은 애초의 문제에 다가가기 위해 지프가 한 일이라곤 핸리의 색인에서 각각의 항목이 얼마나 긴지를 센 것이 다였다.[16] 이 일은 훨씬, 훨씬 쉬웠다.

지프가 그의 시대를 한참 앞서서 어떻게 데이터를 좇아가야 하는지를 이해했다는 점을 눈여겨보라. 이는 오늘날의 과학자들과 인문학자들조차 이제 막 배우기 시작한 것이다. 지프는 자신이 구할 수 있는 데이터의 종류를 고려하여 질문을 교묘하게 재구성했다. 모든 단어의 수를 센다는 불가능한 문제에 매달리기보다 『율리시스』에 등장하는 단어들의 수라는 다루기 쉬운 문제에 만족했다. 그가 오늘날 살아 있었다면, 구글이 책을 디지털화하겠다는 프로젝트를 발표했을 때 아마도 구글의 문 앞에 서 있었을 것이다.

핸리의 색인으로 무장한 지프는 『율리시스』에 등장하는 단어들을 빈도에 따라 순위를 매겼다. 최고의 자리는 the가 차지했는데 1만 4877회, 즉 열여덟 단어마다 한 번씩 등장했다. 열 번째로 자주 등장한 단어는 I(나)로 2653회였다. Say는 265회로 100번째 자리에 이름을 올렸다. Step은 26회로 1000번째 자리에 놓였다. 1만 번째에는 indisputable(반론의 여지가 없는)을 비롯한 여러 단어가 올랐는데 단지 2회 등장했다.[17]

순위표를 훑어보면서 지프는 재미난 사실을 알아챘다. 단어의 순위를 나타내는 숫자와 빈도를 나타내는 숫자 사이에는 반비례가 성립한다는 점이었다. 만약 어떤 단어의 순위를 숫자로 나타냈을 때 다른 단어의 순위보다 열 배 크다면—예컨대 50위가 아니라 500위라면—그것의 빈도는 다른 단어의 10분의 1이었다. 예를 들면 3326회 언급되어 8위에 오른 his는 330회 등장해 80위에 오른 eyes에 비해 빈도가 열 배 높았다. 이것을 달리 말하면 우리가 예상했던 것보다 실제 사용된 단어의 수가 극히 적다는 것이다. 『율리시스』에서는 겨우 열 개의 단어만이 2653회 이상 사용됐다. 이에 반해 100개의 단어가 265회 이상 사용됐고, 1000개의 단어가 26회씩 사용됐다.

지프도 곧 발견한 사실이지만, 이 점은 단지 조이스의 『율리시스』의 단어들에서만 나타나는 특징이 아니었다. 이와 똑같은 규칙성이 신문, 중국어나 라틴어로 쓰인 문서, 그리고 지프가 살펴본 거의 모든 것의 단어들에서 발견됐다. 오늘날 지프의 법칙[18]으로 불리는 이 발견은, 세상에 알려진 모든 언어의 보편적 구성 원리임이 밝혀졌다.

멱법칙

지프 이전의 과학자들은 우리가 측정할 수 있는 모든 것은 인간의 키와 비슷하다고 믿었다. 인간의 키는 그다지 편차가 크지 않다.[19] 미국에 사는 성인의 90퍼센트는 5피트(152센티미터)에서 6.1피트(186센티미터) 사이다. 물론 극단적으로 큰 어떤 농구 선수는 7.5피트(229센티미터)이고, 세계에서 가장 작은 성인은 겨우 2피트(61센티미터)에 불과하다. 그렇지만 이 양 극단의 사례는 아주 희귀하다. 그리고 이런 극단적인 예를 생각해보더라도 가장 큰 사람이 가장 작은 사람에 비해 겨우 네다섯 배 클 뿐이다. 수학자들은 여러 값value이 평균 주변에 빽빽하게 응집돼 있는 이런 종류의 분포를 특별한 말로 부른다. 그들은 흔히 관측되는 이런 분포를 '정규normal'라고 부른다. 지프 이전의 사람들은 우리가 정규 분포의 세계에 살고 있고, 모든 것이 정규적이라고 생각했다.

그러나 우리가 살펴봤듯이 단어들의 세계는 정규 분포와는 거리가 멀다. 이것의 크기 분포는 매우 구체적이지만 이상해 보이는 수학적 패턴을 따른다. 오늘날 과학자들은 이런 행동을 멱법칙冪法則, power law[20]이라고 부른다. 이상야릇하게도 지프는 언어에서 처음 멱법칙을 발견하고 난 뒤 모든 것에서 이 법칙을 발견하기 시작했다.

예를 들어 지프는 재산이나 수입 같은 것도 멱법칙을 보인다는 사실을 발견했다. 만약 당신의 키가 당신의 은행 계좌와 비례한다면, 그리고 미국 가정의 평균 키가 5.7피트(174센티미터)라면, 빌 게이츠는 달보다 더 클 것이다.[21] 『브리태니커 백과사전』의 각각의 표제어에 대한 설명문의 길이도 멱법칙을 따르며, 신문 유통 부수도 그렇다. 과학자들은 지프의 작업에 더해 수천 가지 다른 사례들을 발견했다. 여러 도시의 크기, 특정 성씨의 빈도, 전쟁의 잔인한 정도, 공연 뒤에 사람들이 보내는 박수갈채의 길이, 페이스북과 트위터에서 사람들이 얻는 인기, 동물들이 소비하는 먹이의 양, 웹사이트의 트래픽, 우리 세포 안의 단백질의 양, 우리 신체 안의 세포의 양, 스위스 치즈의 구멍 크기 등이 그런 예다. 심지어 정전의 길이도 먹법칙을 따르는데, 이 경우는 '힘없는' 법칙이라고 불러야 할지도 모르겠다.[*]

지프의 작업이 전환적transformative이긴 했지만 어디서나 이 법칙이 발견되는 이유가 무엇인지는 수수께끼로 남아 있다. 지프 자신은 이런 분포가 가장 효율적이기 때문이라고 믿었다. 다른 사람들은 큰 것이 좀 더 쉽게 크게 될 수 있는, 다시 말해 과학자들에게 '부익부rich get richer'라고 알려진 과정을 지목했다. 수학적으로 볼 때, '부익부' 과정은 모든 종류의 먹법칙으로 이어진다고 알려져 있다. 예를 들어 사람들을 알면 새로운 사람들을 만나기가 쉬워지고, 그래서 유명한 사람들은 지프의 방식대로

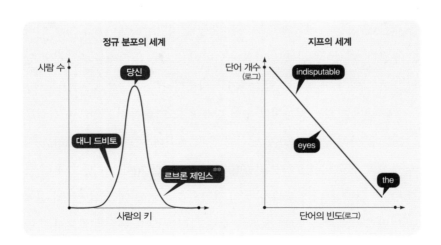

시간이 지날수록 더욱더 유명해진다. 이미 커진 도시들은 이주를 고려하는 사람들에게 매력적으로 보일 것이며 이는 도시 규모의 멱법칙으로 이어진다. 다른 설명도 있다. 원숭이에게 컴퓨터 자판을 두들겨 무작위로 '단어들'(여백에 의해 분리된 철자들)을 만들게 하면 그 단어들의 다양함의 정도는 멱법칙을 보인다.[22]

어떤 특정한 멱법칙 분포의 요인에 관해서는 으레 몇 가지 설명이 경쟁적으로 따라붙는다. 아, 이처럼 설명이 구구한 것은 필시 무슨 일이 벌어지고 있는지 과학자들이 진정으로 알지 못한다는 사실을 반영한다.

그러나 그 요인이 무엇이건 멱법칙은 엄청나게 넓은 범위의 자연적·사회적 현상을 적절하게 묘사해준다. 지프는 독문학 교수로서 소설『율리시스』에 대한 핸리의 비범한 열정의 도움을 받아 혁명을 일으켰다. 그리고 그 결과는 사회과학의 양적 연구를 상당 부분 변화시켰으며, 생물학과 물리학, 심지어 수학에까지 영향을 미쳤다. 이제 지프가 새로운 정규normal다.

언어 진화의 화석, 불규칙동사

지프의 법칙은 우리가 언어 진화의 잔해들을 찾아 나설 때 필요한 바로 그 시금석이었다. 사실 언어의 모든 것이 지프의 법칙을 따랐다. 'm'으로 시작하는 명사, 동사, 형용사, 부사, 직업에 관한 단어들, 운rhyme과

---

* 멱법칙의 영어 단어 'power law'에서 power는 '거듭제곱'이라는 뜻이며, 한자로는 '冪'(덮을 멱) 자를 쓴다. 정전의 'power outage'에서 power는 '전기'를 뜻하므로 멱법칙의 power와는 뜻하는 바가 다르지만, 지은이들은 양쪽 모두에 사용된 power라는 단어를 가지고 말장난을 한 것이다. – 옮긴이
** 대니 드비토Danny Devito는 미국의 영화배우로 키가 152센티미터이고, 르브론 제임스Lebron James는 미국의 농구선수로 키가 203센티미터이다. – 옮긴이

운이 맞는 단어들이 그러하다. 당신이 만약 지프의 보편원리를 따르지 않는 어떤 것과 우연히 마주친다면 진짜 수상한 무언가가 진행되고 있는 것이다. 특별히 기대했던 탐험 장소에 어울리지 않는 희끄무레한 돌처럼, 멱법칙을 따르지 않는 언어 현상은 우리 언어 진화의 화석으로 판명될 가능성이 높다.

우리를 사로잡은 순진한 질문은 바로 여기서 나왔다. "왜 우리는 drived가 아니라 drove라고 말하나요?"

drove는 불규칙동사라고 불리는 영어 단어 집단의 일원이다. 불규칙동사들은 기이하다. 불규칙동사들이 다른 단어들의 집단처럼 지프의 법칙을 따른다면 우리는 대부분의 불규칙동사가 매우 드물게 쓰인다고 예측할 수 있을 것이다.[23] 그러나 거의 모든 불규칙동사는 빈도가 매우 높다. 동사 가운데서 불규칙동사는 겨우 3퍼센트에 불과하지만 가장 빈도가 높은 열 개의 동사는 모두 불규칙동사다. 단순하게 말하면 불규칙동사는 지프의 법칙에 반하는, 가장 명확하고도 극적인 예외다. 통계학적 주춧돌이 편리하게 티렉스 해골의 위치를 알려준 것과 마찬가지로, 불규칙동사는 정확히 우리가 찾아 헤맸던 것이다.

이른바 불규칙동사란 무엇이고, 그것들이 지프에게 한 일은 무엇이며, 언어의 진화에서 그것들이 의미하는 바는 무엇인가?

영어 동사의 활용conjugation은 얼핏 보기에는 공원을 걷는 것처럼 쉬워 보인다. 영어 동사의 과거 시제를 만들려면 뒤에 ed만 붙이면 된다. 예컨대 jump는 jumped가 되는 식이다. 동사 수십만 개가 이 단순한 규칙을 따른다. 새로운 동사가 등장하면 그것들은 자동으로 이 규칙을 따른다. 나는 flamboozing이라는 단어를 전혀 들어본 적이 없지만, 만약 당신이 어제 flambooze하기로 했다면, 당신은 어제 flamboozed한 것이다.

영어를 배우는 많은 사람들에게는 유감스럽게도 이 성가신 불규칙동 사들은 예외다.* know 같은 동사가 그렇다. 이 문장을 읽기 전에도 당신 은 분명히 우리가 knowed라고 말하지 않는다는 것을 알았을knew 것이 다. 모두 합해 300여 개인 불규칙동사를 언어학자들은 '강변화 동사strong verb'라고 부르기도 하는데, 영어에서 가장 빈도가 높은 동사 열 개가 여 기에 속한다. be/was, have/had, do/did, say/said, go/went, get/got, make/made, know/knew, see/saw, think/thought. 이것들은 빈도가 너무 높아서, 당신이 어떤 동사를 사용한다면 그것이 불규칙동사일 가능 성은 50퍼센트나 된다.

불규칙동사는 어디에서 왔을까? 여기에 관해 말하려면 이야기가 길다. 1만 2000년 전에서 6000년 전 사이 어느 시점에 현대 학자들이 프로토- 인도-유러피언Proto-Indo-European이라고 부르는 언어가 사용되기 시작했 다. 영어를 비롯해 프랑스어, 스페인어, 이탈리아어, 독일어, 그리스어, 체 코어, 페르시아어, 산스크리트어, 우르두어, 힌두어, 그 밖의 수백 가지 다 른 언어를 비롯해, 깜짝 놀랄 만큼 많은 현대 언어가 프로토-인도-유러 피언에서 나왔다. 프로토-인도-유러피언은 일정한 규칙에 따라 모음을 바꿔 어떤 단어를 그것과 관련된 다른 것으로 변환하는 시스템을 가지고

---

* 어린이들은 특별히 매력적인 방식으로 불규칙동사들을 익히는데, 점차 세련되어가는 그들의 지력智力에 상응 하는 단계들을 거친다. 처음에 그들은 저마다의 방식으로 모든 동사를 활용한다. 그런 다음, 자기 주변에서 사 용되는 언어에 내재된 어떤 법칙들을 인식하기 시작한다. 대부분의 동사들이 '-ed 규칙'을 따른다는 것을 알고 나면 그들은 과도규칙화hyperregularization라고 불리는 단계에 들어선다. 이 단계에서는 모든 동사를 규칙동사 처럼 취급해, 이를테면 goed나 knowed, runned라고 말한다. 마침내 그들은 어떤 동사들은 '-ed 규칙'의 예외 라는 점을 깨닫고 점차 정확한 불규칙 형태를 사용하기 시작한다.

있었는데, 그것은 흔히 학자들에게 모음전환ablaut이라는 현상으로 알려졌다. 영어에서는 모음전환이 불규칙동사에서 미묘한 패턴으로 아직 남아 있음을 볼 수 있다.[24]

여기 이런 패턴의 예가 있다. 오늘 나는 노래 부른다sing. 어제 나는 노래 불렀다sang. 노래가 불렸다sung. 이와 비슷한 것이 또 있다. 오늘 나는 전화를 건다ring. 어제 전화를 걸었다rang. 전화가 울렸다rung. 여기 또 다른 패턴이 있다. 오늘 나는 꼼짝하지 않는다stick. 어제 나는 꼼짝하지 않았다stuck. 오늘 나는 땅을 파고dig, 어제 나는 땅을 팠다dug. 활용 규칙들은 죽을 때 화석을 남긴다. 우리는 이런 화석들을 불규칙동사라고 부른다.

어떤 종류의 문법적 소행성이 이러한 고대의 규칙들을 멸종시키고 불규칙동사라는 말라빠진 뼈들만 남겼을까?

이 소행성은 이른바 '치음 접미사dental suffix'[25]라고 불리는데, 근대 영어에서는 -ed로 쓰인다. 과거 시제를 나타내기 위해 -ed를 사용하는 방식은 기원전 500년에서 250년 사이에 스칸디나비아에서 쓰인 게르만 조어祖語, Proto-Germanic에서 등장했다.

게르만 조어는 현대 게르만 어족의 언어학적 조상인데 영어·독일어·네덜란드어를 비롯한 여러 언어가 여기에 속한다. 프로토-인도-유러피언의 후손인 게르만 조어는 동사활용을 위한 모음전환 체계를 물려받았다. 그리고 이 체계는 대부분의 시간 동안 잘 작동했다. 그런데 우연히 새로운 동사들이 등장했고, 그중의 일부는 과거의 어떠한 모음전환 패턴과도 전혀 들어맞지 않았다. 그래서 게르만 조어 사용자들은 새로운 것을 발명했다. 이처럼 새롭고 비타협적인 동사에 -ed를 붙여 과거 시제를 만든 것이다. 말하자면 게르만 조어에서는 규칙동사들이 예외였던 셈이다.

그러나 이런 상황도 오래가지 않았다. 치음 접미사를 활용해 과거 시제를 나타내는 것은 엄청나게 성공적인 발명이었고, 급속도로 퍼져나가기 시작했다. 다른 파괴적 혁신 기술disruptive technology과 마찬가지로, 이 새로운 규칙의 시작은 비록 미미했으나 모음전환이 만들어낼 수 없는 멋진 동사들을 제공했다. 이 규칙은 교두보를 한번 마련하자 멈추지 않고 나아갔다. 단순하고 기억하기 쉬운 치음 접미사는 지지자들을 더 끌어모으기 시작했고, 고상한 모음전환 패턴만 고수하던 동사들조차 바뀌기 시작했다.

이렇게 해서 약 1200년 전 고대 영어의 대표적인 문헌인 『베오울프』가 쓰일 때쯤에는 영어 동사의 3분의 1이 새로운 규칙을 따르고 있었다. 오래된 모음전환 규칙은 한번 힘이 빠지기 시작하자 달아나기 시작했고, 신출내기 '-ed 규칙'이 그것을 내쫓았다. 그 이후 1000년 동안 불규칙 동사들은 점점 사라졌다. 1000년 전에는 내가 당신을 도웠을holp 것이다. 그러나 바로 어제는 내가 당신을 도왔다helped.

오늘날 언어학자들이 뒤늦게 깨달은 바이긴 하지만, 이것이 바로 규칙화regularization[26]라고 부르는 과정이다. 이 규칙화는 아직 진행 중이다. thrive(번창하다)라는 단어를 생각해보자. 약 90년 전 『뉴욕 타임스』에는 '빌리 버스티드의 시대에 번성했던 도박장들Gambling Halls Throve in Billy Busteed's Day'[*]이라는 헤드라인이 등장했다. 그러나 2009년 『뉴욕 타임

---

* 빌리 버스티드는 19세기 말에서 20세기 초에 뉴욕을 무대로 활약했던 도박가 윌리엄 버스티드William Busteed를 뜻한다. 『뉴욕 타임스』 1924년 9월 24일자 기사의 제목이다. ─옮긴이

스』는 과학 섹션에 「대멸종 이후 번성했던 일부 연체동물들Some Mollusks Thrived After a Mass Extinction」이라는 기사를 실었다. 운이 좋았던 연체동물과 달리 throve는 모음전환 대멸종의 희생자였다. 뒷걸음질은 없었다. 다시 말해 동사들은 한번 규칙화되면 절대로 불규칙화되지 않았다. 몰래 스며든snuck 좀도둑들sneak에게는 갑자기 달려드는flied out 사냥개들의 늘어진 입술들flews이 있기 마련이다.*

테르모필라이의 300명의 스파르타 용사**라도 되는 양 300개의 영어 강변화 불규칙동사들은 기원전 500년경부터 자기 동족에게 행해지는 무자비한 공격을 결연하게 물리치고 있다. 이 전투는 영어가 사용되는 모든 도시, 모든 마을, 모든 거리에서 매일매일 벌어지고 있다. 이 싸움은 2500년 동안 계속되고 있다. 그것들은 단순한 예외가 아니다. 그것들은 생존자들이다. 그리고 그것들이 살아남은 과정은 정확히 우리가 연구하고 싶어하는 언어의 진화 과정이기도 하다.

2005: 또 다른 데이터 오디세이

왜 어떤 불규칙동사들은 사라진 반면에 어떤 것들은 살아남았을까? 왜 번성했다throve는 번성하지 못하고, 운전했다drove는 달려가 버리지 않았

---

* 원문은 "For every sneak that snuck in, there are many more flews that flied out"이다. sneak 동사의 과거 시제는 예전에는 snuck였으나 sneaked로 바뀌었고, fly 동사 역시 예전에는 과거 시제가 flew였으나 flied로 바뀌었다. 저자들은 sneak와 fly 동사의 예전 과거 시제와 현재의 과거 시제를 뒤섞어 말장난을 하고 있는데, 좀도둑들이 몰래 스며들어 왔지만 달려드는 사냥개 때문에 빠져나가지 못하는 것처럼 불규칙동사들이 슬그머니 규칙화되고 난 뒤로는 되돌아가지 못한다는 뜻이다. - 옮긴이
** 기원전 480년에 스파르타의 장군 레오니다스Leonidas가 인솔하는 그리스 군이 페르시아 군과 싸워 전멸한 전투를 말한다. - 옮긴이

는가? 언어학자들은 불규칙동사들의 빈도가 왜 그리 높은지 이미 몇 가지 그럴듯한 아이디어를 내놓았다. 그들은 우리가 불규칙동사를 덜 자주 만날수록 익히기는 어려운 반면에 잊어버리기는 쉽다고 설명했다. 그래서 예를 들어 throve처럼 빈도가 드문 불규칙동사는 drove와 같이 빈도가 높은 것들에 비해 빨리 사라졌다. 오랜 시간이 지나면서 빈도가 낮은 불규칙동사들은 탈락했으며, 그 결과 불규칙동사들은 전체적으로 빈도가 더 높아졌다.[27]

우리가 보기에 이 가설은 극도로 흥미진진했다. 불규칙동사들이 자연선택에 의한 진화와 똑같은 과정을 밟아간다고 암시하기 때문이다. 불규칙동사들은 왜 그토록 빈도가 높은가? 그리고 다른 어휘 집단lexical class이 지프의 법칙에 따라 소수 단어들의 지배를 받는 것은 언제쯤인가? 탐욕스러운 -ed 규칙 형태의 자연선택은 일반적인 불규칙동사들에게 진화적 우위를 부여한다. 따라서 어떤 동사가 빈도가 높을수록 그것은 생존하기에 더 합당하다.[28]

이 이론은 인류 문화에 작동 중인 자연선택에 대해 우리가 들어본 설명 가운데 가장 깔끔했다. 지프의 나침반은 우리를 흥미진진한 문제로 이끌었다. 언어학자의 직감은 철저한 검증에 의해 지탱될 수 있을까? 만약 그렇다면 이것은 인류 문화가 자연선택에 의해 진화한다는 명백한 증거가 될 것이다. 지프가 그랬던 것처럼 우리에게 남은 일은 데이터를 찾는 것이다.

우리의 요청에 따라 아주 똑똑한 하버드 학부생 조 잭슨과 티나 탕이 우리를 돕기 위해 배정됐다. 이상적인 세계라면 우리는 조와 티나가 영어로 출판된 모든 책을 읽고 그들이 발견한 모든 불규칙동사를 기록하기를 바랐을 것이다. 그러나 두 사람 다 4년 만에 졸업할 계획을 세우고 있었다(박사과정 학생이던 우리는 졸업은 거의 꿈도 꾸지 못했다). 그래서 우리는 임시방편이 필요했다.

다행히 조와 티나는 지프의 이야기에서 이미 많은 것을 배운 뒤였다. 그들은 대안적인 접근법을 생각해냈다. 모든 것을 전부 다 읽는 대신 과거의 영어 문법 교과서[29]를 모조리 읽는 것은 어떤가? 중세 영어 문법책은 분명 불규칙동사를 많이 다루었을 테고 아마도 어딘가에 부분적으로나마 목록을 제시했을 것이다. 도서관을 뒤져서 시대별로 영어 문법을 다루는 교과서들을 죄다 읽는다면 우리는 언제, 무엇이 불규칙동사였는지 아주 훌륭한 그림을 그릴 수 있을 터였다. 이 문법 책들이, 핸리의 『율리시스』 논문이 지프에게 해주었던 것과 정확히 같은 것을 우리에게 해줄 터였다.

물론 이 작업은 생각했던 것보다 실제로 훨씬 어려웠다. 조와 티나는 고대 영어(『베오울프』 시절의 언어로 서기 800년경에 사용됐다)와 중세 영어(초서Chaucer 시절의 언어로 대략 12세기경에 사용됐다)의 교과서들을 읽는 작업을 여러 달 동안 꼼꼼하게 수행했다. 그들은 고대 영어의 불규칙동사 177개를 발굴했는데, 그것들 각각은 지금으로부터 1000년 이상을 추적해 올라갈 수 있었다. 1000년에 걸쳐 촬영된 스냅사진들을 가지고 우리는 마침내 언어가 어떻게 변화해왔는지를 볼 수 있었다.

이 177개 동사는 모두 고대 영어에서 불규칙으로 출발했다. 4세기가 흐른 뒤인 중세 영어에 와서는 145개만 불규칙으로 남았고 32개는 규칙화됐다. 근대 영어에서는 98개만 불규칙으로 남았다. 다른 79개는 여전히 사용되긴 했으나, 예컨대 melt(녹다)처럼 형태를 바꾸었다.

하지만 불균형이 눈에 띄었다. 우리 목록에서 가장 빈도가 높은 동사 열두 개는 전혀 규칙화의 길을 가지 않았다. 그것들은 -ed 규칙이 12세기 동안 누른 압력을 견뎌냈다. 우리 목록에서 가장 빈도가 낮은 열두 개 동사 가운데 bide(기다리다)와 wreak(가하다)을 비롯한 열한 개는 규칙화됐다. 빈도가 낮은 불규칙동사 가운데 살아남은 것은 slink(살금살금 움직이다)가 유일했는데, 이 동사는 이같이 조용한 소멸의 과정을 적절히 묘사해준다.

이 데이터는 자연선택과 유사한 무언가가 인류 문화에 영향을 미쳤고, 동사들에 지문을 남겼음을 웅변했다.[30] 사용 빈도는 동사의 생존에 극도로 강한 영향을 미쳤고, mourn/mourned(애도하다) 같은 동사들과 fit/fit(들어맞다) 같은 동사들 사이의 차이를 존속하게 만들었다.

불규칙동사의 반감기

생물학에서는 어떤 특질trait에서 자연선택이 일어나고 있음을 보여주는 편이, 그 특질과 진화적 적합성 사이의 관계를 정확히 측정하는 것보다 훨씬 쉽다(바람이 분다고 말하는 것은 쉽지만 그 바람이 얼마나 강하게 부는지 말하기는 훨씬 어렵다). 적합성을 측정하지 않으면 우리가 아는 것이라고는 단지 어떤 종류의 변화들을 진화가 선호하는가 하는 정도에 그친다. 그러한 변화들이 일어나려면 얼마나 오랜 시간이 걸릴지는 전혀 알 수가 없다.

그러나 불규칙동사의 사례는 전형적인 생물학적 진화와 똑같지는 않다. 생물학에서는 유기체 하나의 적합성을 계산하려면 수천 가지, 심지어 수만 가지 특질이 설명되어야 한다. 불규칙동사들의 경우 단 하나의 특질, 곧 사용 빈도가 단연코 적합성을 결정하는 가장 중요한 요소임이 명확했다. 이 점이 문제를 엄청 단순하게 만들어주었다. 이는 우리가 동사들의 불규칙 형태가 얼마나 빨리 사라질지를 신뢰할 만하게 측정할 수도 있음을 뜻했다.[31]

하지만 이 일에 뛰어들기 전에 과학 분야를 통틀어 가장 유명한 소멸 행위인 방사능 이론을 여러분에게 상기시키고자 한다.

방사성 물질들은 동력원자로에서 의료영상, 폭탄에 이르기까지 다양하게 사용된다. 이 물질들은 끊임없이 소멸되는 과정을 겪는다. 방사성 물질의 원자들은 시간이 흐를수록 안정적인 비非방사성 원자들로 변하기 때문이다. 이러한 붕괴 과정에서 에너지가 방출되는데 때로는 라디오파radio wave의 형태를 띤다. 여기서 방사성 물질radioactive substance이라는 이름이 유래했다.

방사성 물질의 가장 중요한 속성은 반감기半減期다.[32] 반감기란 표본 물질 속에 들어 있는 원자 가운데 절반이 붕괴하는 데 평균적으로 걸리는 시간을 뜻한다. 예를 들어 반감기가 1년인 물질이 있다고 해보자. 항아리에 담긴 어떤 물질의 원자가 10억 개 있는 상태에서 시작했다면, 1년 뒤엔 5억 개의 원자만 남고 나머지 5억 개는 붕괴해 다른 무언가가 돼 있을 것이다. 2년 뒤에는 (절반의 절반인) 2억 5000만 개의 원자가 남을 것이다. 3년 뒤에는 8분의 1이 남을 것이다.

우리는 불규칙동사의 규칙동사로의 변환을 조사하면서, 빈도를 계산에 넣을 경우 규칙화 과정은 방사성 원자의 붕괴와 수학적으로 전혀 구별할 수 없다는 사실을 발견했다. 나아가 우리가 어떤 불규칙동사의 빈도를 안다면 그것의 반감기를 계산하는 공식을 세울 수 있을 정도였다. 이것은 놀라운 일이었다. 방사성 원자는 반감기를 알려면 실험으로 측정을 해야지 계산하기란 불가능하니 말이다. 이런 점에서 방사능에 관한 수학은 방사성 원자보다 불규칙동사에 더 깔끔하게 들어맞았다.

그 공식은 단순하고 아름다웠다. 어떤 동사의 반감기는 그것의 빈도의 제곱근과 같았다. 다시 말해 빈도가 100분의 1인 어떤 불규칙동사는 열 배 빨리 규칙화될 것이다.

예를 들어 drink(마시다) 또는 speak(말하다)와 같이 빈도가 백 번에 한 번과 천 번에 한 번 사이인 동사들은 반감기가 대략 5400년이다. 이것은 고대 유물의 연대를 측정하기 위해 사용되는 것으로 유명한 동위원소인 탄소14의 반감기(5715년)와 비슷하다.

당신이 불규칙동사들의 반감기를 계산했다면 그들의 미래를 예측하는 것도 가능하다. 위의 분석에 근거해 우리는 begin(시작하다), break(깨다), bring(가져오다), buy(사다), choose(고르다), draw(그리다), drink(마시다), drive(운전하다), eat(먹다), fall(떨어지다) 무리에 속하는 동사 하나가 규칙화될 때쯤이면 bid(명령하다), dive(뛰어들다), heave(들어 올리다), shear(깎다), shed(흘리다), slay(죽이다), slit(길게 자르다), sow(심다), sting(찌르다), stink(악취가 풍기다) 무리에 속하는 동사 가운데 다섯 개는 이미 규칙화됐을 것으로 예측했다. 그리고 현재의 추세가 계속된다면 2500년경에는 불규칙동사 177개 가운데 83개만이 불규칙으로 남을 것이다.

우리는 이 발견에 흥분해서 우리의 예측을 짧은 이야기로 요약해봤다.

26세기에서 온 그는 너무나 교육을 잘 받은well-breeded 남자였기에, 그들이 그의 문법에서 구린내가 난다stunk고 말할 때 진짜로 찌릿찌릿했다stinged. "구린내가 난다stinked겠지." 시간여행자가 바로잡았다.[*]

만약 당신이 조만간 시간여행을 떠날 계획이라면 이 유익한 이야기를 잘 외워두는 편이 좋을 것이다.

우리는 또 특정 동사들의 운명을 예상할 수도 있었다. 수천 년이 흐른 뒤, 오늘날 불규칙인 동사 가운데 누가 더 젊은 모델과 함께하기 위해 지금의 배우자를 버릴 가능성이 가장 높을까? 역설적이게도 정답은 오늘날 빈도가 가장 낮은 불규칙동사 가운데 하나인 wed/wed(결혼하다)다. 이미 wed/wedded는 대중적으로 자주 발견된다. 지금이 당신이 갓 결혼한 사람newly-wed이 될 수 있는 마지막 기회다. 미래의 결혼한 커플은 오직 결혼의wedded 지극한 행복을 바랄 수 있으리라.

마지막으로, 우리는 우리로 하여금 이 여행을 떠나게 한 순진한 질문에 답할 수 있게 되었다.

"왜 우리는 drived가 아니라 drove라고 말하나요?"

thrive 같은 다른 불규칙 형태들은 폐기했으면서도 우리가 여전히 drove라고 말하는 이유는 drive가 thrive보다 훨씬 더 자주 사용되기 때문이다. 어떤 세기에도 throve 같은 동사는 drove에 비해 규칙화될 가능성이 다섯 배 정도 높다. 당연히 drove 역시 영어가 오랫동안 살아남는다면 언젠가는 사라질 것이다. 우리의 추산에 따르면 drove가 석양 속으

• 현재의 영어 용법으로는 well-breeded는 well-bred, stinged은 stung, stinked는 stunk가 맞다. 지은이들은 각각의 불규칙동사가 규칙화된 상황을 가정해서 이 문장을 만들어냈다. – 옮긴이

로 사라지기까지 7800년가량 남았다.* 아이들은 앞으로도 오랫동안 이것을 궁금해할 것이다.

존 하버드의 반들반들한 구두

하버드 대학교의 메인 캠퍼스 하버드 야드에는 존 하버드John Harvard의 생애를 기리기 위해 세워진 커다란 동상이 있다. 이 청동상은 전체적으로 어두운 색채를 띠는데 유독 왼쪽 신발만 예외적으로 항상 반들거린다. 무슨 이유에선지 이 신발에 손을 올리고 사진을 찍는 것이 하버드를 방문하는 사람이라면 누구나 해야 하는 일의 목록에 올라 있다.[33]

존 하버드의 신발은 왜 반들거릴까? 대부분의 사람들은 처음 동상이 만들어질 때 신발을 포함한 모든 외장이 어두운 청동색이었는데 방문한 사람들의 수많은 손길이 신발을 닦아서 점점 환하게 빛나는 표면이 드러났다고 생각한다.

그러나 청동은 원래가 빛이 나는 금속이다. 한 세기도 더 전, 처음 주조될 때 이 동상은 다른 청동상들과 마찬가지로 빛났다. 녹청patina으로 불리는, 광택 없는 동상의 가장 바깥층은 자연의 풍화에 따른 부식, 복구 노력, 심지어 작가에 의해 형성되었다. 행인 수천 명의 잦은 손길 덕분에 이 금속의 진짜 색깔은 신발에서만 살아남았다.

불규칙동사도 바로 이와 같다. 처음 접하면 당신은 어떻게 이런 예외

---

* drove와 같은 빈도를 가진 불규칙동사의 반감기는 5400년인데, 이는 이런 동사가 규칙화되기 전까지 약 7800년의 생애를 기대할 수 있음을 뜻한다.

데이터 오디세이: 언어는 어떻게 진화하는가

들이 살아남았는지 궁금해한다. 그러나 사실 불규칙동사들은 수세기 전 그것들이 따랐던 똑같은 패턴을 오늘날에도 그대로 따르고 있는 것이다. 주변의 언어들이 바뀔 때 불규칙동사들은 잦은 접촉 덕분에 풍화되지 않게끔 보호받았다. 이것들은 우리가 막 이해하기 시작한 진화 과정의 화석이다. 오늘날 우리는 불규칙동사가 아닌 다른 동사들을 모두 규칙동사라고 부른다. 그러나 규칙화는 언어에 처음부터 주어졌던 단계가 아니다. 규칙은 천 개의 예외들이 남긴 묘지석이다.

색인은 죽지 않았다

『제임스 조이스의 '율리시스' 단어색인』은 세부적인 것들에 대한 기나긴 인내와 집중의 세월이 반영된 업적이다. 이 책이 출판된 1937년에는 이 같은 색인이 아주 중요한 책들에서만 가능했다. 물론 색인 쓰기는 아주 길고도 걸출한 역사를 자랑한다. 예를 들어 가장 오래된 책인 『구약』의 용어색인은 '마소라Masorah'라고 불리는데 천 년도 더 전에 만들어졌다.

그러다가 1946년부터 사정이 달라지기 시작했다. 그해에 예수회 신부 로베르토 부사Roberto Busa는 엄청난 아이디어를 품었다. 다작으로 유명한 신학자 토마스 아퀴나스를 연구하던 부사는 자신의 연구를 도와줄 아퀴나스 작품 용어색인을 원했다.[34] 당시에 컴퓨터 기술이 나날이 발전하고 있었기에, 부사는 책 본문 전체를 이 새로운 기계에 집어넣어 새로운 방식으로 색인을 만드는 것이 가능하지 않을까 생각했다. 그는 이 아이디어를 가지고 아이비엠IBM을 직접 찾아갔다. 그들은 부사의 말을 끝까지 듣고는 그를 돕기로 결정했다. 30년의 시간과 아이비엠이 쏟아부은 숱한 노력 끝에 부사의 계획은 마침내 결실을 거두었다. 그리하여 기념 비적 저작인 『인덱스 토미스티쿠스Index Thomisticus』가 1980년에 완성됐다.[35] 학계는 크게 감명을 받았고, 핸리의 『'율리시스' 단어색인』처럼 부사의 『인덱스 토미스티쿠스』는 새로운 장을 열었다. 오늘날 디지털 인문학이라고 알려진 이 분야의 작업은 역사, 문학 같은 전통적인 인문학 분야에 컴퓨터가 연관될 만한 온갖 방식에 관심을 쏟는다.

우리는 이런 색인들이 발휘하는 엄청난 영향력에도 불구하고 이것들이 마지막 작품swan song이라고 생각하기 쉽다. 급성장한 현대 컴퓨터 기술의 힘은 얼마 안 있어 작성하기 쉽고 즉각 실행할 수 있는 프로그램 코드 한 줄이면 충분히 색인을 만들 수 있게 해주었다. 라이머가 스스로 알파벳을 가지고 한 실험—본질적으로 색인이지만 해당 페이지를 빼버린 실험—에다 '전설적·어휘적·다변적 사랑'이라고 이름 붙인 책을 발간할 무렵에는 색인 작업 자체가 그다지 인정을 받지 못했다. 오늘날 학자들은 새로운 용어색인을 만들고자 그다지 애쓰지 않는다. 필요가 없기 때문이다. 왜냐하면 값싼 노트북 컴퓨터로도 긴 텍스트에서 어떤 단어의 모든 용례를 거의 즉각 검색할 수 있기 때문이다. 표면적으로 볼 때, 용어색인의 시대는 끝났다.

그러나 현대 기술의 뚜껑을 들추면 그 아래에 있는 것들이 당신을 놀라게 할 것이다. 오늘날 세계는 그간 만들어진 어떤 정보 검색도구보다 강력한 인터넷 검색엔진으로 윙윙거리고 있다. 검색엔진이란 무엇인가? 검색엔진의 핵심에는 단어들과 그 단어들이 등장하는 웹페이지의 목록이 있다. 작고 하얀 검색상자 뒤에 숨겨진 것은 바로 거대한 디지털 용어색인이다. 색인들은 로베르토 부사 이후로 죽지 않았다. 오히려 그들은 세계를 점령했다.

장미를 분해해 꽃잎 세기[36]

지프는 수많은 영역을 바꿔놓는 업적을 남긴 위대한 사람이었지만, 그 업적의 대부분은 그의 전문지식과는 동떨어져 있었다. 언어에서 생물학까지, 도시계획에서 치즈의 물리학까지, 오늘날의 과학자치고 지프의 유산과 마주치지 않기란 쉽지 않다. 우리의 작업에서는 언어 진화의 비밀을 벗겨내는 데 필요한 단서를 제공했다.

과학적 용어로 표현하자면, 이 괴짜 독문학자를 그토록 예언적이게 만든 것은 무엇이었을까?

인지심리학의 창시자 가운데 한 사람인 조지 A. 밀러George A. Miller는 언젠가 지프에 관해 다음과 같이 말했는데, 우리가 보기에 앞에서 한 질문에 답하는 데 크게 도움이 되는 말이다. 밀러는 지프가 "꽃잎을 세기 위해 장미를 분해하는" 유형의 사람이라고 말했다. 언뜻 들으면 그다지 치켜세우는 말로 들리지 않는다. 지프가 세는 일에 너무 집착하는 바람에 꽃의 아름다움을 인식할 줄 몰랐다는 말인가?

분명 그렇지 않다. 지프는 유명한 문학자였고 책의 아름다움과 힘, 문학 천재들의 꽃을 깊이 이해했다. 그러나 지프를 다르게 만든 것은 그가 이 아름다움에 얼어붙지 않고 이 꽃을 인식하는 다른 방식에 눈을 감지 않았다는 사실이다. 그러한 방식 가운데 꽃을 분해하는 것이 우연히 포함됐을 뿐이다.

지프 이전에 책은 한 줄, 한 줄, 한 쪽, 한 쪽 읽고 이해하고 궁리하는 것이었다. 당신은 활짝 핀 장미처럼 형태(게슈탈트Gestalt)를 받아들인다. 핸리의 색인이 지프의 여행을 촉발시킨 것은 사실이지만, 핸리의 작업은 전통적인 읽기를 도우려는 의도로 시작되었다.

그러나 지프의 기이한 질문은 책이 무엇이 될 수 있는가에 대한 극단적이고도 새로운 개념을 내포하고 있었다. 이 질문은 그의 신묘할 정도로 놀라운 직관을 반영했다. 바로 텍스트의 작은 꽃잎들을 분석하되, 꽃무늬라는 맥락을 제거함으로써 수학적 설계의 증거를 찾아내는 대안적 형태의 읽기가 가능하다는 생각이었다.

지난 세기에 과학자들은 이처럼 선구적인 통찰력의 자취를 뒤쫓았다. 동사 분석을 마쳤을 때, 우리는 동사들의 수를 셀 수 있어서 자랑스러웠다. 그러나 불규칙동사의 특이점에 깊이 사로잡힌 나머지 지프의 접근법이 지닌 힘에 고마움을 제대로 표현하지 못했다.

지프의 진가를 제대로 알아보지 못하던 우리는 머지않아 달라졌다. 결국 지프는 한 줌의 꽃들을 분석하여 숨이 막힐 정도로 놀라운 과학적 지평을 연 것이다. 이제 구글 덕분에 도서관들이 차례차례 디지털화되고 있다. 우리는 지프가 했던 것을 하고 싶었다. 그러나 우리가 원한 것은 모든 꽃이었다.

불규칙동사의 배신

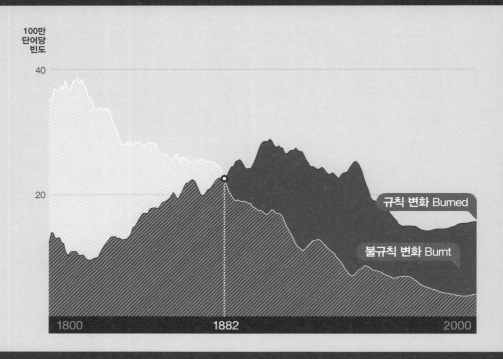

100만
단어당
빈도

40

20

규칙 변화 Burned

불규칙 변화 Burnt

1800   1882   2000

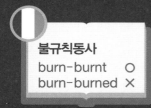

불규칙동사
burn-burnt ○
burn-burned ✕

The Washington Post

Burned Out
Phelps

한 프랑스 젊은이가 모국에서 영어를 배울 때 어떤 동사들은 과거 시제에서 철자를 다르게 쓴다spelt고 배웠다learnt. 이런 버릇없는spoilt 동사들은 교과서에서 하나의 구역을 이뤄 살았는데dwelt, 이들은 불규칙동사 중에서 선발되었다. 이것들을 모두 배우기란 정말 골치가 아팠지만, 그는 −ed를 더하는 대신 −t를 더해 과거 시제가 되는 단어들의 목록을 꿋꿋이 외웠다. 마침내 미국에 도착했을 때, 이 학생은 영어에 통달했다는 자신감으로 가득차 있었다. 그러나 도착하고 얼마 되지 않아 신문에서 런던 올림픽에 관한 기사를 읽다가 『워싱턴 포스트』에 실린 다음과 같은 기사 제목을 보고 깜짝 놀랐다. '기진맥진한Burned−Out 펠프스가 로치트*와 대적하기 위해 물속에서 쉭쉭 소리를 내다'³⁷ 프랑스인들은 동사 burn이 불규칙동사라고 배운다. 마이클 펠프스는 아마도 지쳤다고burnt out 느꼈을 것이다. 대체 미국 신문사에는 제목 편집자가 없단 말인가? 며칠 뒤 그는 또 하나의 고통스러운 기사 제목을 보았다. 이번에는 『로스앤젤레스 타임스』였다. '코비 브라이언트가 필 잭슨**에게 많은 것을 배웠다learned고 말하다.'³⁸ 이 학생은 필 잭슨에 대해선 아는 바가 없었지만 코비가 필에게 배웠다learned는 표현에 경악했다. 뭔가 배울 게 있었다면 그는 배웠어야learnt 했다.

이 학생은 이 특별한 규칙에 관해 모든 미국인이 똑같은 실수를 범한다는 사실을 점차 알게 됐다. 그는 대다수 미국인이 프랑스어를 말할 때 바보처럼 들린다는 것을 알고 있었는데, 자신의 교과서에 비춰보자면 미국인들은 모국어도 똑같이 잘하지 못했다. 그는 뭔가 낌새를 알아챘다smelt.

다행히 그는 새로운 종류의 관찰도구를 손에 넣을 수 있었다. 그것은 곧 비밀을 털어놓았다spilt. 사실 그는 프랑스에서 시간을 낭비했던 것이다. 그는 불에 데인burnt 듯이 아팠다.

대체 무슨 일이 벌어진 거지? burn/burnt(불에 타다), dwell/dwelt(~에 살다), learn/learnt(배우다), smell/smelt(냄새 나다), spell/spelt(철자를 쓰다), spill/spilt(엎지르다), spoil/spoilt(망치다) 같은 동사들은 모두 비슷한 패턴을 따르는데, 그것들은 영어 사용자들의 머릿속에서 서로를 떠받쳐 넘어지지 않게 했다. 그 결과 이 동사들은 그들의 개별적인 빈도를 통해 우리가 예상할 수 있는 기간보다 훨씬 더 오랫동안 불규칙동사로 남아 있었다.

이런 동사들은 여전히 많은 교과서에서 불규칙으로 등장한다. 그러나 현실에서는 한때 강력했던 동맹³⁹이 흩어지고 있다. 두 회원 spoil과 learn은 1800년경에 규칙화됐다. 그 후로 burn, smell, spell, spill, 네 개가 더 규칙화됐다. 이런 경향은 미국에서 시작된 것처럼 보인다. 그러나 이것이 영국에 퍼진 이래로 매년 케임브리지 인구 규모에 맞먹는 영국인들이 burnt 대신 burned를 받아들인다.⁴⁰ 오늘날 dwelt만이 불규칙동사들 사이에서 살고 있다.

결론: 이 학생이 자신이 배운 영어에 의해 불에 데인burnt 듯한 느낌을 가진 것은 잘못됐다. 그는 불에 덴 burned 느낌을 받았어야 했다.

---

* 마이클 펠프스와 라이언 로치트는 미국의 유명한 수영 선수로, 두 사람은 치열한 라이벌 관계였다. − 옮긴이
** 코비 브라이언트는 미국의 유명한 농구 선수이고, 필 잭슨은 농구 감독이다. − 옮긴이

chapter 3

데이터로 사전 만들기

영어 사전 가운데 가장 포괄적인 사전인 『옥스퍼드 영어 사전』은 50만 개에 조금 못 미치는 단어들을 수록했다. 이 어휘목록은 우리가 가진 목록의 대략 3분의 1 규모다. 다른 사전들은 이보다 더 적다. 어떻게 이럴 수 있을까? 사전 편찬자들은 정말로 언어에 무슨 일이 일어나고 있는지 알지 못했던 것일까?

2007년까지 불규칙동사들과 씨름하는 동안, 우리는 단어들의 빈도를 세는 일이 긴 시간에 걸친 문화적 변화를 추적할 수 있게 해준다는 확신을 얻었다. 불규칙동사들을 세는 것은 쉬웠다. 그것들은 빈도가 매우 높기 때문이다. went의 경우 5000단어마다 한 번씩 혹은 대략 스무 쪽에 한 번씩 등장한다. 여러분은 책을 읽을 때마다 이 단어를 반복적으로 본다. 그렇지만 불규칙동사가 아닌 일반적인 단어들을 추적하려고 시도하는 순간, 지프의 법칙이 지닌 어두운 단면에 맞닥뜨리고 만다(went처럼). 빈도가 높은 단어들은 수적으로 매우 적다. 대다수 단어들은 극도로 희귀하다.

새스콰치Sasquatch라고 알려진 설인雪人[1]같이 좀 더 도전적인 단어를 추적한다고 해보자. 새스콰치는 희귀해서 영어 책에서 거의 1000만 단어에 한 번, 어림잡아 100권에 한 번 정도 등장한다. 새스콰치를 추적하는 것은 전형적인 불규칙동사를 추적하는 것보다 훨씬, 훨씬 더 어렵다.

그러나 다른 문화적 개념들이 그렇듯 새스콰치가 아주 찾기 어려운 축에 드는 것은 아니다. 오히려 네스 호의 괴물Loch Ness monster이 더 찾기 어렵다. 이것은 200권에 한 번 정도 등장한다. 여러분이 정말로 수수께끼 같은 존재들을 가리키는 어휘를 추적하는 패기를 시험해보고 싶다면 추파카브라Chupacabra*를 한번 찾아보라.[2] 피를 빨아먹는 이 존재는 1995년 푸에르토리코에서 처음 보고됐지만 알려진 바가 별로 없다. 그렇지만 우리는 여러분에게 추파카브라가 새스콰치보다 빈도가 훨씬 낮다는 점은

---

* 푸에르토리코, 멕시코, 페루, 아르헨티나, 우루과이, 칠레 등 중남미 국가들에서 염소의 피를 빨아먹는다고 여겨지는 괴물. ─ 옮긴이

데이터로 사전 만들기

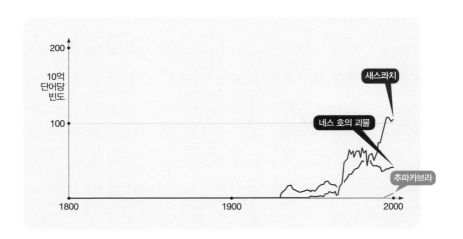

말할 수 있다. 이 단어는 1억 5000만 단어 또는 책 1500권에 한 번씩 보인다. 책을 아주 빨리 읽는 사람은 살아가는 동안 딱 한 번 추파카브라를 볼 수 있을 것이다. 여기에 여러분이 보게 될 추파카브라의 마지막 사례가 있다. 이 순간을 즐기시라.

　이런 종류의 단어들을 추적하려면 우리가 마음대로 쓸 수 있는 수백만 권의 책이 필요하다. 바로 빅데이터 말이다. 이것을 얻기 위해 우리가 갈 수 있는 곳이 딱 한 군데 있었다.

29세 억만장자의 심리학[3]

　2002년 구글은 사업이 척척 진행되고 있었고, 공동 창립자인 래리 페이지는 여유가 조금 생겼다. 무엇을 할까? 구글의 사명은 궁극적으로 "세계의 정보를 정리하는" 것이었고, 페이지는 책에 아주 많은 정보가 있다는 사실을 잘 알았다.

그는 궁금해하기 시작했다. 벽돌과 시멘트로 만들어진 실제 도서관이 사이버 공간에 존재하는 디지털 도서관으로 전환되기는 얼마나 어려운 일일까? 아무도 몰랐다. 그래서 페이지와 머리사 메이어 Marissa Mayer(당시 구글의 제품 담당 책임자, 2013년부터는 야후의 CEO)는 실험을 한번 해보기로 했다. 메트로놈을 이용해 일정한 속도를 유지하면서 300쪽짜리 책 한 권을 넘기는 실험이었다. 이 일을 하는 데 40분이 걸렸다. 이런 속도라면 페이지의 모교인 미시건 대학교 도서관에 소장된 700만 권의 책장을 전부 넘기는 데에만 약 500년이 걸린다. 그리고 당연한 얘기지만, 미시건 대학교는 모든 책 가운데 극히 일부만 가지고 있을 뿐이다. 이 세상에 존재하는 모든 책의 책장을 넘기려면, 다시 말해 각 책장을 기계가 읽을 수 있는 형태로 만들기 위해 디지털로 스캔하려면 수천 년, 아니 수억 년이 걸릴 터였다. 그런 일은 불가능해 보였다.

그러나 29세 억만장자는 여러분처럼 생각하지 않는다. 자신의 회사가 조만간 『포춘』에서 선정하는 500대 기업에 포함될, 인터넷 붐 시대의 거인에게는 억겁 명의 사람을 고용하는 것쯤은 충분히 가능한 일이다.

미시건 대학교의 총장인 메리 수 콜먼 Mary Sue Coleman이 페이지에게 이 대학의 책들을 완전히 디지털화하려면 천 년이 걸릴 거라고 말했을 때, 페이지는 구글의 각종 서비스들을 무료로 제공하고 동시에 이 과업을 6년 안에 완수하겠다고 제안했다.*

---

* 미시건 대학교의 책들을 디지털화하는 데 걸린다고 한 시간인 500년은 단순한 곱셈에 따른 것이다. 수천 년이 걸린다는 콜먼의 추산은 아마도 책장을 넘기는 일 말고도 다른 일이 포함됐을 것이며, 단 한 사람이 책장을 넘긴다고 가정하지는 않았을 것이다. 한 권에 40분씩 1억 3000만 권을 넘긴다고 가정하면 총 9900년이 걸릴 것이다.

데이터로 사전 만들기

이로써 구글은 만들어진 모든 책을 디지털화하고, 마침내 모든 것의 도서관을 만들어 컴퓨터 하드드라이브에 로딩하려는 프로젝트를 시작했다.

페이지의 페이지들[4]

모든 책을 확보해 스캔하는 작업에 들어가기 전에 구글은 어떤 책은 이미 스캔했으며 앞으로 어떤 책이 더 필요한지 등을 파악하기 위한 쇼핑 목록이 필요했다. 그래서 수백 곳의 도서관과 기업으로부터 도서목록 정보들을 수집했고, 이 목록들을 종합해서 지금까지 쓰여진 모든 책을 포함한 최선의 목록을 만들었다(정확히 말하면 오늘날까지 살아남은 모든 책이다. 예를 들어 알렉산드리아 도서관이 불에 탈 때 잃어버린 책들은 여기에 포함되지 않는다). 이렇게 해서 나온 쇼핑 목록에는 1억 3000만 권[5]이 포함됐다.

이제 책들을 하나하나 확보해 스캔하는 일을 해야 했다. 출판사들이 인쇄한 책들을 곧장 보내주는 경우 구글은 이 책들을 '파괴적으로' 스캔했다. 다시 말해 제본된 책등을 잘라서 낱장의 책장들을 매우 빠른 속도로 스캔해 컴퓨터로 쉽게 볼 수 있도록 디지털 형식의 이미지로 저장했다. 나머지 책들의 경우 구글이 직접 세계의 여러 도서관과 접촉해 각각의 책장과 분야별 구역, 심지어 건물 전체를 점검했다. 모든 도서관의 책이 그렇듯 구글 역시 이 책들을 돌려줘야 했다. 제아무리 구글이라 할지라도 이 책들의 연체료를 감당하기는 어려웠기 때문이다. 그래서 구글은 비파괴적 스캔 시스템[6]도 개발했다. 소규모의 책장 넘기기 부대가 고용되어 페이지와 메이어의 지시에 따라 온종일 카메라가 텍스트의 이미지를 찍는 동안 책장을 넘겼다. 이들은 지난 10년 동안 스캐닝을 쉬지 않았고 10억 회나 책장을 넘겼는데, 가끔 숨기지 못한 엄지손가락이 이미지 속에서 나타날 때도 있다.

마침내 컴퓨터 프로그램이 이미지에 포함된 문자들을 찾아내 알아보는, 이른바 광학적 문자 판독optical character recognition이라고 불리는 과정을 통해 디지털화한 이미지들을 텍스트로 변환했다. 그 결과 워드프로세서로 문자를 타이핑해서 만든 것과 유사한, 전체 책을 담은 텍스트 파일이 만들어졌다.

29세 억만장자의 논리에 따른 결과, 구글의 디지털화 작업은 엄청난 성공을 거두었다. 페이지가 메이어와 함께 책장을 넘긴 지 10년 만에, 그리고 그가 공개적으로 프로젝트를 선언한 지 9년 만에 구글은 3000만 권이 넘는 책들을 디지털화했다.

이처럼 방대한 텍스트는 오직 컴퓨터로만 분석할 수 있다. 만약 인간이 읽으려 한다면, 밥을 먹거나 잠을 자기 위해 중단하는 일 없이 합리적 속도인 분당 200단어씩 읽는다고 해도 총 1만 2000년이 걸릴 것이다.

이 데이터를 다른 방식으로 생각해보자면, 모든 책 기록을 상대로 한 여론조사poll에 비유할 수 있다. 이 투표가 얼마나 포괄적인 것인지 알고 싶다면 미국에는 그간 출판된 책들(1억 3000만 권)의 규모에 맞먹는 등록된 유권자(1억 3700만 명)가 있다는 사실을 떠올려보라. 2012년 미국 대선에서 갤럽은 등록된 유권자 5만 명 가운데 한 명 꼴인 2700명을 대상으로 여론조사를 실시해서 투표일 닷새 전에 발표했다.[7] 구글의 모든 책 여론조사에는 3000만 권이 포함되는데, 이는 세계의 모든 책 네 권당 한 권 꼴이다. 여론조사가 진행되면 될수록 대상은 믿기 어려울 정도로 광범위

데이터로 사전 만들기

해지고, 그 결과물은 인류가 남긴 문화적 기록에 대한 전대미문의 요약이 된다.

빅데이터와 저작권 문제

우리는 억겁 명을 고용할 형편은 아니었으므로 구글에 편승해야 함이 분명했다. 그러려면 어떻게 해야 한다?

마침 기회가 찾아왔다. 2007년 에레즈의 부인인 아비바 에이든Aviva Aiden이 여성 컴퓨터과학자에게 수여되는 상을 받기 위해 구글 본사인 구글플렉스Googleplex에 초대 받았을 때였다. 에레즈는 아비바를 따라 나선 덕분에 구글의 유명한 연구 책임자인 피터 노르빅Peter Norvig의 사무실에 갈 수 있게 됐다.

노르빅은 인공지능의 개척자다. 그는 이 주제를 다룬 표준 교과서를 집필했다. 그리고 그가 말하면 사람들은 경청한다. 아주 많은 사람들이 듣는다. 예를 들어 2011년 가을에 노르빅과 서배스천 스런Sebastian Thrun 은 무크MOOC라고 불리는 세계 최초의 대규모 공개 온라인 강습에서 강의를 한 적 있는데, 스탠퍼드 대학교의 후원으로 제공된 이 인공지능 강좌는 순식간에 성공을 거두어 16만 명이 넘는 학생들이 등록했다. 이 강좌는 고등교육 혁명의 시발점이었다.[8]

이런 그였으니 그가 미팅에 나온 것은 놀라운 일이었다. 노르빅은 말하기를 좋아하는 사람이 아니다. 사실 구글의 디지털 책 컬렉션보다 더 읽어내기 어려운 것은 이야기를 듣고 있는 노르빅의 포커페이스다. 그는 잠시 뜸을 들이다가 마침내 매우 통찰력 있거나, 반대로 완전히 불합리한 추론이 무엇인지를 지적한다. 이를 통해 당신의 주장을 설득하는 데 성공했는지 아닌지를 파악할 수 있다.

한 시간쯤 에레즈의 이야기를 듣고 나서 노르빅이 마침내 최종 카드를 내보였다.

"모두 아주 대단해 보이는군요. 그런데 저작권을 침해하지 않고 어떻게 그 일을 할 수가 있죠?"

구글이 2004년 세계의 모든 책을 디지털화하겠다는 의도를 공개적으로 선언하자, 당연히 출판업계는 매우 불안해했다. 책을 웹에서 검색할 수 있게 된다는 것은 그들에게 무엇을 의미하는가? 구글은 어떤 콘텐츠를 대중과 공유하고자 하는가? 비록 구글이 저작권법을 준수하길 원한다 하더라도 어떤 책에 대한 권리가 누구에게 있는지를 어떻게 알아낼 것인가? 구글은 애플사의 아이튠스가 음반업계를 상대로 했던 것과 똑같이 출판업을 송두리째 전복시킬 것인가?

곧이어 소송이 쏟아져 들어오기 시작했다. 2005년 9월 20일, 다수의 개별 작가들을 대표하는 미국작가조합이 집단소송을 제기했다. 10월 19일에는 맥그로힐, 펭귄USA, 사이먼앤드슈스터, 피어슨에듀케이션, 존와일리 등 거대 출판업자들을 대표하는 미국출판협회가 소송을 제기했다. 두 가지 소송 다 '대규모 저작권 침해' 혐의를 주장했다. 2006년에는 프랑스와 독일 출판업자들이 이 싸움에 가담했다. 2007년 3월, 구글의 경쟁자들도 몸집을 불려가고 있었다. 마이크로소프트의 최고위 변호사인 토머스 루빈Thomas Rubin은 구글의 접근법이 "저작권을 체계적으로 위반"하고 "창조를 향한 결정적 동기를 약화"시킨다고 말하며, 구글의 디지털화 노력을 공격하기 위해 준비된 일련의 논평을 내놓았다. 구글 북스 프로

데이터로 사전 만들기

젝트는 순식간에 빅데이터의 역사에서 가장 중요한 법률적 발화점이 되었다.[9]

구글 북스가 겪은 어려움은 빅데이터 연구가 앞으로 마주할 법률적 도전의 조짐을 보여주었다. 흥미롭기 그지없는 빅데이터세트는 종종 구글, 페이스북, 아마존, 트위터 등 거대 기업의 손아귀에 있다. 그렇다고 해서 그들이 그 데이터를 전적으로 소유한 것은 아니다. 책을 쓰건, 웹페이지를 꾸미건, 사진을 찍건 간에 전적으로 개인들에게서 나온 데이터다. 이 개인들이 데이터의 실질적 권한을 보유하며, 그들이 만들어낸 것이므로 마땅히 그래야 한다. 이런 권리들은 저작권, 사생활권, 지적재산권, 혹은 장황한 다른 권리의 형태를 띤다. 그러므로 데이터는 공적이지도 사적이지도 않다. 데이터는 모종의 디지털 공유지digital commons를 구성한다. 말하자면, 수백만 명이 이해관계를 가지고 있으면서도 누구도 권한을 완벽하게 갖지 못하며 종종 법률적 지위가 모호한 황무지 같은 것이다.

과학자에게 데이터는 일종의 게임체인저game changer*와 같다. 우리는 우리가 만들어내거나 획득한 데이터를 가지고 어떤 방식으로든 우리가 원하는 대로 분석하는 데 익숙하다. 기껏해야 과학자는 윤리위원회의 승인을 받을 필요가 있을 따름이다. 그럼에도 불구하고 이베이를 대상으로 한 레빈의 분석에서 휴대전화 이동을 다룬 바라바시의 연구에 이르기까지, 우리가 앞에서 언급했던 각각의 빅테이터 연구들은 전통적인 방식으로 접근하면 모두 불법적이고 비윤리적이라는 판정을 받을 것이다. 빅데이터의 세계에서는 모든 것을 수집하고 나중에 분석한다는 개념이 실용

---

* 규칙을 변하게 하는, 예상치 못했던 어떤 것을 뜻한다. ―옮긴이

적으로나 도덕적으로나 불가능하다. 만약 누구도 넘겨주려 하지 않거나 넘겨줄 권한이 없다면, 우리가 어떻게 빅데이터의 장점을 취할 수 있겠는가?

노르빅의 질문은 중요한 이슈를 정조준했다.

그림자 데이터 만들기

전 세계 모든 책의 텍스트를 우리에게 전부 넘겨달라고 구글에 요청하는 것은 성공할 가망이 전혀 없는 생각이었다. 다행히도 우리는 그럴 필요가 없었다.

왜냐하면 빅데이터는 거대한 그림자를 드리우기 때문이다. 그림자가 원본에서 다른 것을 걸러내고 어떤 측면을 보존하는 어두운 투영도이듯, 그림자 데이터shadow data는 원본 정보의 일부를 보존한다. 섀도잉 shadowing*은 과학보다는 예술에 더 가깝지만, 빅데이터를 가지고 일할 때는 작업의 진척에서 매우 중요한 역할을 한다. 잘못된 그림자는 윤리적으로 수상쩍고, 법률적으로 다루기 힘들며, 과학적으로 아무 쓸모가 없다. 그러나 우리가 알맞은 각도를 정확하게 고르면 원본 데이터세트에서 법률적·윤리적으로 민감한 부분을 가리고 엄청나게 강력한 힘을 취할수가 있다.

---

* 그림자 데이터는 개인들이 이메일을 보내고, 소셜미디어를 사용하고, 신용카드나 현금지급기를 사용하는 등 일상생활을 영위하면서 남기는 작은 정보 조각들을 모아서 합한 것을 뜻한다. 그림자 데이터는 원본 데이터에 비해선 불완전하고 모으기가 어렵지만, 당사자의 동의 없이 활용될 수 있어서 우려를 낳고 있다. 이 책에서 데이터 섀도잉은 프라이버시 침해가 생기지 않도록 원본 데이터를 모호하게 만드는 작업, 즉 의도적으로 그림자 데이터를 만드는 작업을 가리키는 용어로 사용됐으나, 아직 널리 통용되고 있지는 않은 듯하다. – 옮긴이

운이 아주 좋으면 데이터세트를 섀도잉하기가 쉽다. 예를 들어 빅데이터세트가 안고 있는 문제 가운데 하나가 민감한 개인정보를 노출한다는 점인데, 각각의 기록과 결부된 사람의 이름을 지워버리면 충분할 것처럼 보인다. 그러나 그렇게 단순한 경우는 매우 드물다. 문제는 많은 빅데이터세트가 가진 정보가 너무도 풍부해서 자세히 관찰해보면 불필요할 정도로 각각의 기록마다 이름을 달고 있다는 점이다. 그 기록 자체가 식별 가능한 특징을 너무도 많이 가지고 있기 때문에 그것이 묘사하는 사람은 지구상에 단 한 명만 있을 수밖에 없다. 이런 경우에는 이름을 지운다고 해도 별다른 도움이 되지 않는다.

2006년에 '아메리카 온라인America Online'(이하 AOL로 줄임)은 개고생을 해가며 이 사실을 배웠다.[10] AOL은 과학 연구에 기여한다며 통 크게 65만 명이 넘는 이용자의 검색기록search logs을 대중에게 공개했다. 당연히 AOL은 공개에 앞서 기록을 수정했다. 사람 이름은 공개 대상에 포함시키지 않았고, 개별 사용자의 별명도 별 특징 없는 숫자값으로 대체했다. AOL은 이렇게 하면 사용자의 프라이버시가 보호될 거라고 예상했다. 그러나 AOL은 심각한 실수를 저질렀다.

『뉴욕 타임스』기자 마이클 바바로Michael Barbaro와 톰 젤러 주니어Tom Zeller Jr.는 새롭게 대중에게 공개된 검색기록을 검토한 뒤, 이것을 사용 가능한 다른 데이터와 교차 검토하여 사용자의 신원을 추론하는 데 성공했다. 데이터가 공개되고서 며칠 후에 바바로와 젤러는 3개월 내의 검색어query 수백 개 가운데서 사용자 4417749가 '조지아 주 릴번에 있는 큰 빌딩landscapers in Lilburn, GA'을 검색한 적이 있고, 성姓이 '아널드Arnold'인 사람을 많이 검색했다는 사실을 알아냈다. 전화번호부를 살펴봤더니 이 사용자는 릴번에 사는 텔마 아널드Thelma Arnold라는 62세 여성이라고 분명하게 나왔다. 바바로와 젤러가 아널드 부인에게 연락해서 그녀의 검색기록에 나온 검색어 몇 개를 읽어주자, 그녀는 AOL이 한 짓에 화들짝 놀라며 말했다. "우리 모두는 사생활의 권리가 있습니다. 누구라도 이것을 모두 알아서는 안 됩니다."

AOL은 실수를 깨닫고 이 문제를 바로잡으려 했다. 공개한 지 사흘 만에 이 데이터를 오프라인으로 전환했으며, 공개 사과를 하고 검색기록을 공개한 연구원을 해고했으며, 이 연구원의 감독관도 해고했다. 몇 주 뒤에는 AOL의 최고기술책임자CTO가 사임했다. 그러나 너무 늦었다. 이 데이터는 이미 웹을 타고 퍼진 상태였다. 연구를 촉진하려는 의도는 고결했으나, 형편없이 실행된 노력 때문에 AOL은 받아 마땅한 언론의 부정적 주목과 집단소송의 물결로 타격을 입었다. 이 대실패는 빅데이터를 익명화하기가 얼마나 어려운지를 보여주는 고전적인 사례가 됐고, 이 산업에 종사하는 사람들에게는 어떤 회사가 이타적으로 데이터 공유에 뛰어들었을 때 직면할 법한 위험을 경고해주는 교훈이 됐다. AOL은 이 기록을 공개해서 얻은 것은 눈곱만큼도 없는 반면에 엄청난 대가를 치러야 했다. 노르빅의 마음 깊은 곳에도 이 일이 자리 잡고 있었다.

물론 사람의 이름만이 데이터세트를 낯 뜨겁게 만들 수 있는 것은 아니다. 구글 북스는 이와 정반대의 문제를 안고 있었다. 책의 텍스트 가운데 소송당할 걱정 없이 공개할 수 있는 몇 안 되는 정보는 저자의 이름이다. 책의 나머지 부분은 저작권의 보호를 받는다.

커다란 그림자는 우리가 이런 난관을 헤쳐 나가는 데 어떤 도움을 줄 것인가? 빅데이터를 이용하려면 네 가지 중요한 기준을 충족시키는 그

데이터로 사전 만들기

림자를 찾아내야 한다. 첫째, 원본 데이터세트를 만드는 데 집단적 노력을 기울인 수백만 명의 권리를 보호해야 한다. 둘째, 흥미로워야 한다. 셋째, 해당 데이터의 문지기 역할을 하는 회사의 목표에 어긋나지 않아야 한다. 넷째, 누군가가 실제로 만들어낼 수 있는 것이어야 한다. AOL의 문제는 사용자의 검색 관련 데이터를 공개했다는 것 자체가 아니라, 지워버리기로 선택한 데이터의 폭이 너무 좁아 우리가 제시한 첫 번째 기준을 치명적으로 위반했다는 점이었다. 제러미 긴스버그는 '구글 플루 트렌드Google Flu Trends*를 만들 때 사용자들의 검색기록에서 유래한 정보를 공개했다. 그러나 그의 그림자는 인플루엔자 바이러스를 제외하고는 누구에게도 해를 끼치지 않는 방식으로 종합됐다.

큰 그림자를 사용하면 어떤 데이터세트가 작동하는 와중에도 그 안에 포함된 정보들을 보호할 수 있다. 그 수혜자는 연관된 연구자만이 아니다. 이상적인 그림자는 윤리적으로나 법률적으로나 무해하기에 경계심 많은 문지기들에게 그것을 공적 영역에 공개하자고 설득할 수 있게 해준다. 큰 그림자는 고도로 보호받는 데이터세트를 과학자건 인문학자건 기업가이건, 혹은 고등학생이건 번득이는 아이디어만 있다면 누구나 사용할 수 있고 믿을 만한 공적 자원으로 변형할 방안을 제공한다. 회사들을 상대로 말할 때 우리는 이를 두고 데이터 자선활동이라고 묘사하곤 한다. 비트를 기부하는 것은 돈을 기부하는 것만큼이나 좋은 일이며, 당연히 그렇게 하는 것이 더 싸게 먹힌다고.

---

* 구글 플루 트렌드는 2013년 독감철에 실제보다 크게 과장된 예측 결과로 논란을 빚은 뒤 2015년 서비스를 종료했다. - 옮긴이

저작권 문제의 돌파구, 엔그램

이해하기 쉽게 구글 북스의 미가공 데이터를 책 제목, 저자명과 생일, 소장된 도서관, 출판일 등 작품 정보와 책 각각의 본문 전체를 포함한 긴 일람표라고 생각해보라. 구글 북스가 드리운 큰 그림자는 무엇인가? 많다. 그렇지만 모두가 다 기대해도 될 만한 것은 아니다.

한 그림자는 각각의 책 제목으로만 구성되어 있다. 이 그림자에는 약 1억 개의 단어가 포함된다. 이 데이터는 전체 수집품에 비하면 아주 자그마해서 새로운 과학을 일으키기에는 너무 작다. 그런데 이것은 꽤 큰 문제를 안고 있다. 구글은 이런 책 제목들이 기업 스파이 활동business intelligence이 될 수 있다고 여겼는데, 자신이 어떤 책을 스캔했고 어떤 책은 스캔하지 못했는지를 경쟁자들이 알기를 원치 않았기 때문이다. 따라서 제목들은 좋은 그림자를 만들지 못한다.

또 다른 그림자로는 저작권이 만료된 책들로 구성된 공유저작물public-domain 책들의 전체 본문이 있다. 이것은 진짜 흥미로운 데이터세트로, 저작권 소유자가 있을 때 발생할 수 있는 골치 아픈 문제들로부터 자유로울 가능성이 높다. 그렇지만 이것은 두 가지 결점이 있다. 첫째, 저작권이 계속해서 연장됐기 때문에 1920년 이후에 발행된 책 가운데는 공유저작물에 속하는 책이 거의 없다. 이는 이 빅데이터에서 단연코 가장 큰 부분을 차지하는 20세기와 21세기 초의 데이터가 거의 포함되지 않는다는 것을 뜻한다. 둘째, 저작권을 다루는 낡은 법률들은 종종 어떤 특정한 책의 지위를 모호한 상태로 남겨두는데, 이런 모호성은 구글이 수집한 책들 가운데 방대한 수에 영향을 미친다. 어떤 책들이 여기에 포함되는지

　　　　　　　데이터로 사전 만들기

가 불명확하기에 이 그림자는 놀라울 정도로 산출하기가 어렵다.

그렇다면 우리는 노르빅에게 무엇을 제안해야 하는가?

우리는 캐런 라이머의 『전설적·어휘적·다변적 사랑』을 상기했다. 단어의 빈도로 스토리와 저자의 숨겨진 심리를 드러내는 라이머의 책을 훑어본 경험에 비춰본다면, 만약 스토리가 서구 문명의 역사를 기록한 거대한 덩어리이고 저자가 거의 모든 사람이라고 한다면 정말로 흥미롭지 않겠는가?

우리가 이렇게 생각하면 할수록 알파벳순으로 쓰인 그녀의 소설은 단순한 동시에 아름답고, 아름답고, 아름답고, 아름답고, 아름다운 그림자를 암시하는 듯이 보였다. 구글 북스에 포함된 단어들의 빈도를 드러내는 것은 어떨까?

좀 더 정확하게 말하면, 우리의 아이디어는 영어로 쓰인 책에 등장하는 모든 단어와 구절에 관한 단일한 기록을 포함하는 그림자 데이터세트를 만드는 것이었다. 환상적인 컴퓨터과학 용어인 엔그램n-gram* 방식으로 말하면, 이 단어들과 구절들에는 3.14159(1-그램), 바나나 스플릿 banana split(2-그램), 미합중국the United States of America(5-그램) 등도 들어간다. 이 기록은 과거로 500년을 거슬러 올라가서 특정 엔그램이 책에서 해마다 얼마나 자주 등장하는지를 보여주는 숫자들의 긴 일람표로 구성될 터였다. 이것은 극도로 흥미로울 뿐 아니라 우리가 보기에 분명히 법적으로도 무해해 보였다. 누군가의 소설을 알파벳순으로 나열한 버전으로

---

* 현대 컴퓨터언어학의 한 분야인 확률적 언어 모델에서 중요하게 쓰이는 개념. 엔그램은 어떤 텍스트나 이야기 덩어리에 엔n 개의 단어 또는 음절 등이 연쇄적으로 등장하는 경우를 뜻한다. ─옮긴이

출판했다고 해서 라이머가 소송을 당하지는 않았다.

하지만 한 가지 위험이 여전히 남아 있었다. 어떤 해커가 단어들과 구절들의 빈도에 관한 공적 데이터를 어떻게 사용했는지를 알아내서 모든 책의 전문을 재구축한다면? 아주 작고, 서로 중복되는 작은 조각들을 가지고 방대한 텍스트를 조합하는 것은 분명 불합리한 전략은 아니다. 사실 과학자들이 세포 안의 DNA를 읽어내는 데 사용하는 접근법인 현대의 게놈 시퀀싱genome sequencing의 기반[11]에는 이와 유사한 방식이 이미 자리 잡고 있다.

이 문제를 풀기 위해 우리는 통계학적 사실에 의존했다. 당신은 독특한 어구와 마주치기 위해 어떤 책에 깊이 들어갈 필요가 없다. 예를 들어 "독특한 어구와 마주치다"라는 구절은 분명 앞의 문장에서 유일하게 사용했거나, 아니면 적어도 바로 지금 이 문장이 등장하기 전까지는 그랬을 것이다. 그래서 우리는 단순한 조작을 하나 더했다. 즉 우리의 그림자에는 아주 적은 횟수만 사용된 단어와 구절의 빈도 데이터는 포함하지 않는다는 것이었다. 이런 변형을 가하면 전문을 재구성하는 것은 수학적으로 불가능하다.

이렇게 얻은 그림자인 엔그램은 전도가 아주 유망해 보였다. 이걸 이용해도 텍스트가 향유하는 저작권은 전혀 손상되지 않을 터였다(기준 1). 불규칙동사에 관한 우리의 연구와 라이머의 소설을 통해, 한 단어의 빈도를 추적하는 것이 얼마나 많은 통찰력을 얻게 해주는지 알았다(기준 2). 이것은 개념을 검색하기 위한 강력하고 새로운 방식이 될 것이며, 검색을 기반으로 만들어진 회사들에게도 매력적인 개념이 될 터였다(기준 3). 그리고 단어들을 세는 것은 컴퓨터과학에선 가장 쉬운 문제임이 분명하

데이터로 사전 만들기

다(기준 4).

당연하게도 우리가 엔그램 데이터에만 국한한다면 단어들은 맥락을 거의 잃어버려서, 만약 누군가가 엘리아 카잔Elia Kazan*이 위대한 감독이라고 주장한 글을 쓰거나, '적색 공포' 시절에 그가 친구들의 이름을 발설해서 배반했다고 주장하는 글을 쓴다 해도 그 사실을 알아내지 못할 터였다. 그러나 이런 상황은 오류bug가 아니라 그것이 지닌 특징 가운데 하나일 뿐이다. 데이터를 법적으로 민감하게 만드는 것은 맥락이다. 우리는 맥락을 배제하여 그림자 데이터세트와 이것을 움직이는 도구가 우리 연구자들뿐만 아니라 전 세계와 공유될 수 있다는 강력한 논거를 만들었다. 우리의 그림자는 핵심을 짚었다. 이것은 법을 어기지 않으면서도 당신을 아주 즐겁게 해줄 것이다.

엔그램이 우리의 답이었다. 노르빅은 이 아이디어에 대해 몇 분간 생각하더니 시도해볼 만하다고 판단했다. 그는 구글의 엔지니어인 존 오원트와 매튜 그레이, 우리의 인턴인 유안 셴으로 팀을 꾸리도록 도와줬다.

마침내 우리는 진입했다. 우리는 역사상 가장 큰 단어들의 집합에 느닷없이 접근하게 된 것이다.

단어란 무엇인가

언어는 단어들의 조합이다. 그렇다면 단어란 무엇인가?

---

* 1909~2003. 『뉴욕 타임스』에서 "브로드웨이와 할리우드 역사에 깊이 영향을 미친 위대한 감독 가운데 한 명"이라고 평가한 그리스 태생의 미국 영화감독. - 옮긴이

이것은 무거운 주제다. 정치인들을 떠올려보자. 정치 인생 내내 조지 W. 부시 대통령은 가끔 underestimated(너무 적게 추산된) 같은 단어 앞에 mis- 같은 접두사를 갖다 붙이는 창의성을 발휘했다. 이러한 부시즘 Bushism* 탓에 그는 자주 조롱을 받았고 심야 텔레비전 프로그램의 샌드백 신세가 됐다. 정치인들이 사용하는 언어는 매우 세심하게 감시받기에 비표준어 철자를 쓰는 것처럼 사소한 일도 뜨거운 '감지potatoe'가 될 수 있다. 댄 퀘일Dan Quayle 전前 부통령은 회고록에서, 공개적인 자리에서 감자potato의 철자를 틀린 경험을 "공식적인 자리에서 범하는 실수 이상이다. 상상할 수 있는 가장 나쁜 결정적 순간이다"라고 묘사했다.[12] 그러나 트위터에서 반거당한refudiated** 이라고 쓴 직후에 대중적인 조롱에 직면한 새러 페일린이 다른 정치인들과 마찬가지로 지적했듯이 그녀에게는 이중 기준이 적용됐다.[13] 결국 그녀는 트위터에 "영어는 살아 있는 언어다. 셰익스피어도 새로운 단어를 만들어내는 것을 좋아했다"[14]라고 썼다.

그녀가 옳았다. 셰익스피어의 희곡들은 신조어로 가득 차 있다. 사실 셰익스피어는 부시처럼 사회적 보수주의자이자 접두사 자유주의자prefix liberal다. 그는 부시가 misunderestimated(잘못 너무 적게 추산된)'라는 단어를 새로 만들어낸 것과 똑같은 전략으로 종종 새로운 단어들을 만들어냈다(이런 단어들은 그 이후 활발하게 사용되지는 않았다). 그렇지만 부시와 다

---

* 공적인 연설이나 기자회견 등에서 유독 말실수가 잦았던 조지 W. 부시 대통령의 처사를 비꼬아서 만든 말. 비전통적 어휘를 사용하거나 무분별하게 두음 전환을 하거나 완전히 생소한 신조어를 만드는 등 말실수가 잦은 사람, 혹은 그런 현상을 가리킨다. ─옮긴이
** 페일린이 'refute(반박하다)'와 'repudiate(거부하다)'를 섞어서 만든 신조어. ─옮긴이

데이터로 사전 만들기

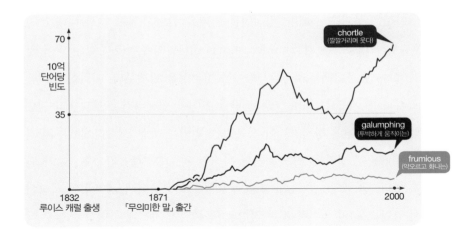

르게 셰익스피어는 그 일을 능숙하게 해내어 그가 만든 신조어들은 널리 채택되었고 방대한 어휘 유산으로 남았다. 예를 들어 그는 '부족' 혹은 '결핍'을 뜻하는 접두사 lack-을 가지고 lack-beard(수염이 없는), lack-brain(바보), lack-love(사랑 없는), lack-luster(윤기 없는) 같은 단어들을 만들어냈다. 일반적으로 시인들은 정치인들보다 어휘의 재량을 더 많이 누린다. 루이스 캐럴의 시 「무의미한 말Jabberwocky」은 대부분 캐럴이 만들어낸 단어들로 구성돼 있는데, 그것들 가운데 몇 개나 오늘날 정확한 영어로 취급받는지를 그가 본다면 분명 깔깔거리며 웃을 것이다chortle.

어떤 단어들은 써도 무방하고, 어떤 단어들은 우리를 심야의 샌드백으로 만드는지를 어떻게 판단할 것인가?

사전편찬, 인간의 오래된 그러나 불완전한 기술

사전편찬자: 사전의 작가. 해를 끼치지 않으며 힘들고 단조로운 일을

끈질기게 하는 사람 ······

-새뮤얼 존슨Samuel Johnson, 『영어 사전A Dictionary of the English Language』

사전은 적어도 원칙적으로는 어떤 것이 단어이고 어떤 것이 그렇지 않은가 하는 문제를 해결해준다. 말하자면 사전은 공인된 단어들의 목록으로서 단어들 각각의 공인된 뜻을 담고 있다. 많은 사전들이 편리한 참고서로 쓰이도록 만들어졌는데, 일례로 『아메리칸 헤리티지 사전American Heritage Dictionary』(이하 AHD로 줄임)[15] 제4판은 표제어가 약 11만 6000개다.[16] 어떤 사전들은 더 야심차다. 예컨대 『옥스퍼드 영어 사전Oxford English Dictionary』(이하 OED로 줄임)으로 불리는 23권짜리 개요서는 포괄성 면에서 그 무엇도 따라갈 것이 없다. 이 책은 1928년에 처음 출간됐는데, 가장 최근 판본에는 44만 6000개의 단어가 올라 있다.[17] 어떤 단어들이 공식적으로 언어에 속하는지 아닌지를 알고 싶다면 사전에서 답을 찾아보라. 그것이 사전에 있다면 단어지만, 그렇지 않다면 단어가 아니다.

그렇지만 사실이 그렇다 하더라도 우리에겐 여전히 풀리지 않은 의문이 남아 있다. 사전편찬자lexicographer들은 어떤 단어들을 포함시킬지를 얼마나 정확히 아는 것일까?

여기에 대해선 두 가지 생각이 있다.[18]

첫 번째 이론은 사전편찬자의 일이 규범적prescriptive이라고 본다. 이 관점에서 보면, 사전편찬자는 무엇이 언어에 속하는지 정할 수 있고 사전을 집필하면서 우리가 어떤 단어를 쓰고 어떤 단어를 쓰면 안 되는지 규칙을 정한다. 사전학과 관련해 테디 루스벨트Teddy Roosevelt의 '혁신당Bull Moose'이 견지한 시각이 바로 그러했다.[19] 1906년 루스벨트는 과감하게

데이터로 사전 만들기

도 정부 인쇄국Government Printing Office에 단순화한 철자를 쓰라고 지시했다. '나는 당신의 터무니없는 전화에 답했다I have answered your grotesque telephone'가 '난 네 턱없는 전화에 답했다I hav anserd yur grotesk telefone'가 됐다. 이 지시는 하원을 통과하지 못했고 원래 철자는 바뀌지 않았다. 사전학에 관한 규범적 시각은 오늘날까지도 프랑스에서 우세한데, 프랑스에서는 예나 지금이나 정부가 올바른 단어 용례와 철자를 다룬 공식 문서를 출간한다. 2013년 1월, 프랑스 관보官報는 해시태그hashtag를 모디에즈mot-dièse(대략 샤프# 표시한 단어를 뜻함)로 대체하자고 추천했다. 당연히 트위터 세계는 집단적 #ROFL[*]로 대응했다. 이런 규범적 접근법의 문제점은 누군가가 언어를 책임진다 혹은 책임져야 한다는 점이 명확하지 않다는 것이다. 언어는 어떤 특정한 정부나 민족, 국민을 넘어선 것이기 때문이다.

오늘날 특히 미국에서 더 널리 받아들여지는 생각은 사전편찬자의 일이 우리에게 무엇을 하라고 말하는 규범적인 것이라기보다는 주어진 도구들을 가지고 우리가 무엇을 하는지를 보고한다는 의미에서 기술적descriptive이라는 것이다. 이 접근법에 따르면 사전편찬자들은 군주라기보다는 탐험가들이고, 사전은 그들이 발견해낸 지도다.

그러나 이런 생각에도 문제가 있기는 마찬가지다. 만약 사전편찬자들이 무엇이 단어인지 명령으로 결정하지 않는다면 그들이 실수를 저지를 가능성이 있지 않을까? 우리는 어느 정도까지 진정으로 사전에 의지할

---

[*] '너무 우스워 바닥에서 데굴데굴 구르다Rolling on the floor laughing'의 약어. 당신이 이 단어를 몰랐더라도 걱정 마시라. 대부분의 사전들도 알지 못하니까.

수 있을까?

결국 사전편찬자도 보통 사람이다. 그들이 평균적인 사람들보다 용례의 뉘앙스에 더 관심이 많은 것은 분명하다. 그러나 어떤 단어들을 사전에 포함시킬지를 가려낼 때 사전편찬자들도 우리와 똑같은 과정을 전형적으로 거친다. 그들은 사람들이 하는 말들을 듣는다. 그들은 많이 읽는다. 그들은 추세를 알아내기 위해 최선을 다한다. 사람들이 어떤 새로운 단어들을 쓰고 있는가? 사람들이 어떤 단어를 더는 쓰지 않는가? 경쟁 사전에서는 어떤 항목이 튀어나오고 있는가?

사전편찬자들은 이렇게 개인적으로 어떤 인상을 가지고서 후보 단어들을 식별하고 나면 그 인상이 실제로도 그러한지를 알아내려고 애쓴다. 우리가 아는 한 사전편찬자는 어떤 것이 실제 단어인지 아닌지를 판단할 때 다음의 기준을 활용한다. 먼저, 그는 서로 연관되지 않은 글들에서 이 단어가 사용된 사례 네 가지를 찾아본다. 사전을 편찬하는 팀 내에서 만장일치가 되는 것이 바람직하지만, 기술용어technical jargon의 경우 그라핀 graphene* 같은 단어를 포함시킬지 말지를 결정하는 것은 물리학을 다루는 자문위원 한 사람에게 맡겨질 가능성이 높다. 이렇듯 사전을 쓰는 것은 과학이 아니다. 오랜 세기에 걸친 기술art이다.

AHD를 예로 들어보자. 이 사전의 제4판은 제3판이 출간되고 8년 뒤인 2000년에 출간됐다. 8년의 시간이 흐르는 동안 새로운 단어들이 등장했다. AHD의 편집자들은 그 단어들을 사냥하는 일에 최선을 다했다. 그들의 노획물 중에는 앰플리다인amplidyne(직류 발전기의 한 종류), 메스클링

---

* 탄소 원자들이 벌집 모양으로 얽혀 있는 얇은 막 형태의 나노 소재. - 옮긴이

mesclun(샐러드의 한 종류), 네티켓netiquette(인터넷 예절), 파이토뉴트리언트 phytonutrient(식물에 색과 맛과 향을 부여하는 화학물질) 등이 포함됐다. 그들은 얼마나 성과를 낸 걸까?

아래의 그래프는 AHD의 기록이 잘해봐야 반타작 정도라는 점을 또렷이 보여준다. 메스클룅이나 네티켓의 경우, 단지 파티에 늦은 정도다. 순전히 빈도를 기준으로 말한다면 이 단어들은 1992년에 AHD에 오를 자격을 얻은 셈이다. 엠플리다인의 경우, 파티는 이미 오래 전에 끝났다. 앰플리다인은 20세기 전반에 최고조에 올랐다가 오늘날엔 전혀 쓰이지 않는다.[20] 사전편찬자들이 최선의 노력을 다해도 새로운 단어들을 적시에 찾아내기는 너무 어려운 일이며 수십 년씩 늦어지기도 한다.

이 이야기를 보고 우리는 적어도 단어들을 식별하는 일에서만큼은 수십억 개의 문장을 클릭 한 번으로 읽는 것으로 우리 자신이 신이 내린 사전편찬자가 될 수 있음을 깨달았다.

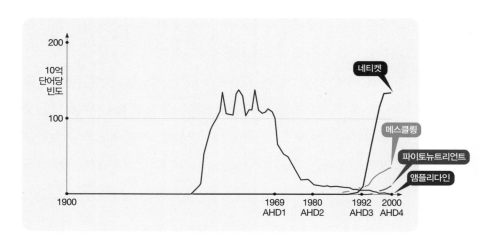

DIY 사전

우리는 현대 영어에서 사용되는 모든 단어를 포괄하는 실질적인 어휘 목록을 스스로 만들기로 결심했다. 우리의 아이디어는 간단했다. 일련의 철자들이 영어로 쓰인 현대의 텍스트에 충분히 자주 등장한다면 그것은 단어에 해당한다. 얼마나 자주 등장해야 충분할까? 자연스러운 탈락 기준은 사전에서 보기 드문 단어들의 빈도로 정할 수 있는데, 우리가 계산하기론 대략 10억 단어당 한 번 꼴이었다.[21] 그래서 '단어란 무엇인가?'라는 질문에 대한 우리의 답변은 이렇다.

> 영어 단어는 영어 텍스트에서 최소한 평균 10억 개의 1그램당 한 차례 등장하는 1그램이다.

분명 이것이 단어에 대한 완벽한 정의는 되지 못한다. '영어 텍스트'에는 영어 구절에 삽입된 스페인어 인용이 포함되는가? 텍스트는 최근의 것이어야 하는가? 그것은 책에 실려 있어야 하는가? 구술된 연설은 어떤가? 인터넷은? excesss처럼 흔한 철자 오기도 단어처럼 횟수를 세야 하는가? l8r처럼 부분적으로 숫자를 포함한 형태는 어떻게 해야 하는가?[22] 그리고 straw man(밀짚 인형) 같은 2그램은 진정 단어가 될 수 없는가?

하지만 이렇게 단점이 많음에도 불구하고 이 정의는 아주, 정말로 간결하다. 간결한 덕분에 이 정의와 충분히 긴 텍스트, 여러 대의 컴퓨터만 있으면 누구나 객관적인 영어 어휘목록을 만들 수가 있다. 적어도 이 한 가지 면에서는 우리의 정의가 대부분의 참고문헌에서 볼 수 있는 주관적

데이터로 사전 만들기

설명보다 낫다.

　우리는 이 새로운 지프 방식의 어휘목록[23]이 현대의 용례를 대표한다는 점을 확실히 하고 싶어서 우리가 가진 모든 책을 거기에 집어넣지는 않았다. 그 대신 우리가 가진 데이터 가운데서 10년짜리 조각— 우리의 데이터베이스에 있는 책들 가운데 1990년부터 2000년 사이에 출간된 책들—을 택했다. 이 무리에는 500억 개가 넘는 1그램들이 들어 있었다. 어떤 1그램이 10억 단어당 1회라는 우리의 탈락 기준을 넘어서려면 이 무리 안에서 적어도 50회는 등장해야 했다. 그렇게 해서 나온 목록에는 병약unhealthiness, 6.24, 정신병psychopathy, 어거스틴Augustean을 비롯해 148만 9337개의 단어가 포함됐다.

　지프 방식으로 만든 우리의 어휘목록은 아주 간편한 참고자료다. 어떤 단어가 이 목록에 등장하지 않는다면, 그것은 사전에서 빈도가 가장 낮은 단어들만큼 빈도가 낮다는 뜻이고, 이는 곧 단어가 아니라고 주장해도 충분히 합리적이라고 볼 수 있다. 어떤 단어가 등장한다면, 그것은 분

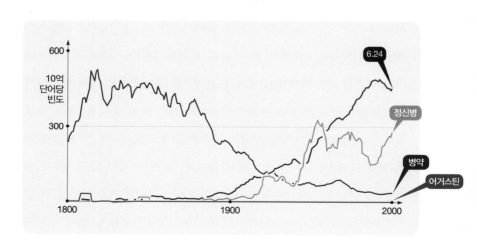

명 사전에 포함될 만한 근거가 되기에 충분한 빈도를 보인다. 이것이 사전에 포함되지 않으면 사람들은 왜 그런지를 궁금해해야 한다.

이런 점이 바로 객관적인 어휘목록을 가질 때 생겨나는 가장 재미난 일이다. 우리는 오랜 시간을 학교에서나 '스크래블Scrabble'*에서나 사전이 우리를 테스트하는 데 익숙해져 있다. 그런데 어휘목록을 가늠할 수 있는 독립적인 방법이 있으면 오히려 당신이 사전과 그 사전을 편찬한 사람들의 정확성을 테스트할 수 있다. 수세기 동안 탁상공론을 벌여온 사전편찬자들이 있지만 이제 엔그램을 가진 우리는 탁상공론을 벌이는 사전편찬자를 분석하는 학자lexicographerologist가 될 수 있다(사전편찬자분석학lexicographerology: 해를 끼치지 않으며 힘들고 단조로운 일을 끈질기게 하는 사람들**에 관한 학문. 사전편찬자분석학자: 훨씬 덜 해를 끼치며 힘들고 단조로운 일을 끈질기게 하는 사람).

다음으로, 우리는 사전편찬자분석학에서 가장 근본이 되는 질문을 던졌다. 사전은 우리가 지프 방식으로 만든 어휘목록을 얼마나 많이 포착했는가? 놀랍게도 적었다. 영어 사전 가운데 가장 포괄적인 사전인 OED는 50만 개에 조금 못 미치는 단어들을 수록했다. 이 어휘목록은 우리가 가진 목록의 대략 3분의 1 규모다. 다른 사전들은 이보다 더 적다. 어떻게 이럴 수 있을까? 사전편찬자들은 정말로 언어에 무슨 일이 일어나고 있는지 알지 못했던 것일까?

---

* 철자가 적힌 플라스틱 조각들로 글자 만들기를 하는 보드게임. ─옮긴이
** 18세기 영어 어휘 및 문법의 대가인 새뮤얼 존슨이 1755년에 출간한 『영어 사전』에 올라 있는 '사전편찬자'의 정의에 나온 표현이다. 존슨은 사전편찬자를 두고 '사전들의 저자'라는 정의 외에도 '해를 끼치지 않으며 힘들고 단조로운 일을 끈질기게 하는 사람, 단어들의 기원을 추적하고 그 특징을 상세히 알리는 데 매달리는 사람'이라는 이례적인 정의를 더했다. 존슨 자신이 바로 사전편찬자였다. ─옮긴이

사전이 발견하지 못한 단어들

우리가 조금 성급했다. 대부분의 사전은 해당 언어의 모든 단어를 포착하고 있다고 주장하지 않는다. 사실 많은 사전들은 어떤 단어가 아무리 일반적이라 하더라도 다음 몇 가지 유형에 속하면 조심스럽게 제외한다.

1. 전체가 문자로만 이뤄지지 않은 단어(3.14 또는 l8r)
2. 합성어(whalewatching)
3. 표준에서 벗어난 철자(untill)
4. 정의하기 어려운 단어(AAAAAAARGH)[24]

그러므로 사전이 포함시키려고 시도조차 하지 않았던 것들을 우리의 목록에 넣어놓고서는 우리가 '잡았다'라고 한다면 불공평하다. 사전이 의도적으로 제외하려 하지 않았는데 빠트린 것이 얼마나 되는지 감을 잡기 위해, 우리는 우리 목록의 어느 정도가 위의 네 가지 범주에서 나왔는지를 추산했다.

그렇게 하자 150만 개보다 약간 아래였던 우리의 목록이 100만 개를 조금 넘는 수준으로 대폭 축소되었다. 그래도 여전히 지프 방식으로 만든 우리의 어휘목록은 OED보다 두 배 이상 많은 표제어를 가지고 있었다. 가장 포괄적인 영어 사전조차 대부분의 단어를 놓친 것이다. 이처럼 기록되지 못한 단어들에는 건조지화aridification(지리적으로 어떤 구역이 건조해지는 과정), 슬렌뎀slenthem(악기의 일종), 그리고 이런 취급을 당해도 좋을 것 같은 단어인 삭제 가능한deletable과 같은 다채로운 개념들이 다수 포함됐다.

그렇다면 사전들은 무엇 때문에 실수를 한 것일까?

빈도다. 사전들은 빈도가 높은 단어들을 포착하는 데에는 훌륭한 것으로 드러났다. 사전들은 다이너마이트dynamite처럼 빈도가 100만 번에 한 번을 넘는 단어의 경우, 문자 그대로 100퍼센트 포괄할 정도로 완벽하다. 어떤 단어가 평균적으로 책 열 권 더미에서 적어도 한 번 등장한다면 사전은 마치 기계처럼 틀림없이 그것을 기록하고 정의할 것이다.

하지만 사전편찬자들은 희귀한 것들이 나오면 큰 어려움을 겪는다. 어떤 단어의 빈도가 100만 단어당 한 번 아래로 떨어지면 사전이 그 단어를 누락시킬 가능성은 천정부지로 치솟는다. 빈도 10억 단어당 한 번을 간신히 넘기는 단어의 경우, 사전은 겨우 4분의 1 정도밖에 인지하지 못했다.

여러분이 지프와 관련해서 기억해야 할 것이 한 가지 있다. 바로 거의 모든 단어가 정말로 드물게 쓰인다는 점이다. 그러므로 사전들이 드문

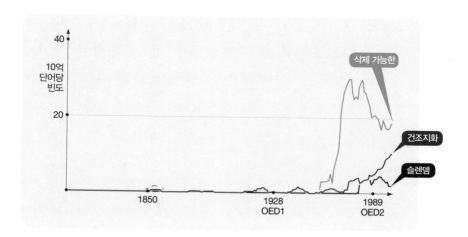

　　　　　데이터로 사전 만들기

단어들을 놓친다면 거의 대부분의 단어들을 놓치는 셈이다. 얘기 끝.

결과적으로 책에서 사용된 단어의 대다수, 즉 영어의 52퍼센트가 어휘의 암흑물질인 것으로 드러났다.[25] 우주의 상당 부분을 구성하는 암흑물질*처럼 어휘의 암흑물질은 언어의 상당 부분을 이루지만 표준적인 참고문헌에서는 포착되지 않은 채 존재한다.

전통적인 사전편찬학의 한계가 갈수록 명백해지면서 이 분야에 변화가 생기기 시작했다. 워드닉닷컴wordnik.com, 윅셔너리닷컴wiktionary.com, 어반딕셔너리닷컴urbandictionary.com 같은 사전편찬계의 신참들은 포괄적인 온라인 사전을 만들고자 애쓰는 과정에서 탁상공론을 벌이는 전통적인 사전편찬자들에게 의존하게 됐다. 이 신참들은 온갖 암흑물질을 기록하기 위해 크라우드소싱crowdsourcing을 시도하고 있다. OED 같은 전통적인 사전들도 빅데이터에 깡충깡충 뛰어들고 있다. 그들은 전서全書, compendia 제작의 속도를 높이기 위해 새롭게 등장하는 데이터 중심의 사전편찬학으로 기존의 방식을 보완하고 있다(심지어 사전편찬학분석학자의 손길을 거치기까지 한다!).

크게 보아 이러한 발전은 사전편찬자들에게 확실히 좋은 소식이다. 수세기에 걸쳐 노력했는데도 대부분의 일이 행해지지 않은 채 남아 있으니 말이다. 영어는 아직도 상당한 부분이 전인미답의 대륙이다.

---

* 관측할 수 없고 중력 효과에 의해서만 그 존재가 감지되는 가설의 물질. 우주의 26.8퍼센트를 구성하는 것으로 계산된다. ─옮긴이

빅데이터로 보는 언어의 성장과 죽음

새로운 단어들은 언제나 사람들을 흥분시킨다. 매년 미국방언협회 American Dialect Society는 이런 새로운 단어들을 기념하기 위한 모임을 연다. 회원들은 올해의 단어[26], 가장 심한 언어도단, 가장 낮은 성공 가능성 같은 범주를 정해 투표를 한다. 우리가 만든 단어인 컬처로믹스는 2010년에 가장 낮은 성공가능성 상을 우수한 성적으로 받았다.[27] 1991년 이래로 올해의 단어에는 사이버cyber(1994), e-(1998), 메트로섹슈얼 metrosexual(2003) 등이 선정됐고, 가장 최근엔 해시태그(프랑스 정부는 모디에즈라고 읽고 있다)가 선정됐다. 미국방언협회가 편집한 이 목록은 언어가 끊임없이 새로운 단어들을 환영하고 축하해주고 있음을 증명한다.

그러나 어휘의 생명주기의 반대편 끄트머리 쪽은 잠잠하기만 하다. 어느 누구도 죽은 단어들을 위한 장례식을 여는 데에는 관심이 없는 것 같다. 그래서 출생률이 사망률보다 높은지, 즉 영어가 성장하고 있는지, 축소되고 있는지, 아니면 안정적으로 남아 있는지를 말하기가 어렵다.

이것을 알아내기 위해 우리는 지프 방식의 어휘목록을 두 개 더 만들었다. 처음에 우리는 현대의 어휘목록을 만들기 위해 1990년부터 2000년 사이에 출간된 텍스트들을 사용했다. 이번에는 1900년 이전 10년과 1950년 이전 10년이라는 두 역사적 시기를 이용했다.

우리는 1900년에 이미 어휘목록에 55만 개 이상의 표제어가 포함됐다는 사실을 발견했다. 이것은 오늘날 OED에 등재된 것보다 많은 개수다. 그 이후 50년 동안은 별다른 일이 일어나지 않았고, 언어가 규모 면에서 안정적인 상태였다. 말하자면 출생과 장례식이 균형을 유지할 수 있었던

데이터로 사전 만들기

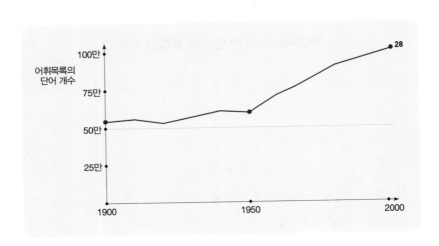

것이다.

그렇지만 1950년에서 2000년 사이에 영어는 성장의 시기로 진입해, 새로운 단어 수십만 개가 추가됐으며 규모가 거의 두 배로 커졌다. 출생이 어휘 최후의 병자성사* 횟수를 급격히 넘어섰다. 현재 매년 약 8400개의 단어가 영어로 진입하고 있다. 매일 20개 이상의 새로운 단어들이 문지방을 넘고 있는 셈이다.

우리의 언어는 변화만 하는 것이 아니다. 성장도 한다.

왜 성장하는 걸까? 누구도 그 원인을 정확히 알지 못하다 보니 마치 멱법칙의 원인처럼 추측이 분분하다. 가설 가운데 하나는 우리 사회가 점점 더 연결되고(우리는 더 많은 사람들과 접촉한다), 우리 세계는 점점 더 좁아지고 있어서(사람들은 대부분 전화를 걸거나 비행기를 타느라 바쁘다) 새로운 단어들이 임계질량critical mass에 쉽게 도달한다는 것이다. 다른 가설은 과학

---

* 사고나 중병, 고령으로 죽음에 임박한 신자에게 행하는 천주교의 의식. ─옮긴이

·의학·기술 등의 발전이 새로운 기술용어들을 대중의 말투에 유입시킨다고 주장한다. 그러나 또 다른 가능성이 책의 기록 자체가 지닌 다양성 속에 놓여 있는데, 이것은 우리가 만든 지프 방식의 어휘목록에서 근간이 되는 것이기도 하다. 사회를 가로지르는 폭넓고 다양한 단면을 다룬 책들이 20세기 후반에 쏟아지면서 작가들은 더 다양한 표현방식으로 더 많은 주제에 관해 썼고 지구적 토론의 장에 더 많은 단어들이 소개됐다.[29]

진실을 말하자면, 아무도 확실하게는 모른다. 이러한 효과가 어디서 오는지 모르기 때문에 어디로 갈지 추측하기도 어렵다. 매년 출생하는 단어들의 수가 증가할까? 어휘목록의 크기에 한계가 있을까? 당신의 언어와 당신 아이의 언어는 어떻게 다를까? 빅데이터를 이용한 관찰도구들은 우리의 언어를 비추면서 새스콰치조차 숨을 곳이 없는 새로운 과학적 풍경으로 가는 길을 밝힌다.

우리가 사용하는 단어들은 우리의 언어보다 훨씬 더 큰 이야기를 들려준다. 단어들은 우리의 생각, 우리의 풍습, 우리 사회 자체를 보여주는 창이다. 그러니 이제 우리 관찰도구의 초점을 커뮤니케이션 메커니즘에서 우리 사고의 실체로 돌려보자.

baby와 sitter가 만나기까지

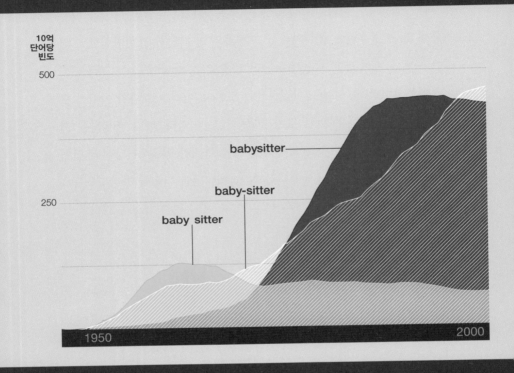

10억
단어당
빈도

500

babysitter

baby-sitter

250

baby sitter

1950   2000

baby ˅ sitter   baby-sitter   babysitter

20세기 중반에 이르러 아기baby를 돌보는 데 돈 받고 애 보는 사람sitter을 이용하는 것이 아주 좋은 아이디 어로 받아들여졌다. 아기와 돈 받고 애 보는 사람이 이처럼 서로 양립하는 이해를 가지게 된 이후로 둘은 함께 오랜 시간을 보내기 시작했고, 베이비 시터baby sitter의 빈도가 지속적으로 늘었다.

곧이어 사람들은 그들이 일심동체인 것처럼 보기 시작했다. 이 같은 결합을 사람들은 붙임표hyphen로 표현했다. 관계가 점점 더 진지해지면서 베이비–시터baby – sitter의 빈도는 늘어났고, 베이비 시터를 대체하기 시작했다.

마침내 아기와 돈 받고 애 보는 사람은 자신들이 하늘이 맺어준 짝이라는 사실을 깨달았다. 이들의 결합으로 아이child가 탄생했다. 아이야, 네 부모가 너를 나 베이비시터babysitter에게 맡긴 것은 바로 그래서란다.[30]

chapter 4

사람은 어떻게 유명해지는가

엔그램을 이용해 명성을 탐구하는 것은 아주 흥미롭고 당황스럽고 재미있다. 그러나 엔그램 주변에는 어둠도 도사리고 있다. 어떤 비밀도 이것보다 더 어둡지는 않을 것이다. 바로 극도로 사악한 행동보다 더 효율적으로 명성을 만들어내는 것은 없다는 점이다. 우리는 명성으로 가는 가장 확실한 길이 사람을 죽이는 일인 세계에 살고 있다. 이것이 뜻하는 바가 무엇인지는 우리 모두가 깊이 생각해보아야 한다.

쓰레기 치우는 일은 섹시하지 않다. 그렇지만 영웅적일 수는 있다. 그리스 신화의 영웅신 헤라클레스에게 부탁해보라. 헤라클레스는 열두 가지 노동 가운데 다섯 번째로 아우게이아스 왕의 외양간을 청소하라는 과제를 받았는데, 이 외양간은 불멸의 암소 수천 마리의 거처였다. 이 외양간은 30년 동안 청소를 하지 않아서 상당한 양의 쓰레기가 쌓여 있었다. 헤라클레스는 물살이 센 두 군데 강의 물길을 바꿔서 단 하루 만에 외양간을 깨끗하게 만들었다. 그의 영웅적인 행위는 배설물 처리 공학의 연대기에서 위대하기 그지없는 업적으로 남을 것이다.

지금으로부터 수천 년 뒤에는 분명히 컴퓨터계의 헤라클레스라고 할 수 있는 우리의 유안 셴을 두고 이와 비슷한 전설이 회자될 것이다. 구글은 세계 지식의 비옥한 초원에서 5년간 풀을 뜯어 먹었고, 신속한 스캐닝 방식으로 책들을 100만 권 단위로 소화해내고 있었다. 그렇지만 디지털화로 영생을 얻은 세계에서 가장 큰 책들의 외양간에 불가피한 부산물이 만들어지면서 구글에는 똥 수준의 데이터 역시 상당한 수준으로 축적됐다. 빅데이터는 지저분하다. 외양간을 청소할 시간이 된 것이다.

데이터 청소하기

당신은 최근 도서관의 카드식 도서목록에 귀중한 시간을 얼마나 오래 써봤는가?

카드식 도서목록이 도서관에서 책이 유통되는 데 핵심 역할을 하던 때가 있었다. 도서관에는 모든 책마다 한 장의 카드가 있었고, 각각의 카드는 제목, 저자, 주제, 출판 연도, 책이 어디에 있는지를 알려주는 청구번

사람은 어떻게 유명해지는가

호 등 필수적인 정보들을 담고 있었다. 도서관 이용자들은 하루 종일 카드식 도서목록을 따라 쉴 새 없이 움직였고, 도서목록에 있는 정보들은 그들을 차례차례 도서관의 가장 먼 구석까지 밀어 넣었다.

　카드식 도서목록이 없다면 도서관은 빌딩만 한 크기의 어수선한 책상이 되어버릴 것이고 도서관에서 무언가를 찾는 일은 불가능해질 것이다. 수세기 동안 중요한 도서관 가운데 하나로 거론되어온 '바티칸 비밀 문서보관소*'가 이런 식이었다. 이곳에 보관된 자료가 차지하는 서가의 길이를 재면 84킬로미터에 달하는데도 종합적인 카드식 도서목록이 빈약했다. 이 보관소 안에 무엇이 있는가? 무제한 접근권을 가진 사람조차 사실과 소문과 전설이 뒤섞인 대답을 내놓을 수밖에 없다. 어떤 책을 찾는 일은 어디에 그 책이 있는지를 아는 (혹은 안다고 생각하는) 누군가를 누가 알고 있는지를 알아내는 문제와 다름없었다. 이 문서보관소는 갈릴레오의 이단 재판 기록을 비롯해 멀게는 8세기까지 거슬러 올라가는 문헌들, 그러니까 가격을 매길 수 없는 문헌들을 보유하고 있지만, 이런 보물들이 어디에 있는지를 찾는 일은 인디애나 존스에 버금갈 정도의 모험이 될 가능성이 높았다.

　다른 도서관 이용자들과 마찬가지로, 우리는 책에 접근하는 것만으로는 충분하지 않았다. 우리가 서로 다른 시간과 장소에서 유래한 텍스트들을 서로 비교하려면 각각의 책이 무엇인지를 말해주는 정확한 카드식

---

* '비밀'이라는 단어는 바티칸 비밀 문서보관소가 교황의 개인 재산으로 여겨진다는 사실을 반영한다. 그렇다고 이 장소가 헨리 8세의 이혼을 요구하는 영국 의회의 편지에서부터 마르틴 루터를 파문하는 교황의 명령, 스웨덴의 '자웅동체' 여왕 크리스티나의 퇴위 선언 편지까지, 군침 도는 물건들로 가득 차 있지 않다고 말하려는 것은 아니다. 다행히도 최근 장서들을 목록화하려는 엄청난 노력이 시작되어 책 찾기가 한결 쉬워졌다.

도서목록 메타데이터가 필요했다. 이 메타데이터를 통해 우리는 자동화된 분석의 맥락에서 그 텍스트를 어떻게 분류할 것인지 알게 된다.

처음에는 그 일이 큰 문제가 되리라고 생각하지 않았다. 구글은 수백 곳의 출처에서 온 목록 정보를 이용해 1억 3000만 권의 도서 쇼핑 목록을 만들었다(오늘날에는 디지털화의 첫 번째 수혜자로서 주요 도서관들의 카드식 도서목록이 컴퓨터화됐고 실제 도서카드들은 종종 옆방으로 쫓겨났다). 그러나 카드식 도서목록은 제아무리 훌륭한 것이라 할지라도 오류로 가득하다는 사실이 드러났다.

이런 오류들은 한 번 만들어지면 신속하게 수정되지 않는다. 카드가 너무 많아서 아무리 열정적인 도서관 이용자들이라 할지라도 이런 실수를 항상 알아차리지는 못한다. 오류는 사용자가 카드를 찾지 못하게 하기도 하고(이런 경우에 "나쁜 것은 보지도 듣지도 말하지도 말라"라는 경구가 필요하다), 출판된 장소 같은 것에 숨어 있기도 한다. 어찌 됐든 청구번호가 정확한 이상 이용자들은 그 책을 찾는다. 카드에 문제가 있는 메타데이터는 독자를 그다지 괴롭히지 않는다. 정확한 정보가 이미 책의 표지에서 기다리고 있기 때문이다.

이러한 오류 군단들은 오랜 시간에 걸쳐 종이로 된 카드식 도서목록에서 디지털 카드식 도서목록으로 진출할 길을 만들었고, 구글 도서목록의 모체가 되는 도서목록들뿐만 아니라 우리에게까지 진출했다. 우리는 어떤 책 한 권을 읽는 데 관심 있는 사람에 비해 오류에 훨씬 취약하다. 우리는 수백만 권의 책을 하나하나 손으로 넘기면서 볼 수 없기 때문이다. 그러나 대다수 카드에는 오류가 들어 있다. 우리가 엔그램 표를 만들기 위해 이 목록 메타데이터[1]를 사용했을 때 종종 결과가 너무 심하게 뒤죽

박죽이어서 사용할 수가 없었다. 애초에 우리가 한 계산에 따르면, 옆 사무실에 있는 우리의 친구는 16세기에 폭발적인 인기를 즐겼다. 우리가 그녀와 마주쳤을 때 그녀는 자신이 그렇게까지 늙지 않았다고 주장했다. 그녀가 우리에게 거짓말을 하고 있거나, 아니면 우리에게 아주 큰 문제가 있는 상황이었다.

어떻게 해야 하지? 우리는 책들을 직접 손으로 넘기면서 점검할 수 없었기에 의심스러워 보이는 카드, 그리고 카드 안의 정보가 잘못됐을 가능성이 있다고 암시하는 것을 찾아내기 위한 컴퓨터 알고리즘을 만들기로 했다. 예를 들어 잡지를 보자. 도서관들은 일반적으로 신문이건, 학술지건, 정기간행물이건 간에 연속적인 간행물 각 호에 창간호의 발행 날짜를 부여한다. 우리의 카드식 도서목록에 따르면 이는 『타임』의 모든 호가 1923년에 발행됐다는 뜻이 된다. 이런 방식은 우리의 목표를 방해하는 심각한 문제다.

이 문제를 해결하기 위해 우리는 연속간행물처럼 보이는 것들을 찾아내는, 이른바 '연쇄살인자Serial Killer'라고 불리는 알고리즘을 만들었다. 또 하나의 알고리즘은 '신속한 날짜 추적자Speed Dater'라고 불렸는데, 어떤 책에 포함된 텍스트를 기반으로 그 책이 언제 출간됐는지를 추측해내는 것이었다. 이 두 가지 접근법은 의심스러운 카드들을 간파해 그에 속한 책들을 찾아내는 데 도움을 주었다. 그렇게 해서 이런 책들을 우리의 분석에서 제외할 수 있었다.[2]

마침내 2009년 여름, 유안은 이런 방법들을 그의 소프트웨어 공학 기술과 결합하여 우리의 빅데이터를 더럽히는 똥을 씻어냈다. 수백만 권의 책들이 공학적 계산의 강에서 세척됐는데, 그 덩치가 너무 거대해서 구글 내부의 경고 시스템이 작동할 정도였다. 전설로 남을 만큼 거대한 양을 청소하고 난 다음에 남은 것은 청소를 거치기 이전에 비하면 아주 적었다. 하지만 그 정도로도 여전히 규모와 역사적 깊이 면에서 유례없는 수준이었다. 거기에는 지난 5세기를 거치는 동안 생겨난 일곱 개의 서로 다른 언어에 속하는 5000억 개 단어가 들어 있었다. 이것은 출판된 모든 책의 4퍼센트에 해당했다.

이 방대한 데이터세트는 그 중요도만큼이나 환히 빛났다. 텍스트의 총량이 인간 게놈보다 천 배나 길었는데도 인간 게놈 프로젝트*가 보고한 염기 서열에 비해 열 배나 정확했다.[3]

투입되는 텍스트와 카드식 목록의 메타데이터에서 오염이 제거되자, 이제 그것들이 만들어내는 엔그램 데이터는 훌륭해 보였다. 그 덕에 우리는 언어적·문화적 변화의 거대한 진용, 예컨대 throve에서 thrived로의 전환, 전보telegraph에서 전화telephone와 텔레비전television으로의 발전상을 명확하게 포착할 수 있었다. 우리는 엔그램 데이터를 슬쩍 보자마자, 과학적으로 말해서, 첫눈에 반해 사랑에 빠졌다.

그렇지만 여름 피서지에서 피어난 로맨스가 대체로 그러하듯, 엔그램과 우리의 연애는 가을이 오면서 장애물을 맞이할 운명에 처하고 말았다. 학기가 시작되어 유안의 인턴십이 끝나자 우리는 곧 우리의 데이터를 구글의 방화벽 너머에 남겨두고 밖으로 나와야 했다.

우리는 구글이 그 데이터를 우리에게 보내주기를 원했다. 그러나 이

---

* 게놈genome은 유전자gene와 염색체chromosome의 합성어로, 유전정보 전체를 뜻한다. '인간 게놈 프로젝트'는 인간 게놈의 30억 개에 달하는 염기 서열을 완전히 판독하는 프로젝트인데, 1990년에 15년 계획으로 시작됐으나 예정보다 빠른 2003년에 완료됐다. ─옮긴이

사람은 어떻게 유명해지는가

인터넷 거인은 그럴 의사가 없었다. 구글의 입장에서 엔그램 데이터는 여전히 놀라울 정도로 민감한 것이었다. 엔그램 데이터세트는 책 500만 권의 전체 텍스트에서 산출됐으며 구글의 법률적 미적분은 단순했다. 책 500만 권은 저자 500만 명과 상응하고, 이는 곧 데이터가 유출됐을 경우에 제기될 집단소송에서 500만 명의 고소인과 상응하는 것이었다. 우리는 이 문제를 해결하기 위해 엔그램 그림자 데이터세트를 특별히 고안해 길게 늘어선 텍스트를 기록하는 대신에 단어의 개수를 셌다. 그러나 조합combination을 만드는 우리의 날쌘 손재주는 그때까지 법정에서 시험받은 적이 없었다. 당연하게도 구글은 경계심을 풀지 않았다.

세계에서 가장 큰 기업에 속하는 회사의 법무팀과 직면했을 때 우리가 사용할 수 있는 패는 거의 없었다. 그러나 20억 엔그램을 항아리 안에 남겨두고서 돌아설 수는 없는 일이었다.[4]

스티븐 핑커의 명성을 사다

패를 하나씩 던져버리기 시작하면서 우리는 차츰 지쳐갔다. 그러던 차에 아비바 에이든이 상을 받은 일을 계기로 우연히 우리에게 구글플렉스의 문이 열렸다. 낯선 이의 친절도 있었다. 피터 노르빅이 청신호를 보내주었고, 협업에 대한 의지도 드러냈다. 우리는 벤 바이어Ben Bayer가 '구글 리서치'의 '공간과 시간의 달인Master of Space and Time'(이것은 틀림없이 기업 역사에서 가장 위대한 일자리 이름이리라)이라는 사실을 알게 됐을 때, 오랫동안 소식을 듣지 못했던 그 친구에게 전화를 걸기도 했다. 그러나 우리가 쓸 수 있는 패는 아직 하나 더 남아 있었다.

역사적 추세를 계량화할 수 있다는 우리의 이야기는 오늘날 살아 있는 과학자 가운데 가장 유망한 사람이자 우리가 늘 존경해 마지않던 스티븐 핑커Steven Pinker의 관심을 끌었다.

핑커는 엄청난 폭과 깊이를 가진 심리학자이자 언어학자이자 인지과학자다. 수많은 베스트셀러의 저자인 그는 아주 복잡한 문제들을 정제해서 수정처럼 맑은 핵심을 뽑아내는 데 비상한 재주를 갖고 있었다. 예를 들어 핑커는 풍자적인 뉴스쇼인 〈콜버트 리포트〉에 출연한 적이 있는데, 스티븐 콜버트가 "뇌는 어떻게 움직이나요? 다섯 단어 이내로 답해주시죠"라고 묻자, 몇 초 동안 생각하더니 이렇게 말한 적도 있다. "뇌세포들은 패턴에 따라 불탑니다Brain cells fire in patterns."[5]

공교롭게도 핑커의 팬 가운데 한 명이 다름 아닌 댄 클랜시Dan Clancy 였는데, 그는 2009년 여름에 구글 북스 프로젝트 전체를 책임지고 있었다. 클랜시는 토템 기둥*의 위쪽에 자리 잡고 있었기에 그의 말 한마디면 우리가 대학 캠퍼스에서 엔그램 데이터에 접근할 수 있도록 해주기에 충분했다. 하지만 클랜시는 바쁘고 중요한 사람이어서 우리 같은 사람들이나 우리의 작은 프로젝트에는 관심을 가질 시간이 없었다. 그러나 여름이 끝나갈 무렵, 핑커가 엔그램을 논의하는 모임에 모습을 드러낼 의지만 있다면 그 붙잡기 힘든 댄 클랜시도 여기에 참석할 시간을 짜낼 것이라는 게 분명해졌다.

그래서 우리는 핑커에게 부탁했다. 보세요, 우리가 20억 엔그램을 생성했어요. 우리가 그들을 해방시킬 수 있도록 도와주시겠어요? 핑커는

---

* 아메리카 원주민 사회에서 사용한. 토템의 모습을 그리거나 조각한 나무 기둥. - 옮긴이

우리의 작품이 유용하게 쓰일 잠재력이 있다고 생각했고 와주기로 동의 했다. 그래서 클랜시도 오기로 했다. 우리에게는 30분이 주어졌다.

몇 년 전, 핑커는 『타임』이 선정한 '지구상에서 가장 영향력 있는 100 인'에 이름을 올렸다. 모임이 진행되는 동안 왜 그런지가 명확해졌다. 30 분은 그가 마술을 부리기에 충분하고도 남는 시간이었다. 곧 엔그램들은 각자의 길을 찾아 떠났다.

당신의 명성으로는 무엇을 살 수 있는가? 핑커의 명성은 클랜시의 시 간 30분을 사주었다. 그리 길지는 않았지만 그것으로 충분했다.

명성은 어떻게 찾아오는가

명성은 벌이지.

그것은 노래가 있어—

그것은 침이 있어—

아, 물론, 그것은 날개도 있지.

에밀리 디킨슨이 쓴 이 시는 명성의 정수— 매력, 위험, 사람을 고양시 키는 방식, 우리의 한계를 넘어선 곳까지 뻗어나가는 경향—를 포착했 다. 우리가 생각하기에 디킨슨은 이런 사실을 잘 알았다. 아마도 디킨슨 은 미국에서 가장 유명한 시인이리라.

그러나 디킨슨과 명성의 관계는 간단하지가 않다. 그녀가 명성을 파 악한 것은 직관을 통해서였지 경험을 통해서가 아니었다. 디킨슨은 살아 있는 동안 전혀 알려지지 않았으며, 1886년 그녀가 죽으면서 남긴 시들

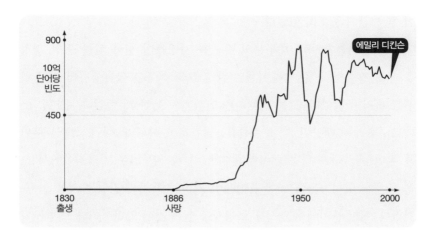

은 거의 반세기가 지나서야 널리 논의되는 주제가 됐다.

명성과 디킨슨의 관계는 예외법칙인가, 규칙인가? 명성은 아주 다양한 방식으로, 아주 다양한 시기에, 그리고 아주 다양한 이유로 사람들을 찾아오기에 어떤 전형적인 노선이 있을 것처럼 보이지 않는다. 찰스 왕자와 다이애나 비의 아들인 윌리엄 왕자는 태어나는 바로 그 순간부터 유명했거나, 엄마의 뱃속에서부터 영국의 왕이라는 운명이 지워졌기에 태어나기 전부터 유명했다. 가수 저스틴 비버는 열세 살에 유튜브에서 발굴됐는데, 5년 뒤 그는 지구에 사는 사람 가운데 구글에서 가장 많이 검색되는 인물이 됐다.[6] 때로는 평생의 공부가 하룻밤 사이에 명성으로 바뀌기도 한다. 이미 메사추세츠 공과대학MIT의 교수로 자리 잡은 핑커 역시 마흔 살에 순식간에 베스트셀러가 된 『언어 본능The Language Instinct』의 출간으로 전 세계인에게 칭송받는 경지로 명성이 급상승했다. 반면 줄리아 차일드Julia Child*는 마흔 살이 넘어서까지 요리를 배운 적이 없었다. 그러나 그녀에게는 미국의 요리법을 혁명적으로 바꾸고 나라의 우상이 될 시간이 충분히 있었다.

에밀리 디킨슨처럼, 대부분의 유명한 사람들이 살아 있는 동안 명성을 전혀 경험하지 못한다. 빈센트 반 고흐의 작품은 살아생전에 거의 한 점도 팔리지 않았다. 그는 천재성을 인정받지 못한 채 죽었다. 수도승 코페르니쿠스는 태양이 지구 주위를 도는 것이 아니라 지구가 태양 주위를 돈다는 거대한 개념을 이해했지만, 이 생각은 너무 자극적이어서 그는 죽음을 맞이하는 침대에 올라서야 자신의 책이 출간되는 것을 볼 수 있었다. 어떤 분야에서는 사후에 명성을 얻는 것이 일반적이다. 연합군의 윌리엄 셔먼 장군[**]은 다음과 같이 말했다. "내가 생각하고 이해하는 군사적 명성이란 전장에서 죽어서 철자가 틀린 자신의 이름이 신문에 오르게 하는 것이다."

그런가 하면 아무런 이유도 없이 유명해진 것처럼 보이는 사람들도 있다. 패리스 힐튼과 킴 카다시안처럼 요란스레 유명한 인사들은 유명해질 것이라는 일종의 자기충족적 예언으로 명성을 키웠다. 그런 사람들은 명성이 행사하는 특별한 중력을 강조한다. 우리를 그들에게로 끌어당기는 것은 유명한 사람들의 성취뿐 아니라, 그들이 본질적으로 스스로 유명해졌다는 사실 자체이다.

우리가 명성을 황홀하게 여기면서도 그것이 어떻게 작동하는지를 거

---

* 2004년 사망한 미국의 요리사이자 작가, 방송인. 1948년에 남편과 함께 프랑스로 이주해 파리와 마르세유 등지에 살면서 프랑스 문화와 요리를 배웠다. 시몬 베크, 루이제트 베르톨과 함께 집필한 『프랑스 요리법 완전정복Mastering the Art of French Cooking』을 1961년 출간하면서부터 프랑스 요리의 대가로 널리 인정받기 시작했다. 이후 다양한 요리책과 텔레비전 요리강습 등을 통해 프랑스 요리를 미국에 소개했다. – 옮긴이
** 멕시코전쟁, 남북전쟁에 참가한 군인. 남북 전쟁이 끝난 후 육군총사령관이 되었다. 걸출한 군사 전략가이지만 남북전쟁에서 펼친 '초토화 작전'으로 비판받기도 한다. – 옮긴이

의 모른다는 것은 깜짝 놀랄 만한 일이다.

라이트 형제의 바람터널

명성이란 무엇인가? 마치 에너지나 생명처럼 명성은 우리가 직관적으로 파악하는 일상생활의 개념이지만 정의하기가 극도로 어렵다(포터 스튜어트Potter Stewart 대법관이 포르노 판결에서 "내가 보면 안다"[7]라는 유명한 말을 했는데 이 말은 명성에도 잘 들어맞는다). 명성의 크기가 다양하다는 점도 명확하다. 누구나 예수가 가수 존 레넌보다 유명하고, 레넌은 영화배우 알렉 볼드윈보다 유명하고, 볼드윈은 핫도그 먹기 챔피언인 다케루 고바야시보다 유명하다는 것을 안다. 그러나 다시 말하지만, '더 유명하다'가 무엇을 뜻하는지 정확히 정의하기는 어렵다. 명성은 사랑이나 아름다움처럼 정의하기도 어렵고, 측정하기는 더더욱 어렵다. 우리가 명성을 이해하고자 할 때 그것을 어떻게 측정하는지를 배운다면 더할 나위 없이 가치가 있을 것이다. 모든 지적인 문제의 해법이 되지는 못하지만, 측정은 모호하거나 변덕이 심한 개념들을 이해하기 쉽게 해주는 위대한 도구다.

이번에는 비행의 개념을 생각해보자. 1903년, 자동차의 발전에 힘입어 항공 공학도 맹렬하게 발전하고 있었다. 당시에는 정비소가 없었지만(정비소garage에 해당하는 엔그램은 1906년 이전에는 존재하지 않았다), 만약 있었다면 그곳은 자신의 힘으로 이륙해 비행할 수 있는, 공기보다 무거운 도구인 비행기를 최초로 만들기 위해 앞 다투어 경쟁하는 발명가들이 득실거렸을 것이다. 기존의 기계들은 만족스럽지가 못했다. 그것들은 지상에서 이륙하지 못하거나 곧바로 추락했다. 대부분의 발명가들은 엔진이 관건이라고 생각했다. 그들은 충분히 강력한 엔진을 만들기만 하면 비행의 꿈을 이룰 수 있을 거라고 생각했다.

　그러나 중서부 출신의 자전거 기술자인 오빌과 윌버 라이트는 그렇게 생각하지 않았다. 라이트 형제는 진짜 문제는 날개에 있다고 생각했다. 그들은 제대로 된 날개가 없다면 좋은 엔진도 도움이 되지 않을 거라고 추론했다. 그 당시에도 이미 날개가 어떻게 작동하는지에 대한 수학적 이론은 풍부했다. 그러나 라이트 형제는 그 이론을 공부하고서 시험 비행을 하다가 실패한 뒤, 자신들이 본 것과 이론이 서로 맞지 않음을 깨달았다. 그들은 날개에 관한 한 이론이 자신들을 그다지 멀리 데려다주지 못한다고 결론을 내렸다. 보통 이론은 물리적 세계에 관해 근본적인 가정을 세우는데, 그 가정이 잘못됐을 가능성이 높았다. 문제는 이론에 있는 것이 아니라 측정에 있었다. 그들이 필요로 했던 것은 모형 날개를 만들어 그것이 얼마나 잘 작동하는지를 신속하게 측정하는 실험을 통해 항공기 날개의 공기역학을 연구하는 방식이었다.

　극심한 경쟁의 와중에 라이트 형제는 계산된 위험을 감수했다. 그들은 더 많은 시험 비행을 진척시키는 대신, 오하이오 주 데이튼Dayton에 있는 자전거 가게 뒤로 숨어 들어갔다. 거기서 날개의 성능을 정밀하게 측정하는 도구를 몇 달 동안 만들었다. 결과물은 183센티미터 길이의 나무로 만든 방을 통해 끊임없이 바람을 일으키는 작은 가솔린 모터, 이른바 바람터널wind tunnel[8]이었다. 이 바람터널을 이용해 라이트 형제는 빠른 속도로 날개 디자인을 하나씩 측정할 수 있었고, 각각의 날개가 얼마나 많은 양력揚力과 항력抗力을 만들어내는지 정확히 확인할 수 있었다. 그들이 바람터널에서 날개의 성능을 측정한 것은 물론 일종의 단순화였으며,

실제 비행에서 쓰이는 날개의 성능을 불완전하게 복제한 제품이었다. 그러나 그들은 데이터가 없는 것보다는 있는 편이 낫다고 추론했다. 당신의 비행기가 끊임없이 추락한다면 측정을 해보는 것이 직관이나 투지, 성능 좋은 소화기에 의존하는 것보다 나은 것이다.

그들의 대담한 행동은 결정적으로 이론을 수정하고 그것을 뛰어넘을 수 있도록 해주었다. 윌버 라이트는 나중에 이렇게 회상했다.

> 손수 만든 바람터널을 가지고 우리가 했던 고된 작업의 가치를 결코 과소평가할 수는 없다. 오빌과 내가 차곡차곡 표에 적어 넣은 데이터를 바탕으로, 우리는 정확하고 믿을 만한 날개를 마침내 만들어낼 수 있었다. 우리는 우리의 '비행기Flyer'와 그것의 제어장치만큼이나 유명해졌지만, 이 모든 것은 우리가 바람터널을 만들어 정확한 공기역학 데이터를 끌어내지 않았더라면 결코 일어나지 않았을 것이다.

라이트 형제의 바람터널은 비록 단순했지만 좋은 날개 디자인을 가능하게 하는 중요한 양상들을 포착하기엔 충분했다. 이 터널을 이용해 형제는 날개들의 성능을 하나하나 정확하게 측정할 수 있었다. 이 데이터를 기반으로 그들은 고도로 최적화된 날개를 만들어 비행기에 장착했다. 1903년 12월 17일, 그들은 날아서 역사에 진입했다.

명성을 이해하려면, 우리에겐 바람터널이 필요하다.

사람은 어떻게 유명해지는가

거의 유명하면 충분히 유명하다

명성의 여러 측면을 가늠하기란 쉽지 않다. 무명에서 벗어나기. 주목받기의 압박. 사그라지는 자신의 별을 바라보는 심리적 충격.

그렇지만 예수는 레넌보다 유명하고, 레넌은 볼드윈보다 유명하고, 볼드윈은 고바야시보다 유명하다는 의미에서 명성의 크기는 어떤가. 이 크기를 재는 것은 가망이 있어 보인다. 명성의 크기가 지닌 중요한 특징은 결국 사람들이 얼마나 자주 당신의 이름을 언급하는가이다. 그리고 사람들이 얼마나 자주 당신의 이름을 언급하느냐의 중요한 특징은 사람들이 책에서 얼마나 자주 당신을 언급하는가이다. 그리고 사람들이 얼마나 자주 책에서 당신의 이름을 언급하느냐는 엔그램이 정말로 손쉽게 말해줄 수 있다.

물론 엔그램으로 측정하는 것은 명성fame 그 자체가 아니라 단순화된 명성의 복제품이다. 지금부터 이것을 '미엉성phame'이라고 부르자. 관건은 '미엉성'이 명성을 잘 닮아서 우리의 바람터널 역할을 해줄 수 있느냐다.

영국의 유명 작가 찰스 디킨스를 살펴보는 것으로 이 질문에 대한 탐구를 시작해보자. 그의 첫 소설『피크위크 페이퍼스The Pickwick Papers』는 시리즈물의 하나로 1836년에 시작해 작은 부분들로 나누어 정기간행물처럼 출판됐다.『피크위크 페이퍼스』의 출판과 함께 찰스 디킨스Charles Dickens라는 2-그램은 책 속에 담긴 기록 안에서 속도를 내기 시작했다. 마치 라이트 형제의 유명한 비행기Flyer처럼 디킨스의 '미엉성'은『올리버 트위스트』(1837),『크리스마스 캐럴』(1843),『데이비드 카퍼필드』(1849),

『두 도시 이야기』(1859), 『위대한 유산』(1860) 등 일련의 베스트셀러를 꾸준히 내놓으면서 계속 올라갔다. 이런 작품들의 문화적 충격은 거대했다. 예컨대 『크리스마스 캐럴』이 '메리 크리스마스!'라는 인사를 유명하게 만들었다고 말할 수 있으며, 이 기록은 엔그램 데이터와도 일치한다.

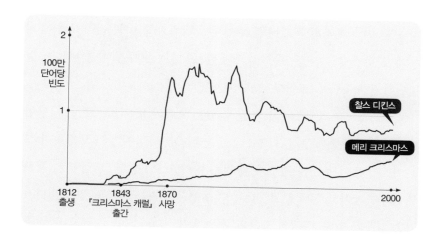

1870년 디킨스의 사망은 디킨스의 '미엉성'에 퇴조를 가져오지 않았다. 오히려 그의 부고는 그의 천재성에 관해 새로운 논평을 낳았고 그의 '미엉성'은 하늘로 치솟았다. 그가 죽고서 수십 년이 흐르는 동안, 그에 대해 언급하는 빈도는 절정에 달했다. 그러나 1900년부터 <u>찰스 디킨스</u>라는 2-그램은 서서히 줄어들기 시작했다. 오늘날까지도 디킨스는 치열한 학문적 탐구의 주제, 고등학교 교과과정의 붙박이 테마로 남아 있으면서 대단한 '미엉성'을 누리고는 있지만, 완만하게 시들해지고 있다. 이렇게 되기까지 1세기 이상이 걸렸다. <u>찰스 디킨스</u>를 우리의 바람터널에 집어넣었더니 디킨스의 업적에서 비롯된 대중적 관심을 그럴듯하게 측정한

　　　　　　　사람은 어떻게 유명해지는가

흥미로운 결과가 나온 것이다.

그러나 전망이 완전히 장밋빛 일색인 것은 아니다. 디킨스의 사례는 책에서 측정된 '미엉성'과 문화적 중요성에 관한 우리의 직관적 개념으로서의 명성이 사이가 썩 좋지 않을 수도 있다는 점도 얼마간 밝혀준다. 모든 측정 도구는 오류를 만들어낸다. 여기서 무슨 일이 벌어지고 있는지 조금 더 이해하려면 오류 분석 이론에 대해 조금 아는 것이 도움이 되는데, 오류 분석 이론은 측정이 잘못될 수 있는 모든 방식을 다루는 잘 발달된 통계학의 한 분야다.

통계학자들은 측정도구가 만들 수 있는 오류의 두 가지 유형을 구분한다. 첫 번째 유형은 무작위 오류라고 불리는데, 측정 대상이 변화하지 않는데도 변동이 생기는 경우다. 우리는 이러한 오류들을 '미엉성'의 작은 봉우리와 계곡의 형태로 보는데, 이것들은 흔하기는 하지만 별로 의미가 없는 경우가 많다. 무작위 오류의 좋은 점은 비록 곡선이 이리저리 꿈틀대기는 하지만 일반적으로 참값true value에 가까이 머무른다는 것이다.

이른바 시스템 오류는 더 까다롭다. 이 오류들은 일반적으로 부풀리거나 줄이는 방향으로 어떤 측정을 왜곡한다. 예를 들어 미엉성을 측정하는 작업은 어떤 사람의 이름이 쓰인 사례를 찾는 것인데, 모든 참고자료 가운데 일부분만을 포착한다. 우리가 <u>찰스 디킨스</u>의 빈도를 추적하고 있다면 사람들이 그를 '디킨스' 또는 '찰리' 또는 '시-머니C-Money'라고 부르는 사례는 놓치고 만다. 사람들이 그를 『피크위크 페이퍼스』의 작가 또는 '캐서린 호가스의 남편'이라고 부를 때도 역시 포착하지 못한다. 그리고 당연하게도, 누군가가 디킨스를 가리키며 그가 쓴 유명한 구절을 인용하거나, 마술사 데이비드 카퍼필드의 마술에 감탄하거나, 심지어 <u>메리</u>

크리스마스라는 구절을 쓸 때도 우리는 그것을 놓치게 된다.

디킨스를 지칭하는 모든 말을 셀 때 발생하는 어려움을 보여주는 가장 확실한 예는 2011년 공화당 전국위원회 의장 후보였던 마이클 스틸Michael Steele[9]이 텔레비전 토론회에서 가장 좋아하는 책을 말해달라는 질문을 받았을 때다. 스틸의 답변은 당혹스러운 실수였다. "『전쟁과 평화』…… 최고의 시절과 최악의 시절." 이 문구는 디킨스의 『두 도시 이야기』에서 토막 낸 것이다. 그러나 『전쟁과 평화』는 레프 톨스토이의 작품이다. 스틸은 디킨스를 지칭한 것인가, 아닌가?

우리가 이상적으로는 완벽하게 찾아내고자 했던 것들을 소홀히 했을 때 발생하는 이런 유형의 오류들은 통계학자들이 부정 오류false negative라고 부르는 시스템 오류에 속한다. 이 부정 오류 때문에 우리가 보고하는 '미엉성'은 어떤 사람을 지칭한 실제 빈도보다 일반적으로 훨씬 더 낮아진다.

다른 유형의 시스템 오류도 있는데, 이것은 긍정 오류false positive라고 불린다. 이것은 우리가 포함시켜서는 안 될 것을 포함시킬 때 일어난다. 누군가가 찰스 디킨스라는 단어를 썼을 때 실제로는 디킨스의 큰아들인 찰스 디킨스 주니어, 손자인 제럴드 찰스 디킨스, 증손자인 세드릭 찰스 디킨스와 피터 찰스 디킨스, 또는 고손자인 배우 제럴드 찰스 디킨스를 지칭한 것일 수 있다. '미엉성'은 이 모든 것을 이 집안의 가장으로 기록한다. 그러나 통계학자들은 이런 일이 재앙이 될 수 있다는 사실을 안다. UC버클리의 마이클 I. 조던Michael I. Jordan 교수보다 이 문제를 더 깊이 이해하는 통계학자도 아마 없을 것이다. 왜 그런지 알고 싶다면 구글에서 마이클 조던 통계Michael Jordan statistics를 검색해보라.

사람은 어떻게 유명해지는가

우리는 아직 우리의 기술이 제기하는 가장 복잡한 통계적 문제를 꺼내 보이지 않았다.

1936년을 생각해보자. 많은 유명인들이 1936년에 태어났다. 그들 중 엔 로버트 레드퍼드와 바츨라프 하벨도 포함된다.

로버트 레드퍼드Robert Redford는 전형적인 할리우드 스타다. 그는 지난 50년 동안 여러 영화에서 상징적인 역할을 연기했고 수억 명이 〈아웃 오 브 아프리카〉〈스팅〉〈모두가 대통령의 사람들〉을 비롯한 영화 속 그의 연기에서 감명을 받았다. 다부지고 잘생긴 외모 덕분에 그는 미국인들이 가장 사랑하는 문화적 인물이자 전 세계적 유명인이 되었다.

바츨라프 하벨Václav Havel은 다른 유형의 유명인사다. 그는 원래 조용 한 극작가였는데 벨벳 혁명* 과정에서 체코슬로바키아를 공산주의에서 빠져나오도록 이끌었고 이후 초대 대통령이 됐다. 그리고 4년 후 체코와 슬로바키아의 평화로운 분리를 주도했다. 이렇듯 하벨은 20세기의 가장 유명한 정치적·문학적 인물 가운데 한 사람이다.

이 두 사람은 1936년에 태어난 사람들 가운데 '미엉성'이 가장 높은 열 명에 속한다. 그러나 그들은 간발의 차이로 이 명단의 정점에 오르지는 못했다. 그렇다면 대체 누가 1936년에 태어난 사람들 가운데 가장 '미엉 성'이 높다는 말인가? 캐럴 길리건Carol Gilligan** 이라는 여성이다.[10]

길리건은 저명한 심리학자이자 중요한 페미니스트로서 획기적인 업적

---

* 1989년 체코슬로바키아의 공산당 정권 붕괴를 불러온 시민혁명. 벨벳 혁명은 비폭력 혁명의 대명사이자 동유 럽 민주화 혁명의 상징 가운데 하나로 평가받는다. - 옮긴이
** 미국의 저명한 페미니스트이자 윤리학자이자 심리학자. 하버드 대학교에서 박사학위를 받은 뒤, 1997년부 터 2001년까지 34년간 하버드에서 여성학 교수로 재직했다. 1982년 출간한 『다른 목소리로』가 대표 저작이다. - 옮긴이

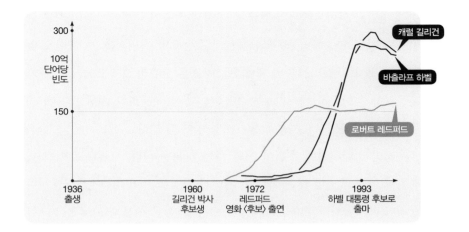

10억
단어당
빈도

300

150

캐럴 길리건

바츨라프 하벨

로버트 레드퍼드

1936	1960	1972	1993
출생	길리건 박사 후보생	레드퍼드 영화 〈후보〉 출연	하벨 대통령 후보로 출마

을 바탕으로 하버드와 케임브리지에서 재직했고, 지금은 뉴욕 대학교에서 재직하고 있다. 핑커처럼 그녀는 『타임』이 뽑은 가장 영향력 있는 미국인 명단에 이름이 올랐다. 그녀는 지성계의 슈퍼스타다. 캐럴 길리건을 언급한 책들은 아주 많아서 그녀는 바츨라프 하벨이나 로버트 레드퍼드보다 약간 더 많이 언급됐다. '미엉성'과 명성이 정확하게 같은 것이라면 이 세 사람 가운데 가장 유명한 사람은 학구적인 귀부인일 것이다.

그러나 현실을 직시하자. 캐럴 길리건은 로버트 레드퍼드보다 유명하지 않다. 그녀가 책에서 더 많이 언급된 것은 그녀가 책을 쓰는 사람들이 생각하는 유형의 인물과 정확하게 일치하기 때문이다. 다시 말해 그녀는 과학계 유명인사이자 사회평론가다. 그러나 그녀는 이름이 날마다 신문의 헤드라인을 장식하거나, 사진이 버스 옆구리를 장식하거나, 수백만 십대 소녀들을 열광하게 만드는 유형의 인물은 아니다.

문제는 '미엉성'이 이처럼 더 큰 그림을 포착하지 못한다는 점이다. 만약 당신이 텔레비전 뉴스에서의 언급, 타블로이드 신문에서의 언급, 인터

사람은 어떻게 유명해지는가

넷 유명인사 사이트에서의 언급, 사무실의 정수기 주변에서 이뤄지는 언급을 계산에 넣는다면, 하벨과 레드퍼드는 분명 길리건을 큰 차이로 앞질렀을 것이다. 길리건은 통계학자들이 표본 오류라고 부르는, 그녀에게 불공평하게 이득을 가져다주는 '미엉성' 측정의 문화적 속성 덕분에 이득을 보고 있다. 그녀는 명성보다 '미엉성'이 더 높다.

우리의 바람터널에 흠결이 전혀 없는 것은 아니다. 그렇다고 이런 결점들이 아주 특별한 것은 아니다. 이러한 결점들은 어떤 측정도구에서나 생겨나고 과학자들과 통계학자들이 수십 년 동안 씨름해온 고전적 오류 범주에 속한다. 이러한 불완전성을 마음에 새겨두면 장래에 더 새로운 도구들을 개발할 수 있을 것이다.

'미엉성'과 명성의 관계는 우리의 일반적인 접근법을 잘 설명해준다. 명성처럼 일상생활의 평범한 개념은 너무나 복잡하고 너무나 모호하게 정의되기에 수량화하기가 어렵다. 그래서 우리는 '미엉성'처럼 원래의 개념에 최대한 가까우면서도 우리가 측정할 수 있는 것들을 찾는다. 그 결과는 일종의 절충안으로 마치 기니피그(모르모트, 실험용 쥐)처럼, 정교하게 고안된 실험의 대상으로써 우리가 사용할 수 있는 유명인사의 닮은 꼴 배우다. 그러니까 타블로이드 신문, 잡지, 학술논문 등과 같은 것들이 포함된 좀 더 나은 데이터세트가 등장하면 우리가 명성을 측정하기 위해 사용한 '미엉성'은 쓸모가 없어지고 더 정교한 대안들이 개발될 것이다. 라이트 형제의 바람터널은 오늘날 새로운 항공기를 테스트하기 위해 마하Mach 30의 바람을 만들어내는 데 사용되는 렌스-엑스LENS-X, Large Energy National Shock 터빈과 비교하면 미미한 수준이었다.

그러나 '미엉성'은 아직까지는 출발이 아주 좋다. 너무 좋아서 우리는 더 자세한 구분을 생각하지 않고 사안을 단순하게 만들기 위해 모든 것을 명성이라고 부를 참이다. 거의 유명하면 충분히 유명하다.

어떤 사람이 새로운 바람터널을 가지고 이륙할 때의 공기역학에서 우리는 무엇을 배울 수 있는가? 그리고 지상으로 추락할 때의 암울한 역학에 관해서는?

명성을 질병처럼 다루기

엔그램 데이터를 사용해 명성에 대해 연구하면서 우리는 각각의 이야기들이 서로 다르다는 것을 단번에 깨달았다. 패턴을 확인하고자 했지만 그 결과를 설명하기는 어려워 보였으며, 심지어 모순적으로 보이기까지 했다. 우리는 데이터의 밑바닥 모를 구덩이에서 옴짝달싹 못하게 됐다.

왜 오도 가도 못하게 됐는지 보려면 우리는 1930년, 크리스티안산Kristiansand이라는 노르웨이의 작은 도시로 시간여행을 떠나야 한다. 그곳에서 크리스티안 안드보르드Kristian Andvord라는 의사가 환자들과 나라를 비탄에 잠기게 한 유행병을 이해하기 위해 분투하고 있었다. 안드보르드는 오늘날의 우리로서는 가늠하기 힘들 정도로 노르웨이에 큰 피해를 입힌 결핵을 연구하고 있었다. 노르웨이의 도시 트론헤임Trondheim을 예로 들면, 1887년에서 1891년 사이에 태어난 아이의 1퍼센트 이상이 한 돌을 맞이하기도 전에 결핵으로 사망했다. 그리고 11세에서 15세 사이 어린이들의 사망 원인 가운데 거의 절반이 이 병이었다.

당시에도 뭔가 특이한 것이 진행되고 있다는 점은 쉽게 알아차릴 수 있었다. 수십 년 동안 유행병이 창궐하면서 결핵에 희생되는 노르웨이 사람들의 평균 연령이 올라가고 있었다. 어떻게 이런 일이 가능했을까?

안드보르드에게는(또는 출처가 불분명한 이야기에 따르면 그와 함께 일하던 간호사에게는) 아이디어가 하나 있었다. 그는 오랜 시간에 걸쳐 전체 인구의 발병률을 연구하는 대신, 대체로 거의 같은 시기에 태어난 사람들의 집단인 코호트cohort로 전체 인구를 나누었다. 이 접근법은 출생 연도를 통제함으로써 한 세대에게만 영향을 미치는 기근처럼, 오해를 불러일으키는 요소들을 좀 더 잘 통제할 수 있다는 장점이 있다. 단점은 크리스티안산처럼 작은 도시에서 수집될 수 있는 규모를 넘어서는 훨씬 큰 데이터를 요구한다는 것이었다.

지프처럼, 안드보르드는 데이터를 구하기 위해 길을 나섰다. 안드보르드와 의학의 역사에는 엄청난 행운이 기다리고 있었다. 노르웨이 정부가 사망자 통계를 기록하기 위해 세심한 노력을 기울이고 있었던 것이다. 안드보르드는 1896년부터 1927년까지 전체 기간을 망라하는 정부 데이터를 얻었다. 그는 노르웨이의 자료에 잉글랜드·웨일스·덴마크·스웨덴의 데이터세트를 추가하여 보충했다. 이렇게 풍부한 정보로 무장한 안드보르드는 앞서 그를 좌절시켰던 단순한 질문들에 답할 수 있었다. 예를 들어 1900년에 태어난 사람들(1900년 코호트)은 몇 살에 결핵으로 죽을 가능성이 가장 높은가? 1910년 코호트는 어떤가? 1920년 코호트는 또 어떤가?[11]

그가 얻은 답은 믿기 힘들 정도였다. 태어난 연도에 상관없이 희생자들은 5세에서 14세 사이, 혹은 20세에서 24세 사이에 결핵에 감염될 가능성이 가장 높은 것으로 드러났다. 안드보르드의 코호트 분석은 결핵이 젊은이들에게 주요한 질병이며 그때까지 내내 그래왔음을 보여주었다.

그런데 전체 인구를 살펴봤을 때 결핵 희생자의 평균 연령이 시간의 흐름에 따라 높아지는 것은 왜 그럴까? 안드보르드가 이 질병의 전체 발병률을 가지고 특정 코호트에 속한 사람이 그의 생애에서 어느 시점, 즉 젊었을 때나 늙었을 때 결핵으로 죽을 가능성이 높은지를 연구하자 결정적인 사실이 드러났다. 더 젊은 코호트를 연구할수록 전체 발병률이 점점 낮아진다는 사실을 확인한 것이다. 1920년에 태어난 노르웨이인은 평생에 걸쳐 1910년에 태어난 노르웨이인보다 결핵에 감염될 가능성이 낮고, 1910년생은 1900년에 태어난 노르웨이인보다 결핵에 감염될 가능성이 낮았다.

이러한 사실은 연령과 관련하여 다른 시각에서 평범한 결론을 도출하게 해주었다. 질병이 더 늙은 사람들을 먹잇감으로 삼는 것이 아니라, 더 일찍 태어난 사람들이 평생 결핵 감염에 더 취약했던 것이다. 이 발견은 의학계에 폭탄이 터진 것과 같은 영향력을 즉각 발휘했다. 젊은 노르웨이인들은 계속해서 결핵에 저항력을 얻고 있었다. 이 유행병은 살인적이었지만 대규모 예방 접종 운동이 효과적으로 펼쳐지고 있었다.

전혀 예상했던 일은 아니었지만, 안드보르드의 놀라운 결론이 옳은 것으로 판명됐다. 이것은 오로지 그 혼자서 이룩한 업적이 아니었다. 안드보르드의 코호트 방식은 전염병학과 공중보건에서 필수 과학도구가 된 혁명적 통찰이었다. 따라서 공중보건 관련 대규모 데이터세트가 집적될 때마다 안드보르드의 아이디어가 작동할 가능성이 높다. 고혈압과 심혈관 질환 사이의 연관에 관한 지식, 흡연과 폐암 사이의 연관에 관한 지식, 혈당과 당뇨 사이의 연관에 관한 지식, 그리고 우리가 매일 선택하는 식단을 죄책감으로 들쑤시는 수만 가지 다른 연관에 관한 지식에 대해 우

사람은 어떻게 유명해지는가

리는 안드보르드(혹은 아마도 그의 간호사)에게 빚지고 있다.

결핵에 관한 연구처럼 명성에 관한 연구도 온갖 종류의 특정 세대에 국한된 효과들 때문에 혼란에 빠졌다. 예를 들어 인터넷의 발명은 사람들이 유명인사가 되는 데 극적으로 영향을 미쳤다. 우리의 초기 연구에서 이처럼 특정 세대에 국한된 효과들은 무슨 일이 벌어지고 있는지를 극도로 알아보기 어렵게 만들었다.

마지막으로, 우리는 훌륭한 데이터 과학자라면 누구나 초장에 하는 일을 했다. 우리는 스스로에게 'WWAD?(What Would Andvord Do?: 안드보르드라면 어떻게 했을까?)' 하고 물었다. 별안간 해법이 명확해졌다. 우리는 코호트 방식을 사용해야 했다. 우리는 명성을 질병처럼 다뤄야 했다.

명예의 전당

바로 그때 우리는 에이드리언 베레스Adrian Veres를 만났다. 매우 뛰어난 학부생인 에이드리언은 불멸의 명성에 관해 이미 한두 가지 사실을 알고 있었다. '인텔 국제 과학·공학 박람회'에 처음 참가하여 이미 수상한 덕분에 자신의 이름을 딴 소행성 '21758에이드리언베레스'[12]를 가지고 있었던 것이다.

에이드리언과 함께 일하면서 우리는 트웨인 세대, 간디 세대, 루스벨트 세대 등 명성 때문에 가장 심하게 괴롭힘을 당한 세대에 속한 개인들로 구성된 코호트들을 만들어내기 시작했다. 우리는 1800년에서 1950년 사이에 태어난 사람들을 연구하기로 했다. 초기에 우리는 최상의 품질이 못 되는 데이터세트의 일부를 가지고 작업에 착수했고, 따라서 충분히 긴 기간을 가로질러 명성을 추적하는 데 어려움을 겪었다. 1950년에 태어난 사람은 보통 1980년대나 1990년대까지는 유명세를 얻지 못했다. 이 때문에 우리가 사용할 만큼 가치 있는 데이터는 몇 년치 되지 않았다. 에이드리언은 수십만 명을 대상으로 성과 이름 전체(예를 들어 마크 트웨인)가 언급된 빈도를 계산했다. 그는 1800년부터 1950년까지 매년 해당 연도에 태어난 사람 가운데 가장 유명한 50명의 명단을 만들어냈다. 이것은 에이드리언이 그의 고향 행성에서는 이제 막 여섯 살이 됐다는 점을 감안하면 특별히 인상적인 작업이었다. 만약 유명세가 질병이라면 에이드리언의 목록은 7500명의 가장 심각한 희생자들을 포함한 셈이었다.[13]

각각의 집단은 명성으로 가는 다양한 경로를 보여주는 흥미진진한 사람들의 집합체[14]였다. 1871년 코호트(집단)를 보자. 1871년에 태어난 유명인 50명 가운데는 오빌 라이트가 포함되었는데 그는 바로 우리에게 영감을 준 사람으로, 비행 방법을 익혀서 유명해졌다. 어니스트 러더퍼드Ernest Rutherford는 산란 실험scattering experiment으로 유명해졌는데, 이 실험은 원자핵의 존재를 밝혀주었다. 그리고 마르셀 프루스트는 좋은 책들을 써서 유명해졌다.

이 집단의 졸업생 대표—1871년에 태어난 이들 중에 가장 유명한 사람—는 코델 헐Cordell Hull이었다. 그에 대해 들어본 적이 없는가? 지금은 훨씬 덜 알려져 있지만 한창 시절에 헐은 대단한 거물이었다. 미국 상원의원이었던 헐은 미국 역사상 가장 오랫동안 재직한 국무장관이 됐다. 프랭클린 델러노 루스벨트 대통령 시절 그가 재직한 11년은 2차 세계대전의 정점과 같은 시기였다. 다른 무엇보다 헐은 국제연합의 기초를 세우는 데 엄청난 역할을 했고, 이로써 노벨 평화상의 영예를 누렸다. 루스

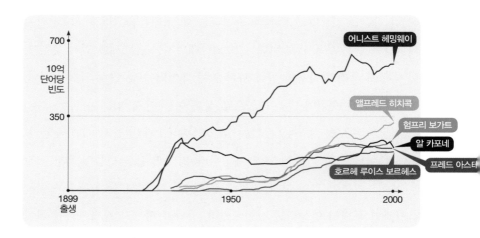

벨트는 헐을 '국제연합의 아버지'라고 불렀다. 이 집단의 우두머리는 진짜 좋은 일을 했다.

모든 집단, 그리고 각각의 집단은 비슷비슷한 매혹적인 인생 이야기들로 구성돼 있다. 1904년 집단은 칠레의 시인 파블로 네루다, 초현실주의 화가 살바도르 달리, 최초로 원자탄을 만든 '맨해튼 프로젝트'를 주도한 로버트 오펜하이머 등이 포함돼 있다. 이 집단의 졸업생 대표는 중국의 지도자 덩샤오핑이다. 1899년 출생 집단의 졸업생 대표는 어네스트 헤밍웨이인데, 이 집단에는 아르헨티나의 작가 호르헤 루이스 보르헤스, 배우 프레드 아스테어Fred Astaire와 험프리 보가트, 전설적인 영화감독 앨프레드 히치콕, 마피아 알 카포네 등이 속한다. 만약 이들이 재회하는 저녁 식사 자리에 초대를 받는다면 당신은 결코 거절하지 못할 것이다.

졸업생 대표 150명의 명단은 다음의 표와 같다. 당신이 얼마나 많은 이름을 알고 있는지 한번 보라. 당신이 치를 수 있는 가장 객관적인 역사 시험이라고 볼 수도 있다. 당신이 알아야 하는 이름에 대해 우리의 의견

1800 조지 밴크로프트George Bancroft

1801 브리검 영Brigham Young

1802 빅토르 위고Victor Hugo

1803 랠프 왈도 에머슨Ralph Waldo Emerson

1804 조르주 상드George Sand

1805 윌리엄 로이드 개리슨William Lloyd Garrison

1806 존 스튜어트 밀John Stuart Mill

1807 루이 아가시Louis Agassiz

1808 나폴레옹 3세Napoleon III

1809 에이브러햄 링컨Abraham Lincoln

1810 레오 13세Leo XIII

1811 호레이스 그릴리Horace Greeley

1812 찰스 디킨스Charles Dickens

1813 헨리 워드 비처Henry Ward Beecher

1814 찰스 리드Charles Reade

1815 앤서니 트롤럽Anthony Trollope

1816 러셀 세이지Russell Sage

1817 헨리 데이비드 소로Henry David Thoreau

1818 카를 마르크스Karl Marx

1819 조지 엘리엇George Eliot

1820 허버트 스펜서Herbert Spencer

1821 메리 베이커 에디Mary Baker Eddy

1822 매튜 아널드Matthew Arnold

1823 골드윈 스미스Goldwin Smith

1824 스톤월 잭슨Stonewall Jackson

1825 바야드 테일러Bayard Taylor

1826 월터 배젓Walter Bagehot

1827 찰스 엘리엇 노튼Charles Eliot Norton

1828 조지 메러디스George Meredith

1829 카를 슈르츠Carl Schurz

1830 에밀리 디킨슨Emily Dickinson

1831 시팅 불Sitting Bull

1832 레슬리 스티븐Leslie Stephen

1833 에드윈 부스Edwin Booth

1834 윌리엄 모리스William Morris

1835 마크 트웨인Mark Twain

1836 브렛 하트Bret Harte

1837 그로버 클리블랜드Grover Cleveland

1838 존 몰리John Morley

1839 헨리 조지Henry George

1840 크레이지 호스Crazy Horse

1841 에드워드 7세Edward VII

1842 앨프레드 마셜Alfred Marshall

1843 헨리 제임스Henry James

1844 아나톨 프랑스Anatole France

1845 엘리후 루트Elihu Root

1846 버펄로 빌Buffalo Bill

1847 엘런 테리Ellen Terry

사람은 어떻게 유명해지는가

1848 그랜트 앨런Grant Allen

1849 에드먼드 고스Edmund Gosse

1850 로버트 L. 스티븐슨Robert L. Stevenson

1851 올리버 로지Oliver Lodge

1852 브랜더 매튜스Brander Matthews

1853 세실 로즈Cecil Rhodes

1854 오스카 와일드Oscar Wilde

1855 요시야 로이스Josiah Royce

1856 우드로 윌슨Woodrow Wilson

1857 비오 11세Pius XI

1858 시어도어 루스벨트Theodore Roosevelt

1859 존 듀이John Dewey

1860 제인 애덤스Jane Addams

1861 라빈드라나트 타고르Rabindranath Tagore

1862 에드워드 그레이Edward Grey

1863 데이비드 로이드 조지David Lloyd George

1864 막스 베버Max Weber

1865 러디어드 키플링Rudyard Kipling

1866 램지 맥도널드Ramsay MacDonald

1867 아널드 베넷Arnold Bennett

1868 윌리엄 앨런 화이트William Allen White

1869 앙드레 지드André Gide

1870 프랭크 노리스Frank Norris

1871 코델 헐Cordell Hull

1872 스리 오로빈도Sri Aurobindo

1873 알 스미스Al Smith

1874 윈스턴 처칠Winston Churchill

1875 토마스 만Thomas Mann

1876 비오 12세Pius XII

1877 이사도라 던컨Isadora Duncan

1878 칼 샌드버그Carl Sandburg

1879 앨버트 아인슈타인Albert Einstein

1880 더글러스 맥아더Douglas MacArthur

1881 피에르 테야르 드 샤르뎅Pierre Teilhard de Chard

1882 버지니아 울프Virginia Woolf

1883 윌리엄 C. 윌리엄스William C. Williams

1884 해리 트루먼Harry Truman

1885 에즈라 파운드Ezra Pound

1886 밴 위크 브룩스Van Wyck Brooks

1887 루퍼트 브룩Rupert Brooke

1888 존 포스터 덜레스John Foster Dulles

1889 자와할랄 네루Jawaharlal Nehru

1890 호치민Ho Chi Minh

1891 후스Hu Shih

1892 라인홀트 니부어Reinhold Niebuhr

1893 마오쩌둥Mao Zedong

1894 올더스 헉슬리Aldous Huxley

1895 조지 6세George VI

1896 존 더스 패서스John Dos Passos

1897 윌리엄 포크너William Faulkner

1898 군나르 뮈르달Gunnar Myrdal

1899 어니스트 헤밍웨이Ernest Hemingway

1900 애들라이 스티븐슨Adlai Stevenson

1901 마거릿 미드Margaret Mead

1902 탤콧 파슨스Talcott Parsons

1903 조지 오웰George Orwell

1904 덩샤오핑Deng Xiaoping

1905 장폴 사르트르Jean-Paul Sartre

1906 한나 아렌트Hannah Arendt

1907 로렌스 올리비에Laurence Olivier

1908 린든 존슨Lyndon Johnson

1909 배리 골드워터Barry Goldwater

1910 마더 테레사Mother Teresa

1911 로널드 레이건Ronald Reagan

1912 밀턴 프리드먼Milton Friedman

1913 리처드 닉슨Richard Nixon

1914 딜런 토머스Dylan Thomas

1915 롤랑 바르트Roland Barthes

1916 C. 라이트 밀스C. Wright Mills

1917 인디라 간디Indira Gandhi

1918 빌리 그레이엄Billy Graham

1919 대니얼 벨Daniel Bell

1920 어빙 하우Irving Howe

1921 레이먼드 윌리엄스Raymond Williams

1922 조지 맥거번George McGovern

1923 헨리 키신저Henry Kissinger

1924 지미 카터Jimmy Carter

1925 로버트 케네디Robert Kennedy

1926 피델 카스트로Fidel Castro

1927 가브리엘 가르시아 마르케스Gabriel García Márquez

1928 체 게바라Che Guevara

1929 마틴 루서 킹 주니어Martin Luther King, Jr.

1930 자크 데리다Jacques Derrida

1931 미하일 고르바초프Mikhail Gorbachev

1932 실비아 플라스Sylvia Plath

1933 수전 손택Susan Sontag

1934 랠프 네이더Ralph Nader

1935 엘비스 프레슬리Elvis Presley

1936 캐럴 길리건Carol Gilligan

1937 사담 후세인Saddam Hussein

1938 앤서니 기든스Anthony Giddens

1939 리 하비 오즈월드Lee Harvey Oswald

1940 존 레넌John Lennon

1941 밥 딜런Bob Dylan

1942 바브라 스트라이전드Barbra Streisand

1943 테리 이글턴Terry Eagleton

사람은 어떻게 유명해지는가

1944 라지브 간디Rajiv Gandhi	1947 살만 루시디Salman Rushdie
1945 다니엘 오르테가Daniel Ortega	1948 클래런스 토머스Clarence Thomas
1946 빌 클린턴Bill Clinton	1949 나와즈 샤리프Nawaz Sharif

은 반영되지 않았으며, 세계사 관련 선생님, 교수, 학문적 권위자의 의견
도 반영되지 않았다. 대신 1800년 이래 영어로 책을 쓴 모든 사람의 집합
적 의견이 반영됐다.

우리는 사람들이 지난 시대의 유명인사들을 얼마나 잘 알아보는지 궁
금했다. 그래서 완전히 비과학적이긴 하지만, 인기투표를 해봤다. 하버드
대학교의 역사학과 교수 한 명에게 물었더니 그는 150명 가운데 116명
을 알아봤다. 역사학과 대학원생은 123명을 알아봤고, 기자는 103명, 갓
졸업한 학부생은 73명, 러시아 출신의 이론물리학자는 58명, 싱가포르의
한 학부생은 35명을 알아봤다.

사람마다 알아보는 이름의 범위가 아주 광범위했지만 영향력이 높았
던 신문 편집자이자 중요한 진보주의 지도자였던 1868년의 윌리엄 앨런
화이트나 퓰리처상을 받은 역사학자이자 마크 트웨인의 초기 전기 작가
였던 1886년의 밴 위크 브룩스처럼 아무도 알아보지 못하는 졸업생 대표
도 있었다. 코델 헐은 기억하는가? 슬프게도 역사학과 교수만 기억했다.

우리 중 누구도 이 이름들을 어느 하나 빠짐없이 다 알지 못한다는 것
은 어느 정도는 놀라운 일이다. 고등학교에서 역사를 공부할 때 우리는
수천 명의 특별한 사람들에 대해 배웠다. 그러나 그러한 개인들은 어떤

인물이 더 중요하니까 알아야 하고, 다른 사람은 덜 중요하다는 것을 규정하는 커리큘럼을 만드는 이들의 선택과 결정을 반영한다. 예를 들어 에밀리 디킨슨은 살아생전에는 작품들이 거의 영향력이 없었지만 사후에 문학 비평가들이 그녀의 작품이 정말로 중요하다고 판단한 덕분에 혜택을 입었다. 우리는 그런 판단을 하는 사람들에게 엄청난 힘, 말하자면 역사를 보는 관점을 형성하는 힘을 부여한다. 그런 힘을 어떤 사람 혹은 어떤 작은 집단이 실제로 가져야 하는지가 당장 확실한 것은 아니다.

반면 한눈에 봐도 이 목록이 우리 아이들에게 넘겨줄 역사 서술의 기반이 될 수 없다는 것은 명백하다. 150명의 졸업생 대표 가운데 열여섯 명만이 여성이고 절대 다수가 백인 남성이다. 이 목록은 그 자체로 깊은 편견을 안고 있다.

누구에게 책임이 있는가? 이번만은 이 목록을 만든 사람들에게 책임이 있지 않다. 비록 우리의 목록에 많은 결점이 있지만, 우리가 개인적으로 강조한 것은 없다. 우리는 큰 수를 고속으로 처리했을 뿐이다. 대신 우리가 보는 편견은 이 목록의 진짜 저자들, 책을 쓴 적이 있는 사람이라면 누구라도 집단적 책임이 있다. 이것은 역사적 기록이 갖는 본질적인 편견이다. 우리의 목록뿐만 아니라 모든 역사 연구에서 이런 점이 반추되어야 한다. 역사학자처럼 수십 권 단위로 책을 읽든 우리처럼 100만 권 단위로 읽든 우리는 모두 동일한 거대 집단에서 표본을 추출한다. 어느 누구도 표본 추출의 편견에서 자유롭지 못하다. 역사는 편파적일 수 있어도 통계는 그럴 수 없다.

물론 역사적 기록이 심각한 편견에 빠져 있다는 인식은 오래전부터 있었다. 그러나 엔그램 데이터는 우리가 무엇을 잘못하고 있는지 좀 더 명확한 그림을 보여줌으로써 우리가 얼마나 깊은 편견에 빠져 있는지를 가늠해보게끔 한다. 우리가 과거의 편견을 더 잘 기억할 수 있게 되면 그것을 되풀이하는 데에서 벗어날 수도 있을 것이다.

더 빨리, 더 많이 유명해지는 만큼 더 빨리 잊힌다

미래에는 모두가 15분 만에 세계적으로 유명해질 것이다.

-무명씨

앤디 워홀은 명성의 변덕스러운 성격을 두고 날카로운 소견을 피력한 바 있다. 그러나 우리가 보기에 그는 잘못 알고 있었다.

그의 실수를 밝혀내기 위해 우리가 만든 명성의 '명예의 전당'을 사용하기로 하자. 가까이서 보면 각각의 유명인사들은 서로가 완전히 다르다. 어떤 사람들은 기량이 뛰어난 신동으로 자랐다. 그런가 하면 어떤 사람들은 늦게 피는 꽃이었다. 어떤 사람들은 다재다능한 반면, 어떤 사람들은 가장 잘하는 것을 고수했다. 어떤 사람들은 업적이 차근차근 쌓인 긴 경력을 가졌다. 다른 사람들은 히트곡이 하나뿐인 가수들이었다. 그러나 멀리서 보면 이런 차이점들은 사라지기 시작하고 공통의 특징이 좀 더 명확해진다. 이것이 바로 안드보르드의 코호트 방법론이 가진 위대한 힘이다.

1871년에 태어난 가장 유명한 50명(코넬 헐 집단)을 들여다보니 하나의 평균적인 형태가 드러났다. 이것은 1871년 집단이 어떻게 커졌는지를 보여주는 포괄적인 초상화인 셈이다. 1872년 집단에도 똑같이 해볼 수 있다. 다시 하나의 형태가 나타났다. 1872년 집단은 완전히 다른 50명으로 구성됐는데도 평균적인 명성 곡선의 모양이 거의 같다는 점이 도드라졌다. 사실 그 모양은 우리가 연구한 150개 개별 집단이 거의 정확하게 일치했다.[15] 이 모양은 극히 유명한 사람들의 전형적인 라이프스타일이었다. 명성을 물리학에 빗댄다면 '대통일 이론Grand Unified Theory'이라 할 만했다. 그 정도까지는 못 되더라도 적어도 이론의 한 종류는 될 만했다.

이제 무슨 일이 벌어지고 있는지 좀 더 자세히 들여다보자. 처음에는 어떤 신호도 잡히지 않는다. 이 집단의 구성원들은 오랫동안 책에서 거의 언급되지 않는다. 놀라운 일이 아니다. 오빌 라이트는 열두 살에 자전거를 타고 돌아다녔고 누구도 그가 어느 날 하늘을 날 것이라고 공표하는 책을 쓰지 않았다.

태어나서 몇 십 년이 지난 어느 순간, 이 집단의 구성원들은 사회의 무대에 데뷔한다. 데뷔라는 말은 그들의 평균 빈도가 10억 단어당 1회보다 크다는 것을 뜻한다. 이것은 앞 장에서 이야기한, 사전에 단어가 오르기

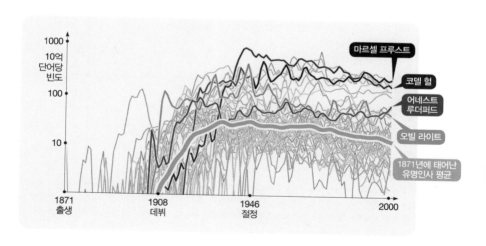

위한 최저치다. 우리가 보기에 어떤 사람이 유명하다는 기준은 이름이 사전에 오를 정도는 되는 것이다.

그렇지만 이것은 데뷔 무대에 오른 신인의 일반적인 모습이 아니다. 그들은 순식간에 엄청난 관심을 받다가 금방 잊히는 식으로 등장하지도 않고, 등장보다 더 빠르게 퇴장하지도 않는다. 오히려 1871년 집단은 유명인사들의 다른 집단과 마찬가지로 엄청난 에너지를 뿜으며 무대에 혜성처럼 등장해 명성이 비정상적인 속도로 상승한다. 그들의 평균 빈도는 몇 년마다 갑절로 늘어나고 수십 년간은 하늘로 치솟는다. 빈도의 증가는 수학 용어로 말해 바이러스성 전염병이나 바이럴 영상viral video*처럼 기하급수적이다. 역사의 위대한 무대 위에서 펼쳐진 그들의 공연은 고도의 예술적 기교를 보여준다.

마지막으로 1871년 집단은 75세에 정점에 올랐다. 이 문턱을 넘으면서 그들은 순전히 숫자의 측면에서 전성기를 지난다. 다음에 그들을 기다리는 것은 그들로서는 새로운 경험인데, 이 젊은 시절의 '열정가'들은 천천히 쇠퇴기에 접어들어 수세기 동안 그런 상태가 지속된다.

데뷔, 기하급수적 성장, 절정, 점진적 쇠락을 보여주는 이런 형태는 우리가 연구한 모든 집단에서 일반적으로 나타났다. 그러나 각 집단에는 저마다 미묘한 변화가 있는데, 이는 데뷔한 연도, 기하급수적 성장의 속도, 정점을 지난 뒤에 쇠퇴하는 속도 등 세 가지 매개변수parameter라는 측면

---

* '바이럴viral'은 '바이러스virus'와 '오럴oral'의 합성어로, 컴퓨터 바이러스처럼 확산된다는 뜻을 지닌 마케팅 기법을 가리킨다. 기업이 홍보를 직접 하는 대신 소비자들이 어떤 기업이나 제품을 이메일이나 SNS 등을 통해 자발적으로 전파하는 방식이다. 바이럴 영상은 순식간에 입소문을 타고 인터넷 등을 통해 전파되는 짧은 영상이다. — 옮긴이

에서 묘사될 수 있다. 수학적으로 이 곡선을 묘사하려면 네 번째 매개변수가 필요한데, 이 집단이 몇 살에 정점을 지나는가이다. 그러나 우리가 아무리 잘 측정해도 이것은 그다지 큰 변화를 만들어내지 않는 듯이 보인다. 모든 집단이 대략 태어난 지 4분의 3세기쯤에 정점에 도달한다.

이번에는 데뷔 연령에 대해 이야기해보자. 이것은 어떤 집단이 꽤나 유명해져서 구성원의 절반이, 사전에서 일반적인 단어가 취급되는 수준으로 자주 거론되는 시기를 뜻한다. 1800년 집단의 경우 43세였다. 우리는 나쁘지 않다고 생각한다. 우리에겐 아직 시간이 있다. 그러나 데뷔하는 나이는 점차 젊어지고 있다. 사실 20세기 중반부터는 29세로 낮아졌다.

이 사실은 숙고해볼 가치가 있다. 그러니까 29세가 됐을 때 1950년 집단의 절반이 영어로 쓰인 책에서 사전 수준의 언급 빈도에 도달했다는 점 말이다. 자신들을 진짜, 진짜 유명하게 만들면서.

이것은 우리 모두가 놀랍도록 정신이 번쩍 들게 하는 현상이다. 예를 들어 우리가 이 사실을 발견했을 때 장바티스트는 28세였다. 장바티스트는 아슬아슬한 마지막 순간 바로 아래에 있었기에 젊은 그가 빨리 움직이는 편이 좋겠다는 것이 분명했지만, 그래도 아직은 희망이 있었다. 그러나 에레즈는 30세였다. 그는 이미 늦었다.

당신의 목표가 당신 세대에서 가장 유명한 사람이 되는 것이라면 이것은 특별히 유용한 정보다. 우리의 야심찬 10대, 20대 독자들에게 서둘러 일을 시작해야 한다고 절묘하게 알려준다. 30대 독자들은 자신이 이미 뒤처져서 달리고 있다는 사실을 알아야 한다. 40대 이상의 독자들은 아마도 외부의 안내가 필요할 것이다. 우리는 앞으로 이 점에 대해 논할 것이다(실망하지 마라. 노후에도 명성을 획득하는 전략이 존재한다).

사람들은 더 젊은 나이에 유명해질 뿐 아니라 명성이 높아지는 속도도 빨라졌다. 1800년생 집단의 경우 명성이 두 배가 되는 데 약 8년이 걸렸고, 43세에 데뷔해 75세에 절정에 오를 때 명성이 약 네 배 더 커졌다. 1950년생 집단의 경우, 명성이 두 배로 늘어나는 기간이 훨씬 짧아져서 겨우 3년밖에 안 걸렸다.

결과적으로 곡선의 모양은 같지만 상대적으로 젊은 집단은 늙은 집단에 비해 훨씬 더 유명하다. 질병과 비교하자면 명성은 결핵과 정반대다. 곡선은 각각의 코호트별로 똑같아 보이지만, 젊은 코호트는 명성에 좀 더 저항력을 보이는 것이 아니라 괴롭힘을 당할 가능성이 더 높다. 오늘날 살아 있는 유명인사들은 그들의 선배들에 비해 기하급수적으로 더 유명하다.

이런 집단들이 얼마나 유명한지 감을 잡으려면 그들을 우리가 매일 마주치는 사물과 비교하는 것이 도움이 된다. 채소 진열대를 한번 떠올려보자. 빌 클린턴Bill Clinton이라는 2그램은 절정에 있을 때 상추lettuce라는 단어와 빈도가 거의 정확하게 같았고, 오이cucumber에 비해서는 두 배 높았으며, 토마토tomato라는 단어보다는 절반의 빈도를 보였다. 빌 클린턴은 순무turnip, 콜리플라워cauliflower 같은 2부 리그 채소들을 완전히 압도했다. 스웨덴 순무rutabaga와 콜라비kohlrabi의 안쓰러운 운명은 아예 말도 꺼내지 않는 편이 좋겠다.

세 번째 매개변수는 명성이 정점을 지난 뒤 얼마나 빨리 쇠퇴하는지를 검토한다. 방사성 물질이나 불규칙동사처럼 유명한 사람들의 명성에도 그것이 절반으로 쇠퇴하는 데 걸리는 특유의 기간인 반감기가 있다. 이 매개변수를 나타내는 시간의 척도 역시 점점 짧아지고 있다. 1800년에 반감기는 120년이었다. 1900년에는 71년으로 떨어졌다. 사람들은 더 유명해지는 만큼 더 빨리 잊힌다. 그러므로 늙은 무명씨가 했던 말은 잊어버리는 것이 좋겠다. 미래에는 모든 사람이 단 7.5분 동안만 세계적으로 유명할 것이다.

다행히도 극도로 유명한 사람들은 걱정할 필요가 없다. 이들은 어떤 남자가 한 학술대회에서 태양이 45억 년 뒤에 소멸할 거라는 이야기를 듣고는 안도하며 큰 소리로 했다는 이야기를 마음에 새겨둘 필요가 있다. "정말 다행이군. 450만 년이라고 생각했었는데." 줄어드는 명성의 반감기가 그들에게 눈에 띄게 영향을 미치기 시작할 때쯤이면 극도로 유명한 사람들은 이미 죽은 후일 것이다.

어떻게 유명해질 것인가: 직업 선택을 위한 가이드

여러분 가운데 일부는 아마도 '커서 무엇이 되고 싶은가?'라는 중차대한 결심을 아직 하지 않았을 정도로 젊을 것이다. 말의 힘을 통해 청중에게 영감을 불러일으키는 작가가 되고 싶은가? 연기에 혼을 실어 등장인물에게 생명을 불어넣는 영화배우는 어떤가? 가수가 되고 싶은가? 아니면 무용가? 교사? 경찰관? 정치인? 록 스타? 화성에 최초로 착륙한 우주인, 또는 차세대 파블로 피카소가 되고 싶은가? 모든 선택이 당신에게 열려 있다.

직업을 선택하려 할 때 겪는 가장 큰 어려움은 어떤 선택을 했을 때 당신의 삶이 어떠할지를 알려주는 탄탄한 정보가 부족하다는 점이다. 사람들이 살면서 무엇을 하면 좋겠느냐는 질문에 항상 모호하게 충고해주는 것은 이 때문이다.

그렇지만 우리는 숫자의 사나이들이다. 모든 사람이 당신에게 해온 "당신의 지복至福을 따르라Follow your bliss"*라는 유의 느슨한 충고는 우리 스타일이 아니다. 그 대신 우리는 당신이 어려운 결정을 내리는 데 도움이 되도록 차갑고 단단한 통계, 양적 데이터를 제공할 것이다.

물론 당신이 신경 쓰는 유일한 것이 아주 엄청나게 유명해지는 일이라고 가정한 채 말이다.

우리는 1800년에서 1920년 사이에 태어난 유명인사들을 직업별로 나누어 표적 집단focus group[16]을 만들었다. 우리는 배우, 작가, 정치인, 과학자, 예술가, 수학자 등 여섯 가지 직업을 살펴보았다. 각각의 직업에서 가장 유명한 25명씩을 뽑아 표적 집단에 넣었다. 당신이 증권중개인, 바리스타, 혹은 만화의 등장인물이 되는 것을 고려하고 있다면, 미안하게도 당신에게는 운이 없다. 우리는 도표에 그런 것들을 포함시킬 여유가 없었다.[17]

당연히 각각의 직업에서 당신이 얼마나 유명해질 수 있는지만 알고 싶지는 않을 것이다. 당신이 죽고 나서 한참 뒤에 아주 유명해지거나 당신이 명성을 즐기기에 너무 늦은 다음에 유명해지는 것은 소용이 없다. 그것은 마치 첫 번째 월급이 한 세기 뒤에나 나오는 고연봉의 직업을 받아들이는 것과 같다. 충분히 숙지한 상태에서 결정을 내리기 위해 당신이 알고 싶어하는 것은 자신이 살아 있는 동안 얼마나 유명해지리라고 기대

---

* 미국의 저명한 신화학자 조지프 캠벨Joseph Campbell(1904~87)의 사상을 집약한 말. 그가 쓴 책의 제목이기도 하다. - 옮긴이

할 수 있는가이다(모든 것이 장애 없이 진행되고, 당신이 선택한 직업에서 기대했던 대로 아주 유명한 사람이 될 수 있다고 가정한다). 다음은 우리가 당신을 위해 준비한 정확한 도표다.

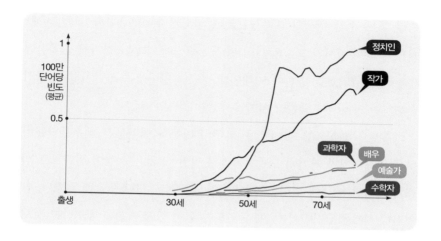

이 도표는 당신의 선택을 훨씬 쉽게 만들어줄 것이다.

진심으로 젊었을 때 유명해지고 싶다면 배우가 돼라. 배우들은 20대 말이나 30대 초에 유명해지는 경향이 있으며, 사는 내내 명성을 즐긴다. 그렇지만 우리가 연구한 배우들 가운데 텔레비전과 같은 매스 미디어가 등장하기 전에 살았던 사람들은 경력을 계속 쌓아갈 수는 있었지만 몇몇 다른 집단에 속한 사람들만큼 유명해지지는 못했다.

만약 당신이 희열을 잠시 뒤로 미룰 수 있다면 작가가 되는 편이 이치에 더 맞는다. 작가들은 30대 후반에 유명해지는 경향이 있는데, 위대한 고전을 쓴 유명 작가는 배우들보다 훨씬 더 유명해진다. 이런 점은 특히 책을 볼 때 더욱 그러한데, 작가들은 다른 작가들에 대해 쓰는 것을 좋아

사람은 어떻게 유명해지는가

하기 때문이다(다시 한 번 표본 편견이다. 홈구장의 이점과 동등한 엔그램이다).

당신이 기대했던 것과 반대로, 희열을 아주 오랫동안 미룰 수 있다면 당신은 아마도 정치인이 되어야 할 것이다. 정치인들은 대체로 40대, 50대, 심지어 60대까지도 별로 유명하지 않다. 가장 유명한 정치인들은 그러다 어느 순간 미국의 대통령으로 당선되거나(25명 가운데 11명의 사례), 어느 주의 주지사가 되고(9명의 사례), 그 명성이 배우나 작가를 순식간에 추월한다. 그러므로 당신이 50대인데 누구나 알아보는 사람이 아직 되지 못했다면 정치인이 당신의 천직일 수 있다.

다음으로 과학자를 살펴보자. 아주 유명한 과학자들은 배우들만큼이나 유명해지지만 거기에 도달하기까지 훨씬 더 많은 시간이 걸리므로 20대가 아니라 60대에 명성을 얻는다. 명성은 적고 시간은 오래 걸린다. 단언건대 시트콤 〈빅뱅 이론〉*에 출연하는 편이 빅뱅 이론을 공부하는 것보다 낫다.

더 나쁜 것은 빅뱅 이론을 그리거나 혹은 다른 어떤 그림을 그리는 것이다. 우리의 명단에 포함된 예술가들은 부당한 대우를 받았다. 그들은 과학자만큼이나 오랫동안 명성을 기다렸지만 과학자의 절반밖에는 얻지 못했다.

당신이 유명해지고 싶다면 해서는 안 되는 최악의 일은 바로 우리가 하는 일이다. 수학을 계속하는 것 말이다.

당신은 이것이 사실이 아니라고 생각할지 모른다. 어쨌든 수학자들은

---

* 미국 CBS 방송에서 2007년부터 방영하고 있는 시트콤 드라마. 과학 분야에 종사하고 두뇌가 명석하지만 사회생활과 인간관계에 미숙한 젊은이와 그의 친구들이 주요 등장인물이다.-옮긴이

젊었을 때 최선을 다하고 그 뒤로는 다리를 책상에 올려놓고 쉴 수 있다는 소리를 듣는다. 예를 들어 카를 프리드리히 가우스Carl Friedrich Gauss는 19세에 모듈러 연산modular arithmetic을 고안하고, 이차상반법칙law of quadratic reciprocity을 증명하고, 소수 정리를 유추하고(모든 수학에서 가장 깊고 가장 근본적인 결실 가운데 하나다), 정수를 삼각수로 분해하는 것의 심오한 해답을 발견했다. 그가 열아홉 살에 한 일이 이게 다는 아니다. 그는 이 일들을 약 석 달 만에 해냈다. 과시가 너무 요란한 것 아닌가.

문제는 대중이 젊은 카를 프리드리히처럼 젊은 수학자가 하는 일에 관심을 기울이지 않는다는 것이다. 우리의 표적 집단에 속한 수학자들이 감지할 수 있을 정도로 명성의 신호를 만들어낼 때쯤엔 그들 대다수가 땅속에 묻혀 있었다. 수학은 당신을 유명하게 해주지 못할 것이다. 이상이 내가 증명하려는 내용이었다.

지난 200년 동안 가장 유명한 사람

우리는 이제 언제 사람들이 유명해지고, 얼마나 빨리 유명해지며, 얼마나 빨리 잊히고, 어떤 직업적 선택이 그들을 명성으로 이끄는지 알아냈다. 하지만 아주 단순한 질문 하나에 답하지 않고서는 명성과 엔그램에 관한 우리의 논의에 마침표를 찍을 수 없다. 이 모든 점을 고려했을 때 지난 200년 동안 태어난 사람들 가운데 가장 유명한 사람은 누구인가?

가장 유명한 사람을 찾아내려면 방식을 약간 바꿀 필요가 있다. 지금까지 우리가 사용한 전략은 어떤 사람의 성명姓名, full name이 언급된 사례를 추적하는 것이었는데, 이런 방식은 긴 시간 동안 한 사람이나 한 집단을 들여다보는 데 적합하다. 그러나 서로 다른 사람들을 비교할 때는 성명의 빈도를 추적해봐야 그다지 쓸모 있는 결과를 얻지 못하게 하는 온갖 종류의 기이한 요소들이 존재한다.

예를 들면 다음과 같은, 별로 놀랍지도 않은 사실을 생각해보라. 작가들은 어떤 사람을 지칭할 때 성명을 쓰기보다는 성last name만 쓰는 경향이 있다. 당신이 아인슈타인이라는 단어를 본다면 이 단어 앞에 앨버트라는 단어가 올 확률은 겨우 열 번에 한 번밖에 안 된다.

그러나 만약 어떤 사람의 성과 이름이 둘 다 한 음절 길이밖에 안 된다면 사람들은 성명을 더 자주 쓸 것이다. 예컨대 트웨인이라는 이름을 본다면 바로 앞의 단어가 마크일 가능성은 50퍼센트가 넘는다.

이 문제를 푸는 가장 단순한 방법은 어떤 사람의 성명을 언급한 사례 대신, 성을 언급한 사례를 추적하는 것이다. 이렇게 하면 앞에 든 이유로, 그들이 언급된 사례를 더 많이 포착하는 부수적인 이득도 생긴다. 하지만 이 방법이 지닌 큰 단점은 프랭클린 델라노 루스벨트나 테디 루스벨트처럼 아주 유명한 사람들의 경우 성이 무엇인지 헷갈린다는 점이다. 두 사람 다 대체로 루스벨트로 지칭되기에 우리의 데이터에서 두 사람 각각에 대한 정확한 값을 얻을 수가 없다.

또 한 가지 중요한 사실은, 우리의 접근법이 명성과 오명을 구분하지 못한다는 것이다. 엔그램 데이터는 우리에게 문제가 되는 이름의 앞뒤에 어떤 단어들이 오는지 충분한 맥락을 제공하지 않기 때문에 그 언급이 긍정적인지 부정적인지 판단할 수가 없다.

아, 이런 문제들이 우리를 괴롭히긴 하지만, 우리는 이것들을 한쪽 구석에 내버려둘 수밖에 없다. 지금 단계에선, 우리가 갖고 있는 명단은 아직 작업 중인 작품이라 할 수 있다. 가장 좋게 말해서, 라이트 형제 스타일의 바람터널이지 렌스-엑스 터빈은 확실히 아니다.

다음 명단은 그런 점을 감안하여 지난 2세기 동안 태어난 사람들 가운데 가장 유명한 열 명을 적은 것이다.

아돌프 히틀러
카를 마르크스
지그문트 프로이트
로널드 레이건
이오시프 스탈린
블라디미르 레닌
드와이트 아이젠하워
찰스 디킨스
베니토 무솔리니
리하르트 바그너

인류 역사에서 대표적으로 사악한 인물 가운데 한 명인 아돌프 히틀러가 명단의 맨 위에 있다는 사실에 충격을 받지 않을 수 없다. 사실 대량학살자가 세 명이나 이 명단에 들어 있다. 히틀러와 나치 정권은 1000만~1100만 명의 무고한 시민과 전쟁 포로를 죽였다. 소련의 지도자 이오시프 스탈린과 그의 정권은 대략 2000만 명에 달하는 국민을 죽였다. 히틀러의 추축국樞軸國 일원이었던 이탈리아의 독재자이자 에티오피아 대학살의 설계자인 베니토 무솔리니는 30만 명을 죽음으로 내몰았다.

살인과 명성은 서로 연결돼 있다. 미국 역사에서 나타난 비극적 사실 가운데 하나는 때때로 정상이 아닌 미치광이들이 총으로 대중을 연쇄적으로 죽이는 일에 관여한다는 점이다. 이런 끔찍한 현상이 가져오는 역설은 그 사건이 있기 전에는 전혀 알려지지 않았던 살인자들이 어느 정도 미디어 태풍의 중심이 된다는 것이다. 한편으로 이런 종류의 뉴스는 무슨 일이 일어났는지 사람들이 알아야 하기에 중요하다. 그러나 또 다른 한편으로, 이렇게 생겨난 관심이 살인자들에게 동기로 작용할 수가 있다. 존 레넌을 죽인 마크 데이비드 채프먼Mark David Chapman[18]은 가석방심의위원회에서 진술한 대로 됐다. "관심을 끌려고 그랬습니다. 존 레넌의 명성을 조금 훔쳐서 내 것으로 만들고 싶어서 그랬습니다."

비극적이게도 역사를 최대한 큰 저울에서 조사해보면 이와 비슷한 종류의 영향이 유효한 듯이 보인다. 우리는 엔그램을 사용해 과거로 돌아갔고 지난 200년 동안 매년 가장 유명한 열 명의 명단을 만들었다. 우리가 1940년경까지 조사했을 때는 히틀러나 스탈린이 나타나지 않았다. 그러나 1950년부터 전대미문의 거대하고 잔악무도한 행위가 실행된 뒤로 히틀러, 스탈린, 무솔리니가 각각 1위, 2위, 5위로 뛰어올랐다. 이와 대조적으로, 아마도 가장 위대하고 도덕적으로 가장 용감한 미국 대통령일 링컨은 5위 이상으로 올라간 적이 없다.

우리가 본 것처럼 엔그램을 이용해 명성을 탐구하는 것은 아주 흥미롭고 당황스럽고 재미있다. 그러나 엔그램 주변에는 어둠도 도사리고 있다. 어떤 비밀도 이것보다 더 어둡지는 않을 것이다. 바로 극도로 사악한 행동보다 더 효율적으로 명성을 만들어내는 것은 없다는 점이다. 우리는 명성으로 가는 가장 확실한 길이 사람을 죽이는 일인 세계에 살고 있다.

이것이 뜻하는 바가 무엇인지는 우리 모두가 깊이 생각해보아야 한다.

반드시 이런 식이어야만 하는가? 엔그램은 여기서 힌트도 제공한다. 유명인 명단에서 1위를 차지한 히틀러보다 먼저 태어난 덕분에 1880년부터 1940년까지 1위 자리를 지킨 사람은 대량 학살자가 아니었다. 그는 작가이자 사회비평가이며, "다정하고 사랑스러운 희극작가"*, 그리고 대부분의 사람들이 좋은 사람이라고 말했던 남자다. 게다가 그는 우리에게 '메리 크리스마스'라는 말까지 선사했다.

찰스 디킨스. 평화와 전쟁. 그때는 최고의 시절이었고, 최악의 시절이었다.

---

* 찰스 디킨스의 장례식을 집전한 영국 웨스트민스터 대성당의 아서 펜린 스탠리Arthur Penrhyn Stanley 주임사제가 디킨스를 평하며 한 말이다. – 옮긴이

사람은 어떻게 유명해지는가

버즈 올드린을 아십니까?

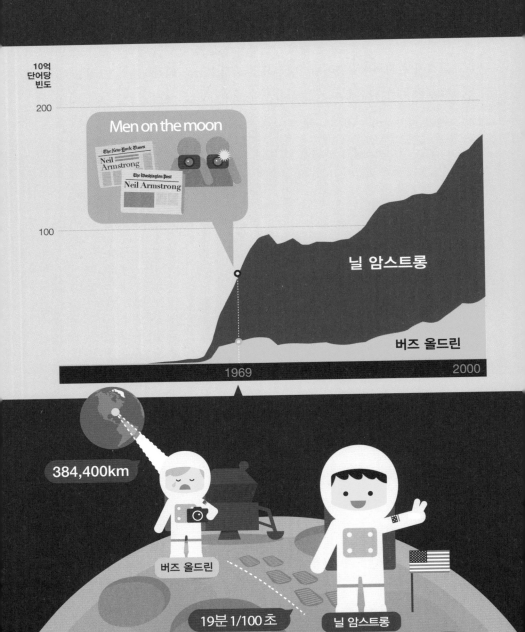

1957년 소련의 스푸트니크 인공위성 발사는 세계인의 상상력을 사로잡았고 우주 경쟁의 서막을 올렸다. 이 경쟁은 1969년 7월 21일 두 미국인이 달에 착륙해 산책하는 순간, 미국의 승리로 돌아갔다.

더 정확히 말하면, 우주 경쟁은 닐 암스트롱 Neil Armstrong의 승리였다. 그는 38만 4400킬로미터를 여행하여 다른 세계의 표면을 걸은 최초의 인간이 됐다. 당신은 분명히 그의 이름을 들어봤을 것이다.

당신은 또 한 명의 미국인 영웅 버즈 올드린 Buzz Aldrin에 대해선 훨씬 적게 들어봤을 것이다. 올드린도 달을 걸었고 인류가 수만 년 동안 공유했던 꿈을 완수했다. 그 역시 1969년 7월 21일에 그 일을 해냈다. 그러나 그는 최초가 아니었다. 올드린은 그의 작은 발걸음을 암스트롱보다 19분하고도 100분의 1초 늦게 디뎠다. 그 결과 그는 암스트롱의 5분의 1밖에 유명해지지 않았다.[19]

교훈: 당신이 전설적인 어떤 일을 하고자 한다면 20분짜리 커피타임을 갖기 전에 그것을 먼저 하라.

chapter 5

침묵의 소리:
빅데이터가 말하는 억압과 검열의 역사

독일어로 출판된 책들을 이용해 계산된 이 엔그램들은 샤갈 및 그의 동시대 인에게 나치가 가한 억압이 만들어낸 효과를 똑똑히 보여준다. 1936년에서 1943년 사이에 마르크 샤갈이라는 이름은 우리가 가진 독일어 책 기록에서 딱 한 번 등장한다. 나치는 샤갈을 죽이지는 못했다. 그러나 그를 지워버리는 방법을 찾았다.

사람들이 책을 불태우는 곳에서는 마침내 사람도 불태울 것이다.[1]

– 하인리히 하이네(1797~1856)[*]

책에 반영된 수백만 명의 목소리는 문화와 역사에 관해 길고도 매혹적인 이야기를 들려준다. 그러나 모든 사람의 목소리가 책꽂이에 기록되는 것은 아니다. 때로는 사라진 목소리들의 침묵이 모든 것을 들리지 않게 할 수도 있다.

우리 문화에서 목소리를 거의 잃어버린 인물 가운데 한 명이 헬렌 켈러다. 1880년에 태어난 그녀는 겨우 생후 19개월에 병에 걸려 눈과 귀가 멀었다. 켈러의 시대에는 그런 장애를 가진 사람이 교육을 받는 것은 거의 불가능했다. 그러나 그녀는 굴하지 않았다. 귀가 들리지 않는 사람으로서는 최초로 학사학위를 취득한 켈러는 결국 영향력 있는 작가이자 정치적 행동가, 장애인들이 필요로 하는 것들을 유창하게 대변하는 사람으로 자랐다. 이 과정에서 그녀는 수백만 명에게 영웅으로 떠올랐고, 심대한 역경을 이겨낸 인간 정신 승리의 상징이 됐다.

그렇지만 인류 역사의 가장 어두웠던 한 시점에 켈러는 자신의 목소리는 물론이고, 다른 수많은 사람의 목소리를 다시 한 번 침묵시키려는 시도와 맞서야 했다. 1933년 나치는 독일을 접수하기 시작해 독일 정부와 독일 사람들, 독일 문화를 통제하려 했다. 이 운동의 한 갈래는 당국이 '비非 독일적 정신un-German spirit'을 반영한다고 생각하는 책들을 억누르는 것이었다. 나치 지도자들의 충동질에 넘어간 학생 무리는 도서관과

---

[*] 나치가 1933년 블랙리스트에 올린 유대계 독일 시인.

서점에서 책들을 강제로 제거했고, 독일 전역이 분서焚書의 불길에 휩싸였다. 이 블랙리스트에 오른 작가 가운데 한 명이 헬렌 켈러였다.

켈러는 『뉴욕 타임스』 1면을 비롯해 많은 신문에 실린 공개 편지[2]로 이에 대응했는데, 이 편지는 시간을 초월한 절절한 호소로 남았다.

독일 학생 조직에게

여러분이 사상을 죽일 수 있다고 생각한다면 역사가 여러분에게 아무것도 가르치지 못한 것입니다. 폭군들은 전에 종종 이런 일을 시도했지만 사상은 그들의 권력 밑에서 봉기했고, 그들을 파괴했습니다.

여러분은 내 책과 유럽 최고의 정신이 담긴 책들을 불태울 수 있지만 그 책들에 담긴 사상은 이미 오랜 시간 백만 가지 통로를 통해 스며들었고, 계속해서 다른 사람들의 가슴을 뛰게 할 것입니다. 나는 세계대전에서 눈이 먼 독일 병사들에게 나의 책들에서 나오는 인세를 영원히 양도했습니다. 그것은 꼭 그렇게 해야 한다는 내 마음속 의무감에 의한 게 아니라 독일인을 향한 사랑과 연민의 발로였습니다.

나는 여러분을 불관용으로 이끈 통탄스럽고도 복잡한 상황이 있었다는 것을 인정합니다. 내가 더욱더 개탄하는 것은 여러분이 벌인 행동의 오명을 아직 태어나지 않은 세대에게 넘기는 불의와 무지입니다.

여러분이 유대인에게 저지른 만행이 이곳에는 알려지지 않을 것이라고 생각하지 마십시오. 하느님은 잠들지 않으실 것이며 여러분을 심판하실 것입니다. 여러분은 모든 사람의 미움과 경멸을 받느니 차라리 자기 목에 맷돌을 매달고 바닷속으로 뛰어드는 편이 더 나을 것입니다.

1933년 5월 9일, 헬렌 켈러

'사상을 죽일 수 있다고 생각한다면 역사가 여러분에게 아무것도 가르치지 못한 것이다'라는 켈러의 인상적인 주장은 전 세계 사람들의 심금을 울렸다. 분서는 국제적으로 공분을 샀고, 급기야 나치 선전 기관은 그일을 비공식적인 '독일학생연합의 자발적 행동'이라고 규정하기에 이르렀다.

켈러가 세계 여론의 재판정에서 승리하긴 했지만, 그녀가 정말로 옳았을까? 사상을 죽이는 것이 정말로 불가능할까? 이 질문의 답을 찾아가는 과정에서 우리는 검열³과 억압, 악행의 세계와 관련된 인간 얼굴의 어두운 면과 씨름해야 했다. 역사상 가장 유명한 유리창 장인이자 화가인 마르크 샤갈Marc Chagall의 인생은 이 어두운 현실을 들여다보기에 가장 좋은 창문이다.

샤갈의 명성

"바보야, 도서관에 가서 책을 찾아봐. 그리고 네가 좋아하는 그림을 아무거나 골라서 베껴".⁴

그림을 어떻게 그리면 되느냐는 질문에 대한 동급생의 이러한 충고는 모이셰 세갈Móyshe Shagal⁵의 비범한 예술적 행보를 촉발시켰고 벨라루스 비테프스크Vitebsk의 청어 상인의 아들을 '20세기의 전형적인 유대인 화가'⁶ 마르크 샤갈로 바꾸어놓았다.

모더니즘 운동의 개척자인 샤갈은 20세기 중반의 가장 선두적인 화가였다. 그는 무엇보다도 스테인드글라스로 유명하다. 색채와 유리, 빛이 융합된 그의 작품 〈예루살렘의 창〉은 이스라엘의 랜드 마크가 되어 국가에서 발행한 우표에까지 등장했다. 샤갈의 창은 국제연합 건물을 우아하게 장식하고, 유럽 전역의 성당들을 밝게 비추고 있다. 파블로 피카소는 "마티스가 죽으면 색채가 진정으로 무엇인지를 이해하는 화가로는 샤갈이 유일할 것이다"[7]라고 말한 적이 있다.

4장에서 논의한 여러 유명한 사람들과 마찬가지로 샤갈은 젊었을 때부터 두각을 드러냈다. 1917년 러시아 혁명 직후, 샤갈은 겨우 서른 살의 나이에 러시아의 시각예술 전반을 감독하는 정치위원 자리를 제안받았다.[8] 그러나 계속된 전쟁과 기근이 러시아인들의 삶에 크나큰 타격을 입혔고, 그 나라에서 가장 유명한 젊은 화가였던 샤갈은 결국 파리로 향했다.

1923년 파리에 도착했을 때, 샤갈은 그곳에서 그리 잘 알려져 있지 않았고 자신을 일으켜 세우기 위해 열심히 노력해야 했다. 그는 이민이라는 선택이 자신의 명성과 평판에 가한 충격을 정확히 알고 있었다. 그는 러시아에 머물던 수집가이자 평론가인 파벨 에팅거Pavel Ettinger에게 보내는 편지에서 이렇게 털어놓았다.

> 나의 '이미지'가 조금씩 희미해질까 봐 걱정됩니다. …… 놀랄 만한 일은 아니지요. 나는 회화의 고향인 이곳에 꽤 오랫동안 머물렀습니다. 나 자신에 대해 어떻게 말해야 할까요. 나는 많이 말할 수도 있었습니다만 짧게 말해야 했습니다. 점차 그들은 프랑스에 있는 나를 알아차리기 시작했습니다. ……[9]
>
> 1924년 3월 10일

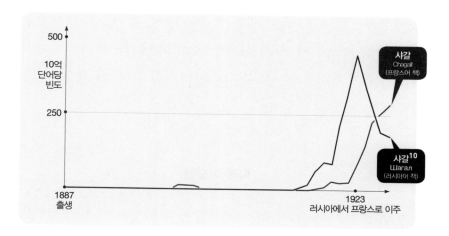

짧게 말해야 했기에 샤갈은 최근에 자신이 겪은 일을 두고 "그들은 프랑스에 있는 나를 알아차리기 시작했습니다"라고 요약하면서도, 동시에 고향에서 자신의 이미지가 "희미해질까 봐" 두려워했다. 오랫동안 서신을 주고받은 상대에게 보낸 친밀한 편지에 담긴 그의 걱정은 현저히 양과 관련된 것이었다. 사람들은 얼마나 자주 샤갈에 대해 생각하고, 말하고, 글을 쓰고 있는가?

당연히 샤갈에게는 자신이 현재 얼마나 유명하고 명성이 어느 방향으로 가고 있는지를 정확하게 측정할 방법이 없었다. 그러나 최소한 그의 명성이 책 속의 언급으로 이어진 범위 안에서는 우리가 쉽게 조사할 수 있다.

샤갈이 스스로에게 내린 평가는 아주 정확했다. 우리는 그가 선택한 이민의 효과를 볼 수 있는데, 그가 에팅거에게 편지를 보냈을 때 이미 그 효과가 꽤 많이 나타나고 있었다.

그러나 샤갈의 저명함은 얼마 지나지 않아 그가 통제할 수 없는 사건들의 영향을 받게 될 터였다. 라인 강 반대편에서 '갈색 군대'*가 세를 늘려가고 있었던 것이다. 샤갈 같은 아방가르드 예술가는 곧 '비독일적'이라고 불리게 되었다. 게다가 샤갈은 유대인이었기 때문에 더 위태로운 처지였다.

퇴폐 미술전

1920년대에 독일은 미술의 천국이었다. 다다, 바우하우스, 표현주의, 큐비즘이 독일에 뿌리를 두었다. 그러나 아돌프 히틀러는 이런 스타일에 강력하게 반대했다. 그는 보수적 취향을 가진, 실패한 미술가였다. 더구나 이 새로운 동향의 자유분방한 성격은 문화를 사회적 통제의 한 형태로 이용하려는 그의 계획에 어울리지 않았다.

히틀러가 원하던 대로 독일 문화를 가혹하게 통제하는 것을 정당화하기 위해 제국Reich은 세기가 바뀌던 시기의 비평가 막스 노르다우Max Nordau[11]의 이론에 크게 의존했다. 노르다우는 아방가르드 예술과 같은 현대 문화의 다양한 측면들은 여태껏 인식되지 못한 시각령visual cortex**의 기능 장애 같은 정신질환의 산물이라고 주장했다. 이 이론을 근거로 삼아 나치는 자신들이 '유대인적'이라고 이름 붙인 것들의 영향을 독일 문화에서 깨끗이 제거해야 한다고 주장했다. 노르다우가 유대인, 더구나 중요한 시온주의 지도자였는데도 말이다. 1933년 9월, 히틀러는 제국의 선

---

* 히틀러가 1921년 창설했으며 그의 권력 기반이 됐던 독일 군대Sturmabteilung의 별명. – 옮긴이
** 시신경으로부터 흥분을 받아들이는 대뇌피질의 한 부분. 사람은 이 부분에 손상이 생기면 눈에 전혀 이상이 없어도 아무것도 볼 수 없게 된다. – 옮긴이

전 장관인 요제프 괴벨스가 '제국문화부'를 신설하도록 승인했다. 괴벨스의 임무는 독일 문화를 정화하려는 히틀러의 계획을 실천에 옮기는 것이었다.[12]

괴벨스의 지휘를 받은 제국문화부는 단연코 독일인의 예술적 삶에서 가장 중요한 기관이 됐다. 괴벨스는 "미래에는 문화부에 소속된 사람들만이 우리의 문화생활에서 무언가를 생산할 수 있도록 허용될 것이다. 회원 가입은 입회 조건을 충족하는 사람에게만 열려 있다"[13]라고 선언했다. 회원이 되려면 다른 무엇보다도 아리안 조상의 후손임을 증명하는 문서를 제시하고 제국문화부의 이데올로기에 동의한다는 의지를 보여주어야 했다. 괴벨스는 "이렇게 해서 달갑지 않고 해로운 요소가 완전히 배제됐다"라고 아무렇지도 않게 결론을 내릴 수 있었다. 나치는 부조리하고 암울한 카프카식 회원 요건을 동원해 예술가들을 방해하는 정도에 만족하지 않았다. 1937년 6월, 괴벨스는 히틀러가 몹시 좋아한 화가인 아돌프 치글러Adolf Ziegler를 제국문화부의 새로운 수장으로 지명했다. 이제 제국문화부의 임무는 전국을 다니며 공적이든 사적이든 소장한 물건들 가운데서 나치가 퇴폐적이라고 여기는 예술품들을 압수하는 일로 바뀌었다.

유대인 초현실주의 표현주의자인 샤갈은 조준점crosshair의 정중앙에 있었기에 그의 작품들은 곧 독일에서 사라지기 시작했다. 이와 동시에 조르주 브라크, 폴 고갱, 바실리 칸딘스키, 앙리 마티스, 피터르 몬드리안, 파블로 피카소처럼 오늘날 세계적으로 유명한 현대 미술가들의 작품 상당수를 비롯해 수천 점의 '퇴폐' 작품들이 압수됐다. 압수된 작품 가운데 일부는 파괴됐고, 일부는 나치 지도자들이 챙겼으며, 일부는 알타우

세Altaussee의 소금 광산 같은 장소들에 유폐됐다. 이 일이 미술계에 미친 영향은 결코 과소평가될 수 없다(에드바르트 뭉크의 〈절규〉가 2012년 뉴욕 현대미술관MoMA에 전시됐을 때, 한때 이 작품을 소유했던 유대계 독일인 은행가의 상속자들은 나치가 권력을 잡은 뒤 자신의 아버지가 이 그림을 강제로 팔아야 했다는 사실을 해설에 넣어야 한다고 미술관을 상대로 주장했다).[14]

아방가르드 작품을 압수하고 이 작품을 만든 사람들이 더는 작품 활동을 하지 못하게 하는 것만으로는 충분하지 않았다. 괴벨스와 치글러는 현대 미술을 독일에서 제거하고 싶어했을 뿐 아니라 현대 미술의 평판도 떨어뜨리고 싶어했다. 이를 위해 그들은 뮌헨에서 동시에 열리는 두 가지 미술 전시회를 기획했다. 한 전시회에서는 정권의 승인을 받은 작가들을 조명했다. 다른 전시회에서는 치글러와 그 일당이 숨 가쁘게 압수한 작품들을 특집으로 다뤘다. 치글러는 1937년 전시회 개막 연설에서 "독일 민족이여, 와서 스스로 판단하라!"[15]라며 사람들을 초대했다.

한 전시회는 〈위대한 독일 미술전Große Deutsche Kunstausstellung〉으로 불렸는데, 현대 역사에서 가장 쓰레기 같은 미술 전시회였다. 사실 전시된 것들은 미술 작품도 아니었다. 이 쇼는 나치 건축의 기념비적 대표작으로 새로 개관한 박물관 건물인 '예술의 전당Haus der Kunst'에서 열렸다. 거기에서는 아르노 브레커Arno Breker처럼 나치가 승인한 예술가들의 작품이 수없이 많이 전시됐는데, 브레커는 육체적으로 흠결 없는 누드를 신고전주의 양식으로 조각한 인물이다.

또 다른 전시회는 〈퇴폐 미술전Entartete Kunst〉[16]으로 명명됐는데, 여기서는 치글러가 압수한 유명 작품들이 많이 전시됐다. 샤갈, 칸딘스키, 막스 에른스트, 오토 딕스, 막스 베크만, 파울 클레, 라즐로 모흘리-나기 등의 작품들이었다. 그러나 이 작품들은 〈위대한 독일 미술전〉의 작품들과 동일한 대접을 받지 못했다.

이 전시회는 기념비적인 새 박물관에서 열리지 않았다. 이 작품들은 한때 독일 고고학연구소가 쓰던 건물 2층에 있는 작은 공간에 쑤셔 넣다시피 했다. 그곳은 좁은 계단을 통해서만 접근할 수 있었다. 작품들은 너무 빽빽이 들어차 있었고, 형편없이 걸려 있었으며, 심지어 액자를 씌우지 않은 경우도 있었다. 작품들에는 종종 미술관이 그것을 취득하기 위해 지불한 액수가 붙어 있었다. 많은 작품이 1920년대 독일의 초인플레이션 시기에 구매되어서 그 숫자가 아주 기이했다.

이 전시회는 나치가 종교 혹은 독일의 군사적·가족적 삶을 비하했다고 간주한 작품들에 할당된 구역을 빼고는 대부분 체계적이지 못했다. 전시실 벽은 '국가 방위의 고의적 사보타지' '이상—천치와 매춘부' '병든 마음으로 본 자연' '독일 여성에 대한 모욕' '황야를 향한 유대인의 열망이 모습을 드러내다—독일에서 검둥이가 퇴폐 미술의 인종적 이상이 되다'와 같은 낙서 수준의 슬로건으로 뒤덮였다. 이곳에서 작품이 전시된 작가 110명 가운데 여섯 명만이 유대인이었는데, 그들의 작품은 '유대적인, 너무나 유대적인'이라는 이름이 붙은 별도의 방에 배치됐다. 하지만 이 전시회의 근저에는 현대 미술 자체가 독일의 가치에 대항하는 '유대-볼셰비키'의 음모라는 주장이 깔려 있었다.

한마디로 〈퇴폐 미술전〉은 그 단어의 일반적인 의미를 따라 기획된 전시회가 아니었다. 그것은 정부가 후원한 파괴적인 논쟁이었다. 그것은 현대 미술을 붕괴시키는 것을 목표로 삼은 선전이었다. 다시 말해 현대 미술은 도덕적으로 파산했고, 지독히도 상업적이며, 납세자들의 돈을 낭비한다고 묘사하고자 열린 것이었다.

게다가 이 전시회는 넉 달 동안 200만 명, 하루 평균 거의 1만 7000명의 관람객을 끌어모은 거대한 블록버스터였다. 이 전시회의 관람객 수는 '예술의 전당'에서 열린 전시회의 관람객 수보다 다섯 배나 더 많았다. 이런 숫자는 미술 전시회로서는 전무후무했다.

이 전시회에 얼마나 많은 사람이 몰렸는지 감을 잡도록 전 세계에서 관람객이 가장 많이 들었던, 2011년 브라질 은행 문화센터에서 열린 〈에셔의 마술 같은 세계〉 전을 예로 들어보겠다. 이 전시회는 하루 평균 9677명이 방문했는데, 이것은 〈퇴폐 미술전〉의 절반을 조금 넘는 수준이다.[17] 뉴욕 현대미술관은 2010년에 〈뉴욕의 추상표현주의〉 전을 열었다. 이 전시회도 그 지역 현대 미술가들의 전시회였다는 점에서 주제가 〈퇴폐 미술전〉과 일부 겹친다. 이 전시회 역시 그해에 열린 대규모 전시 가운데 하나로 7개월간 110만 명, 하루 평균 5600명이 찾았다. 하지만 여전히 〈퇴폐 미술전〉에 비하면 소규모 수준이다.

〈퇴폐 미술전〉이 인기가 있었다는 사실은 단순히 통계에 그치지 않는다. 거대한 군중 자체가 경험을 증폭시켜 전시의 일부가 됐다. 다음은 한 관람객이 이 전시회에 대해 묘사한 글이다.

나를 압도해오는 밀실공포증을 느꼈다. 많은 사람들이 밀치고, 조롱하고, 그 미술 작품들에 대해 자신이 가진 혐오감을 선언하는 모습은 공격성과 분노의 분위기를 불러일으키기 위해 의도한 무대 공연 같은 인상을 주었다. 사람들은 반복적으로 구매 가격을 큰 소리로 읽었고, 웃으면서 고개를 흔들어대거나 '우리의' 돈을 돌려달라고 요구했다.[18]

말하자면 〈퇴폐 미술전〉은 시각예술과 행위예술의 잡종으로, 대중의 분노와 경멸을 조장하고자 천박하고도 오해를 불러일으키는 방식으로 현대 미술품들을 전시했다. 관람객들은 너나없이 이 모든 것과 조우했다. 뮌헨에서의 대성공은 곧이어 이 도시, 저 도시로 이어졌고 전시회에 담긴 조롱의 메시지는 독일 전역에 전달되었다. 대체로 독일인의 5~10퍼센트가 이 전시회를 보았다. 비극적이게도 〈퇴폐 미술전〉은 전대미문의 인기 전시회였다.

〈퇴폐 미술전〉 이후 독일에서 현대 미술가가 되는 것은 사실상 거의 불가능했다. 베크만과 에른스트, 클레를 비롯한 일부 예술가들은 이 나라에서 도망쳤다. 남은 사람들은 작품 창작 활동이 금지되었다. 이런 탄압에 직면한 에밀 놀데는 비밀리에 그림을 계속 그렸는데, 그림 냄새가 비밀을 누설하지 않도록 하기 위해 수채화 물감을 사용했다.[19] 에른스트 루트비히 키르히너는 자살로 나치가 시작한 일을 스스로 마무리했다.

그러면 샤갈은 어떤가? 독일 문화에서 그의 이름은 빠르게 지워졌지

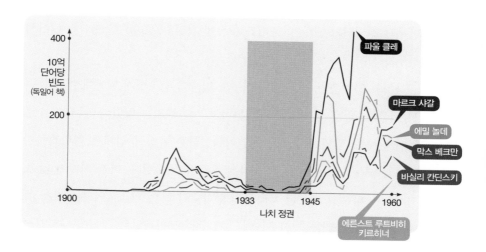

만, 프랑스에서 살고 있었기에 한동안은 신체적 폭력으로부터는 안전했다. 그러나 1940년에 프랑스가 함락되자 샤갈은 자신의 목숨이 위험에 처했다는 것을 깨달았고, 위조한 비자를 이용해 가족과 함께 미국으로 떠났다.

독일어로 출판된 책들을 이용해 계산된 이 엔그램들은 샤갈 및 그의 동시대인에게 나치가 가한 억압이 만들어낸 효과를 똑똑히 보여준다. 1936년에서 1943년 사이에 마르크 샤갈이라는 이름은 우리가 가진 독일어 책 기록에서 딱 한 번 등장한다. 나치는 샤갈을 죽이지는 못했다. 그러나 그를 지워버리는 방법을 찾았다.

나치의 분서 정책

나치 정권의 독일 문화 조작은 현대 미술을 넘어 독일인의 사고의 모든 측면을 주조했다. 정권이 부적합하다고 간주하는 것이면 어떤 개념이든 표적이 됐다. 사상을 겨냥한 이런 군사 작전에서 책은 불가피하게 초반부터 전쟁터가 됐다. 히틀러가 총통에 취임하고 10주도 지나지 않아서 전투가 시작됐다.

나치의 영향은 독일 사회에 너무도 깊숙이 침투했기 때문에 이 전투에서 정부가 첫 번째 기습공격을 곧바로 시작하지는 않았다. 1933년 4월, 독일의 주요 학생 연합체인 독일학생연합은 독일 문화에서 바람직하지 않은 신념들을 청소하는 전 국가적 운동을 개시했다. 며칠 지나지 않아, 학생들은 다분히 마르틴 루터와 공명하고자 하는 의식적인 시도로서 독일 전역에 포스터를 게시했는데,[20] 거기에는 '비독일적 정신에 대항하는 열두 가지 테제'가 열거되어 있었다. 아래는 일곱 번째 테제다.

> 우리는 유대인을 이방인으로 여기길 원하며 독일 인민Volk의 전통을 존
> 경하기를 원한다. 그러므로 우리는 검열을 요구한다. 유대인의 작품들
> 은 히브리어로 발행돼야 한다. 만약 그것들이 독일어로 표현되려면 번
> 역되었다는 점이 명시돼야 한다. 이것은 독일 정신의 남용을 막기 위한
> 가장 강력한 행동이다. 독일 정신은 오로지 독일인에게만 유효하다. 비
> 독일적 정신은 공공 도서관에서 제거되어야 한다.[21]

나치 운동의 노예로 전락한 독일학생연합은 독일이 직면한 문제들의
뿌리가 다른 장소, 즉 도서관에 '비독일적 정신'을 반영하는 작품의 형태
로 놓여 있다고 믿었다. 그러나 이 학생들에게는 문제가 있었다. 우리가
알다시피 도서관에 있는 모든 책을 읽기란 힘들다. 어떤 책들이 '비독일
적 정신'을 반영한다는 사실을 어떻게 알아낼 것인가?

이런 이유로 그들은 1931년 나치당에 합류한 사서 볼프강 헤르만Wolf-
gang Herrmann을 필요로 했다. 무명에다 종종 실직자로 지냈던 헤르만은
수년간 도덕적으로 나쁜 영향을 미친다고 생각한 책들의 목록을 모아 직
접 편찬했다. 헤르만은 자신의 개인적인 집착에 엄청나게 세심해서, 정치
인, 문필가, 철학자, 역사가를 비롯해 모든 부류의 작가에 대한 개별 목록
까지 만들었다.

그 전까지 헤르만이 쏟아부은 노력은 그다지 주목받지 못했으나 히틀
러가 권력을 잡자 그의 인지도가 덩달아 상승했다. 베를린의 도서관들
을 검사하기 위해 설립된 '정화위원회'에 배치된 헤르만은 자신이 독일

의 '문학적 매음굴'이라고 이름 붙인 것들에 대항해 투쟁을 펼칠 수 있는 위치에 단번에 도달했다. 독일학생연합은 헤르만에게 그가 투쟁을 위해 꼼꼼하게 정리한 목록들을 공유하자고 요청했다. 그는 기꺼이 그 목록을 제공했다.[22] 무명이었던 사서는 불과 몇 달 만에 자기 마음대로 부릴 수 있는 군대와 독일 도서관들을 목전에 두게 됐다.

초반의 운동은 1933년 5월 10일에 그 절정인 청소Säuberung에 도달했다. 횃불과 헤르만의 목록으로 무장한 학생들은 독일의 거의 모든 대학 도시의 거리를 점령하고선 서점, 공공 도서관, 학교를 습격해 책 수만 권을 화염 속으로 내던졌다. 베를린에서는 괴벨스가 직접 그들을 이끌었다. 그는 "극단적 유대 지성주의의 시대는 이제 종말을 고했다. …… 미래의 독일인은 단순한 책벌레가 아니라 인격자일 것이다"라고 선언했다. 5월 말까지 독일 전역에서 분서焚書가 행해졌다. 게슈타포가 압수한 책은 500톤이나 됐다. 불탄 책들 가운데는 카를 마르크스, 스콧 피츠제럴드, 앨버트 아인슈타인, H. G. 웰스, 하인리히 하이네, 그리고 당연히 헬렌 켈러의 작품들도 포함됐다.

그러나 5월의 분서는 책을 두고 나치가 벌인 기나긴 공격의 시작에 불과했다. 헤르만은 계속해서 목록을 개정했다. 1933년에 작가 약 500명이었던 목록이 1938년에는 수천 명으로 늘어났고, 정권의 지원으로 끝없이 팽창하는 블랙리스트의 핵심이 됐다. 지속적인 공격은 대대적인 파괴를 불러왔다. 사서이자 도서관 역사가인 마거릿 스티그 달턴Margaret Stieg Dalton은 나치의 공업 중심지인 에센의 공공 도서관에서 1938년까지 나치 정권 이전에 있던 책의 69퍼센트가 제거됐다고 추산한다.[23] 제거된 책들 가운데는 널리 유통됐던 책들도 다수 포함됐다. 인터넷이 없던 세계에서 그토록 많은 정보가 공적 영역에서 제거되었을 때 생겨날 충격은 상상하기조차 힘들다.

오늘날 우리에게 중요한 사상 가운데 상당수가 국가적 담론에서 제거된, 나치가 창조한 세계는 상상하기조차 끔찍하지만, 우리는 엔그램을 사용하여 그들이 벌인 검열 운동의 효과에 관한 통계적 통찰을 얻을 수 있다. 아래 도표는 헤르만의 다양한 블랙리스트에 이름이 올라간 작가들의 명성을 보여준다. 비교를 위해 우리는 나치 정권 인사들의 목록도 포함시켰다.

블랙리스트에 오른 지식인들이 보인 양상과, 나치 정권과 연계된 인사들이 보인 양상은 이보다 더 대조적일 수 없을 만큼 극명하다. 이것은 나치 정권이 가한 억압의 효능을 무서우리만치 분명히 보여준다.

추가로 다음과 같은 점들도 확인할 수 있다. 놀랍게도 헤르만이 벌인 전투가 모든 분야에서 똑같이 효과적이진 않았다. 예를 들어 그의 블랙리스트에 오른 철학·종교 서적 작가들의 명성은 제3제국 시기 동안 4분

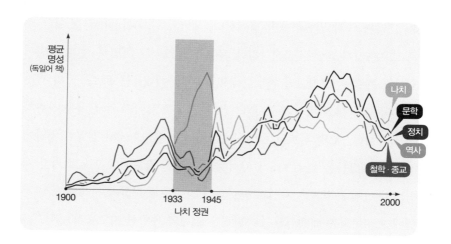

의 1 수준으로 떨어졌다. 정치 관련서를 쓴 작가들의 명성은 절반으로 떨어져, 철학자들의 명성보다 낮긴 하지만 어느 정도 거명되긴 했다. 이와 대조적으로 역사가들에 대한 헤르만의 목록은 상대적으로 효과가 낮아서 10퍼센트 정도만 낮아졌다. 엔그램을 사용하여 우리는 사상을 억압한 나치의 전투 윤곽을 예전보다 훨씬 더 날카롭게 인식할 수 있게 되었다.

사라진 이름들

나치 정권은 의심할 여지없이 가장 잘 문서화된 거대 규모의 정치적·문화적 억압의 사례다. 그러나 이것이 극단적인 사례이긴 하지만 유일한 사례는 아니다. 빅데이터는 마치 강력한 탐조등처럼 전 세계에 걸쳐 검열의 여러 사례를 알려줄 수 있다. 그중의 어떤 것은 우리가 생각하는 것보다 더 가까이에 있다.

소비에트사회주의연방공화국 건국의 도화선이 된 러시아 혁명을 주도하고서 몇 년이 흐른 뒤, 레닌은 뇌졸중을 맞아 지도 능력이 위태로워졌다. 그러자 즉각 권력투쟁이 벌어졌다. 레닌과 함께 볼셰비키를 이끈 레온 트로츠키가 레닌을 승계하리라 예상됐다. 그러나 혁명의 세 영웅인 이오시프 스탈린, 그리고리 지노비예프, 레프 카메네프는 트로츠키의 기반을 흔들고자 서로 정치적 동맹을 맺었다. 이 '트로이카'의 전략은 찬란하게 성공했다. 그 결과 트로츠키는 제13차 공산당대회에서 맹렬한 비난에 직면했고, 그들은 트로츠키가 차지했던 자리를 확보했다. 트로츠키가 제압되자 이제 스탈린은 자신과 공모했던 자들을 공격하기 시작했다. 1925년에 트로이카는 해체되었고 스탈린은 소련의 유일한 지도자가 됐다.[24]

그러나 스탈린은 단순한 승격에 만족하지 않았다. 절대 권력을 추구했던 그는 모든 정적을 억압하고 오랜 적과 최근의 친구들을 똑같이 신속하게 제거하기 위해 체계적으로 행동했다. 지노비예프와 카메네프 같은 인물들은 고립됐고, 당에서 쫓겨났으며, 재판에 부쳐져 오늘날 '1936년 대숙청'이라 불리는 기간에 처형됐다. 이미 멕시코로 추방되었던 트로츠키는 같은 시기에 열린 궐석 재판에서 사형 선고를 받았다. 그가 살아 있을 날은 얼마 남지 않았다. 1940년 스탈린은 자객 라몬 메르카데르를 보내 법정의 판결을 이행했다. 혁명의 영웅 트로츠키는 멕시코에서 머리에 도끼를 맞고 죽었다.

그러나 이 이야기도 스탈린이 그의 정적들에게 가한 충격을 완벽하게 포착하지는 못한다. 그의 목표는 그들을 죽이는 것에서 그치지 않았다. 그는 그들의 공헌에 관한 모든 기록을 지워 사람들의 기억에서 그들을 제거하고, 그 자신이 유일하고 대표적인 혁명 영웅으로 남기를 원했다. 그리고 대체로 성공했다.

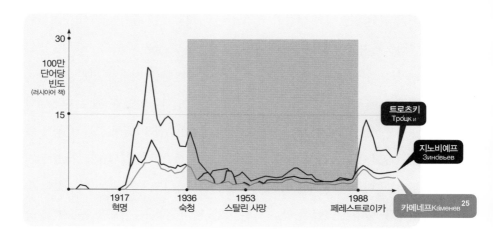

처형 이후 거의 반세기 동안 트로츠키, 지노비예프, 카메네프, 그리고 다른 셀 수 없이 많은 사람들의 공헌은 최소화되고 무시됐다. 엔그램이 보여주듯, 이 세 사람의 명성은 대숙청 이후 가파르게 떨어진다. 스탈린이 죽고 니키타 흐루쇼프가 1956년에 공개적으로 대숙청을 비판했는데도 그들을 역사의 올바른 자리에 되돌려놓지는 못했다. 그들의 평판은 부분적으로만 갱생했다. 그나마도 여러 세대가 걸렸다. 우리는 1980년대 후반에 미하일 고르바초프에 의해 페레스트로이카(개혁)와 글라스노스트(개방)가 도래하기 전에는 그들에 관한 엔그램이 위로 치솟는 모습을 볼 수 없었다.

과거의 볼셰비키 혁명과 그들의 위험한 사상을 두려워한 것은 스탈린뿐만이 아니었다. 2차 세계대전이 끝난 뒤 미국에서는 공산주의에 대한 불안이 일었다. 미국 안에 공산주의자들이 있는가? 만약 그렇다면 그들은 어디에 있으며, 무엇을 하고 있는가? 충분한 조사를 위해 하원은 1945년 '하원 비미非美 활동위원회House Un-American Activities Committee'라는 특별 상설위원회를 설치했다.

이 위원회는 영화 산업이 대외 선전의 비밀스런 원천이 될까 우려하여 공산주의자들이 할리우드에 끼치는 영향에 초점을 맞췄다. 이들은 1947년 청문회에서 우호적인 증인들을 상대로 심문을 시작했는데, 위원들은 의회가 애국심을 의심하지 않는 할리우드 인사들이었다. 월트 디즈니와 로널드 레이건(당시 그는 영화배우조합의 대표였다)을 비롯해 그들 가운데 일부는 공산주의자들이 영화 산업에 끼치는 심각한 위협에 대해서 이야기했다. 곧이어 위원회는 공산주의자와 연계됐다고 의심되는 비우호적 증인들을 상대로 그들이 알고 있는 것을 밝히고 아는 이름을 불라면서 공격했다. 대다수는 압박 속에서 증언에 동의했다. 그러나 열 사람은 증언을 거부했다. 앨바 베시Alvah Bessie, 허버트 비버먼Herbert Biberman, 레스터 콜Lester Cole, 에드워드 드미트릭Edward Dmytryk, 링 라드너 주니어Ring Lardner, Jr, 존 하워드 로슨John Howard Lawson, 앨버트 몰츠Albert Maltz, 새뮤얼 오니츠Samuel Ornitz, 에이드리언 스콧Adrian Scott, 돌턴 트럼보Dalton Trumbo가 바로 그들이었다. 그들 대부분은 해당 분야에서 크게 성공한 사람들이었고, 아카데미상을 수상한 이도 있었다. 오늘날 그들은 집단적으로 '할리우드 텐Hollywood Ten'[26]으로 불린다. 할리우드 텐은 증언을 거부하는 이유를 설명하면서 의회를 조롱한 것으로 알려져 있다.

더 나쁜 것은 새뮤얼 골드윈Samuel Goldwyn과 루이스 B. 메이어Louis B. Mayer를 비롯한 할리우드 주요 제작자 48명이 끼어들어 자신들이 얻은 반공산주의자라는 평판이 더 단단해지기를 열렬히 원했다는 점이다. 이 제작자들은 할리우드 텐 가운데 누구도 "무죄로 판명되거나 자신에게 씌워진 불명예를 벗어던지고 스스로 공산주의자가 아니라고 법정에서 선

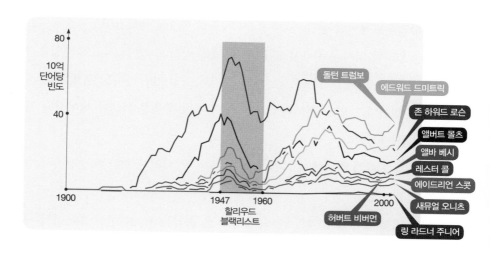

언하지 않는 한 우리 스튜디오에서는 작업할 수 없다"[27]라고 선언하는 성명서를 발표했다.

이 제작자들은 할리우드 텐뿐만 아니라 나중에는 다른 많은 이들까지 미국에서 일자리를 얻을 수 없게 만든 블랙리스트를 작성했다. 할리우드 텐 멤버 가운데 누구도 10년이 넘도록 메이저 스튜디오에서 제작된 영화에 이름을 올리지 못했다. 이 일이 그들의 삶과 경력에 미친 충격은 즉각적이고 파괴적이었다.

하원 비미 활동위원회의 권력은 1950년대에 조지프 매카시Joseph McCarthy 상원 의원이 몰락하고 나서야 사그라졌다(매카시의 목표도 이 위원회와 비슷하긴 했지만 상원 의원인 매카시가 하원의 계획에서 어떤 역할을 하지는 않았다는 사실을 기억해두어야 한다). 1959년에 해리 트루먼 전 대통령은 비미 활동위원회야말로 "오늘날 미국에서 가장 비미국적인 것"[28]이라고 언급해 상황이 바뀌었음을 보여주었다. 대중적 동조를 상실한 블랙리스트는 붕괴할 조짐을 보였다. 마침내 1960년 블랙리스트가 깨지고, 돌턴 트럼보가 적절하게 이름 붙인 영화 〈엑소더스〉[29]의 극작가로 이름을 올렸다. 할리우드에서 추방된 자들은 다시 약속의 땅으로 돌아왔다.

우리의 역사는 사례를 연달아 몇 개씩 말할 수 있을 정도로 억압으로 가득 차 있다. 억압은 오늘날에도 벌어지고 있으며, 아마도 전보다 더 자주 일어나고 있을 것이다. 그중에서도 가장 훌륭한 사례가 베이징의 천안문 광장이다.

최근의 기억 속에서 특별히 악명 높은 두 사건이 천안문 광장에서 벌어졌다.[30]

1976년, 중국의 '4인방Gang of Four'은 천안문 광장에서 거행된 저항과 대중적 애도를 탄압했다. 존경받던 저우언라이 총리의 사망으로 자극을 받은 10만 군중이 모여든 광장은 무력으로 진압됐지만, 누구도 목숨을 잃지 않았다고 여겨진다. 1976년의 사건은 중국 엔그램 기록에 거대한 지문을 남겼고 천안문天安门에 대한 언급은 뾰족하고 큰 봉우리를 이루었다.

그러나 서구인의 시각에서 볼 때 이보다 훨씬 더 악명 높은 사건은 1989년 천안문 광장의 학살이다. 이번에는 친개혁적 성향의 주요 정부 인사였던 후야오방胡耀邦 총서기의 사망에 자극을 받아, 그의 죽음을 애도하는 학생들이 광장을 점령했다. 대중적 애도의 표현은 또다시 저항의 형태로 나타났고 여기에 100만 명이 동참한 것으로 전해진다. 정부는 이에 대응해 계엄령을 선포하고 수도에 군대 30만 명을 동원했다. 1989년 6월 4일, 군대는 광장에 도착해 지극히 폭력적이며 강력한 탄압으로 군중을 진압했다. 사망자 수는 오늘날까지 정확히 알려지지 않았지만 수천 명에 달하는 것으로 여겨진다.

정상적이라면 1989년 천안문 광장의 학살은 중국 반체제 인사들의 슬로건, 중국 문화의 발화점이자 터줏대감이 됐어야 마땅하다.

하지만 그렇지 않았다.

학살 이후 중국 정부 관리들은 신속히 행동에 들어가 속도와 효능 면에서 탁월하다고 할 정도의 검열과 정보 억압을 펼쳤다. 사건 이후 1년 안에 중국의 신문 가운데 10퍼센트 이상이 폐간되었고 출판사들도 수없이 문을 닫았다. 오늘날까지도 인쇄 매체가 이 학살을 묘사하려면 정부의 설명과 일관되어야만 한다. 디지털 매체 역시 종종 '중국의 거대한 방화벽'[31]이라고 불리는 대규모 인터넷 검열의 일환으로 감시를 받는다. 인터넷에서 천안문 광장Tiananmen Square을 검색한 사람들은 세심하게 검열

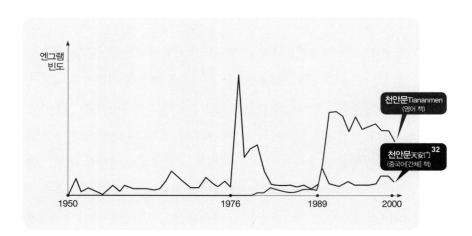

처리된 검색결과 목록을 볼 뿐이다(2006년부터 2010년까지 구글은 중국의 인터넷 봉쇄에 참여하는 데 동의했다. 그 이후로는 협력을 중단하긴 했지만). 결과적으로, 중국의 많은 젊은이들은 1989년 6월 4일의 사건에 대해 거의 아는 바가 없다. 베이징 대학교의 학부생들을 시험해보면 중국군 탱크 행렬에 맞서 강력한 저항을 보여준 천안문 광장 시위대의 상징인 '탱크 사나이'의 이미지조차 알지 못하는 듯하다.

서구에서 천안문에 대한 언급은 1989년 학살 이후 급증한다. 중국에선 일시적으로 관심이 삑 소리를 내며 나타나지만 1976년 수준에는 턱없이 못 미치며 그 이후론 정상으로 돌아갔다.

천안문 광장 학살은 중국 현대사의 핵심 사건이다. 그러나 누구도 그 사건에 대해서 논하지 않는다. 적어도 인쇄물에선 그러하다. 많은 이들이 그 사건 자체를 알지도 못한다. 이처럼 가슴이 터질 듯한 도표는 현대 중국이 수행하고 있는 검열의 잔혹한 효능을 보여주는 증거다.

검열을 자동으로 추적할 수 있을까[33]

어디에서 일어나건 검열과 억압은 종종 특정 단어와 구절이 갑자기 사라지는 독특한 흔적을 남긴다. 이런 어휘적 공백의 통계적 특징은 때로 너무 강해서 우리가 숫자들(빅데이터)을 이용해 무엇이 억압받는지를 파악하는 데 도움을 줄 수 있다.

이것이 어떻게 작동하는지를 보기 위해 나치 독일로 돌아가보자. 우리의 목표는 제3제국 시기인 1933~45년에 샤갈처럼 명성이 떨어진 사람을 찾는 것이다. 우리는 어떤 사람의 명성을 제3제국 전과 후로 나누어 비교하여 이처럼 급격히 하락한 크기를 잴 것이다. 만약 누군가를 언급하는 빈도가 1920년대와 1950년대에 1000만 단어당 1회였는데 나치 정권 기간에 1억 단어당 1회로 내려갔다면, 이는 10분의 1의 감소를 뜻한다. 이것은 그가 분명히 삭제되거나 어떤 방식으로든 억압받았음을 시사한다. 다른 한편 나치 지배 기간에 빈도가 100만 단어당 1회로 올라갔다면 열 배나 상승한 것인데, 그렇다면 이 사람은 그 기간에 특히 유명했을 것이고, 아마도 정부 선전의 혜택을 받았을 것이다. 이런 식으로 우리는 어떤 이름이라도 감소나 상승의 규모를 반영해 억압 점수를 부과할 수 있다. 이것은 주변 사회에서 누가 억압받고 있는지를 찾아내는 데도 도움을 준다.

우리는 이런 자동탐지기를 2차 세계대전 시기에 살았던 수천 명의 유명인사들에게 적용해 도표 두 개를 만들었다. 첫 번째 도표는 우리가 영어에서 얻은 억압 점수를 보여준다. 대부분의 점수는 감소도 증가도 없는 1에 가까웠다. 1퍼센트 이하에 해당하는 사람들만이 어떤 방향으로든

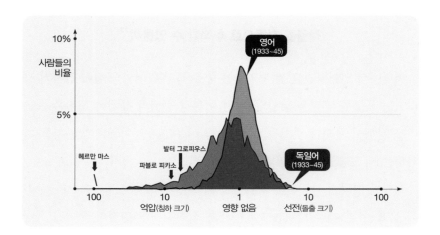

5보다 큰 점수를 보였다. 이 도표에는 특별한 점이 없다. 이 결과들은 영어 책에서는 전형적이며, 우리가 다른 모든 시기에 다른 모든 언어에서 볼 수 있는 것과 가까운 형태다.

　두 번째 도표는 나치 정권 기간에 독일어에서 나타난 결과를 보여준다. 이것은 앞의 것과 완전히 달라 보인다. 첫째, 이것은 1에 중심을 두지 않고 약간 왼쪽으로 치우쳐 있다. 대부분의 사람들이 적어도 정권에 의해 억압을 받았고 대다수의 명성이 심각하게 하락한 것이다. 차이는 중심 이동뿐만이 아니다. 분포도가 훨씬 더 넓어서 훨씬 더 극단적인 값을 포함하고 있다. 이들 중 일부는 오른쪽에 있는데, 이들은 정부 선전의 수혜자들로 짐작된다. 그러나 대부분은 왼쪽으로 쏠려 있다. 우리의 명단에 있는 사람 가운데 10퍼센트 이상이 5분의 1이나 그 이하로 명성이 떨어졌다.

　왼쪽에 있는 이름 가운데는 피카소도 포함된다. 미술과 건축, 디자인 분야에서 바우하우스 운동을 기초한 발터 그로피우스Walter Gropius도 들어간다. 그리고 당신이 왼쪽으로 최대한 멀리 가면 헤르만 마스Hermann

Mass라는 이름을 발견할 것이다. 그는 나치를 공개적으로 비난하고 유대인들이 독일을 탈출할 수 있도록 비자를 얻게 도와준 개신교 목사였다. 제국은 그의 행동을 개인적 공격의 표적으로 삼았다. 우리가 마스의 탁월한 영웅주의를 처음으로 알아본 사람은 분명 아니다. 1964년 이스라엘 홀로코스트 박물관인 '야드 바셈Yad Vashem'은 마스를 '열국列國의 의인'으로 인정했다.

우리는 이 도표를 만든 다음, 야드 바셈에 소속된 한 여성 학자에게 보통의 역사학자가 이용하는 도구만으로 어떤 이름이 곡선의 어느 쪽 끝에 나타나는지 개인적으로 판단해달라고 요청했다. 우리는 그녀에게 우리의 데이터나 결과물을 보여주지 않았으며, 심지어 우리가 왜 그런 요청을 하는지도 말해주지 않았다. 그녀가 우리에게 받은 것은 사람들의 명단이 다였다. 그런데도 그녀의 답변은 대부분의 시기에서 우리와 일치했다.

이렇듯 우리의 통계적 검열-탐지 기술은 전통적인 방법을 이용하는 전통적인 역사학자의 그것과 질적으로 비슷한 결과를 가져다준다. 그러나 전통적인 방법들과는 다르게, 우리의 분석은 컴퓨터를 이용해 거의 즉각적으로 수행될 수 있다.

이와 같이 자동화된 방식은 우리의 일상생활과 관련해 상당한 잠재력을 지니고 있다. 우리 모두는 검열과 억압, 심지어 우리가 매일 소비하는 정보에 담긴 일반적인 편견이 어떤 효과를 지니는지 알고 싶어한다. 오늘날 검열·감시 기구들은 그들이 관심을 두는 지역이나 주제에 관해 다루는 매체들을 주의 깊게 읽으면서 그들이 발견한 누락된 사항들을 강조해 우리를 도우려고 한다. 그러나 점점 더 많은 정보가 생산되면서 모든 것, 심지어 모든 것 가운데 중요한 조각조차 읽는 것이 불가능해지고 있다. 우리에겐 대안이 필요하다. 빅데이터는 강력하다.

흥미롭게도 위키피디아는 최근 편견을 탐지하는 방법의 일환으로 빅데이터의 장점을 취하기 시작했다. 위키피디아의 여성 적대적 편견에 대해서 오랫동안 논의가 있었는데, 이는 분명 위키피디아의 편집자 대부분이 남성이라는 점에서 비롯되었다. 이 논의는 주로 입증되지 않은 증거들에 의존했다. 이제 이 논의에 통계적 방법론과 엔그램 데이터를 도입하려는 새로운 시도가 진행되고 있다. 이 일의 목표는 문제가 있는 추세와 글을 명확하게 구분해서 그 결점에 대처할 수 있도록 하는 것이다.

미래에는 이런 방법들이 선의를 가진 자원 봉사자들로 움직이는 웹사이트에만 국한되지는 않을 것이다. 정부가 정직해지도록 이끌고, 국민과 사상을 자유롭게 하는 데에도 사용될 것이다.

억압과 검열을 넘어 백만 개의 통로로 스며들다

나치는 불과 몇 년이라는 짧은 기간에 위대한 사상들을 지워버리기 위해 아주 먼 길을 갔다. 그들은 현대 미술을 좋아하지 않았기 때문에 미술 작품들을 사라지게 했다. 〈퇴폐 미술전〉은 이례적으로 오로지 비하를 위한 전시였다. 샤갈 같은 현대 미술가들은 유럽에서 추방당하거나 강제로 은퇴했으며, 살해되기도 했다. 현대 미술 운동은 독일에서 거의 사라졌다. 그렇다면 우리는 "사상을 죽일 수 있다고 생각한다면 역사가 여러분에게 아무것도 가르치지 못한 것이다"라는 켈러의 말을 어떻게 바라봐야 하는가?

사상들은 살아남았다. 우리는 바로 지금 그것들에 대해 이야기하고 있다. 그러나 다른 한편으로 모든 게 잘 해결될 수밖에 없었다고 생각하는 건 너무 안이한 자세다. 히틀러는 전쟁에서 졌다. 만약 역사가 다르게 흘러갔다면 사상들에 대한 그의 공격 역시 다르게 흘러갔을 것이다.

억압적인 정권이 사용한 전술의 의도치 않은 결과들을 언급하지 않는다면, 검열에 관한 어떤 논의도 불완전할 것이다. 당신이 독일에 사는 젊은 예술가로서 엄청난 사회적 압력에도 굴하지 않고 현대 미술에 계속 관심을 보였다고 상상해보라. 그렇다면 당신은 분명 존경하는 영웅들의 작품이 전시된 〈퇴폐 미술전〉에 끌렸을 것이다. 당신은 이 전시를 일종의 교실로 상상할 수도 있었을 것이다. 아주 크고 아주 소란스러운 1급 교실 말이다.[34]

실제로 이런 일이 일어났다. 1936년 샤를로테 살로몬Charlotte Salomon 은 베를린 미술아카데미에 입학했다. 그곳의 유일한 유대인 학생이었다.[35] 그녀는 상을 받기도 했다. 나중에 '인종적 이유로' 철회되기는 했지만. 살로몬은 현대 미술에 아주 관심이 많았다. 〈퇴폐 미술전〉이 그녀가 사는 도시에 왔을 때 그것은 그녀에게 아주 특별한 기회였다. 결국 나치 정권은 세계에서 가장 중요한 현대 미술 작품들을 모아서 그녀가 쉽게 갈 수 있는 아주 가까운 곳에 가져다 둔 셈이었다. 더 좋은 것은, 그녀가 조롱하는 인파들을 무시할 수 있는 한 그 작품들을 몇 달이고 감상할 수 있었다는 점이다.

살로몬은 〈퇴폐 미술전〉의 작품들에서 아주 깊이 감명을 받았고 많은 것을 배웠다. 그녀는 나중에 20세기의 주목할 만한 자서전 가운데 하나를 집필하면서 다양한 현대 미술 기법을 배치했다. 살로몬의 어머니, 이모, 할머니는 모두 자살했다. 샤를로테라는 이름을 가진 소녀에 관해 3인칭으로 서술한 어두운 동화인 이 회고록에서 그녀의 도플갱어는 비통한 결단과 마주한다. "그녀의 목숨을 거둘 것인가, 아니면 지극히 비범한 일에 착수할 것인가."

이 책은 제3제국의 그늘 아래서 미술을 공부하기 위해 벌인 그녀의 투쟁을 보여준다. 그 이야기는 769점의 그림에 오롯이 담겨 있다.* 그녀가 『인생? 혹은 극장?Leben? oder Theater?』이라고 부른 이 작품의 말미에서 그녀는 지극히 비범한 인생은 아무것도 하지 않은 인생보다 낫다고 결론을 내린다. 아, 그러나 나치 정권 아래서 이것은 그녀가 결정할 수 있는 일이 아니었다. 1943년, 살로몬은 임신한 몸으로 아우슈비츠에서 죽었다. 그러나 작품까지 함께 죽은 것은 아니었다. 『인생? 혹은 극장?』은 네덜란드에 숨어 전쟁을 견딘 그녀의 아버지와 의붓어머니에게 전해졌고, 곧바로 그 특별함을 인정받았다. 이것은 '그림판 안네 프랑크의 일기'로 불렸다.[36]

현대 미술에 담긴 사상들은 켈러가 주장했던 것처럼 나치를 파괴하기 위해 봉기하지는 않았다. 그러나 적어도 부분적으로는 켈러가 옳았다. 나치가 그것을 금지하고, 압수하고, 조롱하고, 작가들을 죽이는 잔인한 노력을 쏟아붓기까지 했는데도 현대 미술의 사상들은 죽지 않았다. 그것들은 진정으로 "백만 개의 통로로 스며들"었고, 살로몬이 〈퇴폐 미술전〉을 방문한 일처럼 예상치 못한 길에도 스며들었다. 살로몬은 죽었지만 그녀의 작품은 결국 "다른 사람들의 가슴을 뛰게" 했다. 그녀의 증언—현대 미술의 거장들에게서 스며들었고 현대 미술의 언어로 말한 현대 미술가

• 그림일기라고도 볼 수 있는 이 연작 그림은 살로몬의 아버지와 어머니의 삶과 인간관계에 대한 묘사에서 시작해, 살로몬의 가족과 친구뿐만 아니라 살로몬 자신의 내면, 심지어 짝사랑에 대해서까지 자세하게 묘사했는데, 그림에 현대 미술의 다양한 기법들이 녹아 있다. - 옮긴이

의 증언—은 나치 정권보다 오래 살아남아 나치가 "모든 사람 가운데 가장 미움받고 괄시받는 사람들"이 되는 것을 확실히 하는 데 큰 몫을 했다.

샤갈과 살로몬은 선생과 학생이었지만 직접 만난 적은 없다. 그러나 살로몬이 죽고 여러 해가 지난 뒤, 샤갈은 한 미술제에서 그녀의 작품을 접할 기회가 있었다. 그는 깊이 감동했다. 샤갈은 그 작품들을 "아주 부드럽게" 어루만졌다. "그는 그것들에 매우 감동해서 '훌륭하다, 훌륭하다'라고 말했다."[37]

후기

나치는 헝가리를 1944년에 침공한 뒤 이 나라에 살던 유대인들을 죽이기 시작했다. 매일 1만 명이 넘는 헝가리계 유대인들이 기차에 실려 아우슈비츠 수용소로 보내졌다. 에레즈의 할아버지와 할머니, 아버지, 고모는 도망치기 위해 지하실에 숨었다. 그러나 매일 아침 그의 할아버지는 은신처에서 나가, 히브리어 경전 구절이 들어 있는 한 쌍의 성구함tefillin을 쓰고 기도를 드렸다. 유대교 예배식의 구절들을 읽다가 잡히면 궁극의 대가를 치러야 할 수 있는데도 그렇게 했다.

우리가 이 장을 쓰고 있을 때 네 분 가운데 마지막까지 살아 계셨던 에레즈의 아버지가 돌아가셨다. 그는 보물처럼 간직해온 꾸러미를 에레즈에게 남겼다. 그의 아버지가 전쟁 때 하루도 빠지지 않고 착용했던 성구함이었다. 그것들은 세심하게 보존되어 있었다. 한 세기도 넘은 양피지 속의 글자들 한 자 한 자가 모두 또렷했다.

진정으로 백만 개의 통로였다.

권리는 또 다른 권리를 낳고
─ 사상의 번식과 진화[38]

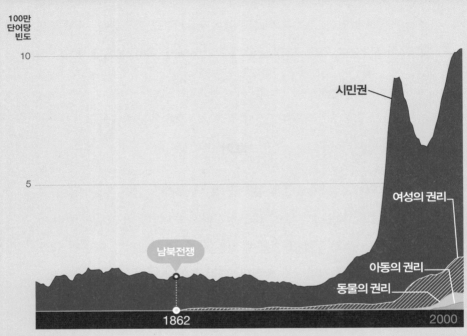

종種과 마찬가지로 사상은 번식도 하고 우세해질 수도 있다. 종과 마찬가지로 사상은 돌연변이를 일으킬 수도 있다. 한 예가 권리rights의 개념이다.

이 사상은 로마제국 개별 시민의 권리를 뜻하는 '유스 시비타티스ius civitatis'까지 거슬러 올라갈 정도로 역사가 아주 길다. 존 로크John Locke(1632~1704) 같은 철학자의 이론에 힘입어 기본권의 개념은 17세기와 18세기에 여러 법률 체계의 기초를 형성하기 시작했고, 영국의 '권리장전Bill of Rights'(1689), 미국의 '권리장전'(1789), 프랑스의 '인간과 시민의 권리 선언Declaration of the Rights of Man and of the Citizen'(1789) 등을 통해 개선됐다. 미국에서 시민권civil rights이라는 개념은 기본적으로 흑인들의 권리를 가리키게 됐고, 새로운 국가가 인종적 소수자들을 어떻게 다루는지를 시험하는 사례가 됐다.

시민권 운동의 성취에 용기를 얻어 다른 집단들도 이러한 윤리적 시류에 편승했다. 여성의 권리women's rights는 1860년대 남북전쟁 이후 처음으로 신호를 발산했는데 한 세기 뒤 시민권 운동이 전개되는 동안 속도를 높였다. 최근 몇 십 년 동안에는 아동의 권리children's rights, 동물의 권리animal's rights가 더 널리 확산되었다. 오늘날 두 번의 잘못two wrongs이 옳은 것a right을 불러오지는 못한다. 그러나 다행스럽게도 너무 많은 잘못many wrongs은 권리 운동right movement을 만들어낸다.

chapter 6

기억과 망각의 속도

오랜 시간에 걸친 집단적 학습은 확연히 달랐다. 19세기 초기의 기술들은 영향력이 최고치의 4분의 1에 도달하기까지 65년이 걸렸다. 세기 전환기의 발명품들은 겨우 26년이 걸렸다. 집단학습 곡선은 10년마다 2.5년씩 줄어들며 갈수록 짧아지고 있다. 사회는 점점 더 빨리 배우고 있다.

이야기를 더 진행하기 전에 사상들을 없애려 한 운동 하나를 마지막으로 언급하고자 한다. 우리가 앞에서 묘사한 검열과는 아주 다르게, 이 운동은 정부가 주도하지 않았다. 피를 흘린 사람은 없었지만 유명한 마지막 결전에서 이 운동의 우두머리는 자신과 반대편에 선 자를 벽난로의 부지깽이로 위협했다. 그리고 이 운동은 독일이 아니라 독일 국경 너머에 있는 오스트리아에서 1920년대에 시작됐다.

그곳에서는 비엔나 학파[1]로 알려진 일군의 철학자들이 인간의 언어에 진저리를 치고 있었다. 그들이 보기에 인간의 언어는 끔찍할 정도로 엉망진창이었다. 비엔나 학파가 옹호한 접근법은 일반적으로 논리실증주의로 불렸는데, 이들은 오직 경험적으로 검증 가능한 진술만이 의미 있는 진술이며, 측정할 수 있는 단어만이 의미 있는 단어라고 주장했다. 나머지는 '억견inhibiting prejudices'으로 이어지며 그것들은 없는 편이 더 낫다고 여겼다. 당신이 쉽게 상상할 수 있듯이, 이런 생각은 많은 단어를 논란의 도마 위에 올려놓는다. 사랑은 측정 가능한가? 당신은 옳은 것 또는

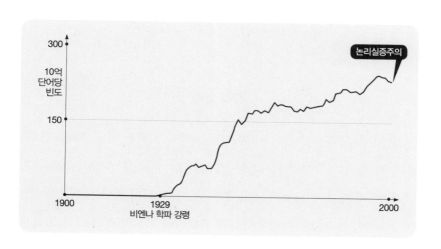

기억과 망각의 속도

도덕적인 것을 경험적으로 검증할 수 있는가? 비엔나 학파는 그럴 수 없다고 주장했다. 그리고 이런 단어들은 우리가 측정할 수 없는 것들을 가리키기 때문에, 우리 언어에 전혀 속하지 않는다고 말했다.

비엔나 학파가 즐겨 예로 든 단어는 '민족정신'이라는 뜻을 지닌 폴크스가이스트Volksgeist였다. 민족정신은 한 국가가 좋아하여 늘 마음에 두는 국가의 집단적 양심과 기억을 뜻한다고 여겨졌다. 민족정신은 비엔나 학파를 화나게 만드는, 부정확하고 측정할 수 없는 개념의 정확한 사례였다. 그래서 이 학파는 1929년의 강령에서 이 용어를 집중적으로 조명하고 언어에서 완전히 추방시키고자 했다.

비엔나 학파가 사상에 품은 반감은 정치적 검열의 문제라기보다는 과학의 경계를 가늠하는 철학적 태도의 문제였다.[2]

당시로선 이 학파가 옳았을 수도 있다. 집단기억collective memory 같은 개념은 오랫동안 과학적 연구의 시계視界 바깥에 있었다. 그러나 우리가 자유자재로 쓸 수 있는 엔그램이 있는 한 집단기억 같은 개념을 증명하는 일이 불가능해 보이지는 않는다. 한 개인의 기억을 검사하는 것과 똑같은 방식으로 집단기억을 측정할 수 있지 않겠는가?

기억 실험

집단기억을 측정하고자 한다면 개인기억의 과학을 먼저 이해하면 도움이 될 것이다. 그러기 위해서는 또 다른 19세기 철학자인 독일의 헤르만 에빙하우스Hermann Ebbinghaus에게 시선을 돌려야 한다. 에빙하우스는 마음이 어떻게 작동하는지에 관심을 가졌는데 이 영역은 우리가 오늘날 심리학이라고 부르는 것이다. 당시에는 심리학이 철학의 한 분야였으며, 완전히 성숙한 학문이 아니었다. 당시 사람들은 마음에 대해 이론을 세우는 경향은 있었지만 실험을 수행하는 경우는 드물었다.

에빙하우스는 비엔나 학파보다 앞선 시대 사람이었지만 경험과 측정, 경험적 확증 등이 인간 지식의 기초라는 생각에 동조했다. 그는 측정되지 않았거나 거의 측정될 수 없는 대부분의 심리학적 개념을 어휘의 고철 더미로 취급할 정도로 자신의 신념에 극단적이지는 않았다. 그렇지만 그는 마음의 연구가 좀 더 경험적으로 이루어져야 한다고 생각했다. 그런 원칙을 증명하기 위해 당시로서는 생각조차 못 했던 일을 시작했다. 바로 순전히 실험적인 방식으로 자신의 개인적 기억을 조사하는 것이었다.

그는 곧바로 우리가 명성을 연구하면서 직면한 것과 비슷한 문제에 봉착했다. 기억은 모호한 개념이다. 에빙하우스는 폭넓고 모호한 기억의 영역을 잘 정의되고 관측 가능한 몇 가지 절차들로 대체하여 초점을 날카롭게 벼려야 했다. 고심한 끝에 그는 두 가지 연구 주제를 정했다. 우리는 얼마나 빨리 배우고, 얼마나 빨리 잊어버리는가?

범위를 한 번 좁히긴 했지만 에빙하우스에게는 여전히 여러 가지 도전이 기다리고 있었다. 이 실험은 고립되고 통제받는 환경에서 이뤄져야 효과가 극대화될 것이었다. 그러나 인간의 기억은 이 실험에 적합하지 않았다. 우리 마음속의 모든 개별 정보는 개념들의 네트워크에 내장돼 있다. 우리는 그것들을 사실, 생각, 감정, 장소, 시간, 사건 등과 연결시킨다. 이러한 복잡한 관계들은 회상에 매우 중요한 영향을 미친다. 결과적으로 특정 사실을 기억하는 우리의 능력을 다른 요소로부터 떼어내서 연구하기란 매우 어렵다. 우리는 이미 burn/burnt, learn/learnt, spell/

spelt, spill/spilt 같은 불규칙동사들이 함께 뭉쳐 수세기 동안 어떻게 생존했는지를 보았다. 이런 종류의 기억 효과들은 예외가 아니라 규칙이다.

이 문제를 처리하기 위해 에빙하우스는 우아한 해법을 생각해냈다. 그는 대부분의 연상은 어떤 사람이 기억하고자 하는 것의 소리나 의미와 상관이 있다는 사실을 깨달았다. 원치 않는 연상들을 최소화하기 위해 그는 무작위로 만들어서 전혀 뜻이 통하지 않는 단어들을 기억하기로 했다. 그는 2300개의 의미 없는 음절들로 구성된 인조 어휘집을 스스로 고안했다. 각각의 음절들은 'CUV'라든지 'KEF'처럼 자음-모음-자음의 세 글자로 만들어졌다. 그는 어떤 음절도 어떤 단어와 너무 비슷하게 들리지 않도록 세심하게 확인했다. 이같이 차가운 신세계는 'LUV' 같은 것에 공간을 내주지도 않았고, 'HUG' 같은 것에 시간을 내주지도 않았으며, 의미에 자리를 내주지도 않았다.

에빙하우스는 또 학습을 측정하기 위해 자신의 어휘집에서 무작위로 의미 없는 음절들을 뽑아서 목록을 만들었다. 그런 다음에 이 목록을 암기하는 데 얼마나 오래 걸리는지 측정하기 위해 각각의 음절을 실수 없이 낭독했다. 망각을 측정하기 위해 그는 이 절차에 한 단계를 더했다. 하나의 목록을 학습하고 정해진 시간을 기다린 다음, 자신이 이 목록에서 얼마나 많이 기억하고 있는지를 확인하는 과정이었다.

매일매일 무작위의 음절들로 이뤄진 긴 목록을 암기하는 실험이 잠재적 피실험자에게는 전혀 매력적으로 보이지 않지만, 에빙하우스는 한 사람의 자원자에게는 강력한 영향력을 가지고 있었다. 바로 그 자신이었다. 그리하여 에빙하우스는 1878년에 자신을 유일한 피실험자로 동원해 기억 연구를 시작했다.

그는 2년이 넘도록 일정을 극도로 제한한 채 매일 무작위의 의미 없는 음절들을 암기하는 데 전념했다. 기계식 시계의 똑딱거리는 소리가 만드는 끊임없는 리듬에 맞춰 음절들을 반복하는, 고도로 통제된 시스템을 이용해 순서대로 목록을 학습했다. 그는 목록의 길이, 하루 중의 시간대, 암기하는 데 들인 시간, 특정 음절들이 목록에 배치된 위치, 암기를 반복하는 사이의 시간적 간격 등 변수들의 여러 가지 조합을 체계적으로 탐구했다. 에빙하우스는 심리학 연대기에서 가장 헌신적인 연구자였다.

자연은 장엄한 발견의 합주를 들려주며 에빙하우스에게 보상을 안겼다. 예를 들어 에빙하우스는 목록이 길어지면 암기할 음절이 단 하나 추가되더라도 학습 시간에 미치는 영향이 불균형하게 커진다는 사실을 발견했다. 암기할 대상의 수와 시간 사이의 이런 관계는 오늘날 '학습곡선learning curve'이라 불리는데, 사람들이 '가파른 학습곡선'이라고 말할 때, 스스로 알고 있든 그렇지 못하든, 바로 에빙하우스를 언급하는 셈이다. 에빙하우스는 망각에 대해서도 중요한 발견을 했다. 그는 겨우 20분만 지나도 목록의 절반을 잊어버린다는 점을 알아냈다. 그러나 이후에는 속도가 느려져 한 달이 지난 뒤에도 목록의 5분의 1을 기억했다. 그가 발견한 망각과 시간의 관계는 '망각곡선forgetting curve'이라 불린다.

학습곡선과 망각곡선, 그리고 이것들의 발견 과정은 인간 기억을 다루는 현대 과학의 기초를 다져놓았다. 의미 없는 음절문자표 아이디어는 매우 효과적인 혁신이어서 오늘날까지도 심리언어학의 핵심 방법으로 자리 잡고 있다. 에빙하우스가 남긴 진정한 업적은 현대 심리학을 위한 기초를 두루두루 닦아놓았다는 점이다. 물론 연구를 향한 그의 개인적 헌신 자체도 엄청났다. 심리학의 초석을 다진 심리학의 아버지 윌리엄 제임스William James는 훗날 에빙하우스가 보여준 엄청난 헌신을 가리켜 "진정한 평균을 구하기 위한 영웅주의"라고 극찬했다.[3]

처음에 집단기억은 증명하기 어려운 것으로 보였으나, 에빙하우스의 이야기는 우리에게 낙관의 근거를 보여주었다. 그가 측정한 학습과 망각은 엔그램에서 인류 문화와 매우 유사한 것으로 뚜렷이 드러났다.

집단기억과 집단망각에 관한 연구

어떤 일들은 잊어버리기가 매우 어렵다. 비행기 두 대가 뉴욕의 세계무역센터를 향해 돌진한 사건이 벌어지고 10여 년이 흘렀지만 그날의 기억은 여전히 미국인들을 괴롭힌다. 그날로부터 10년이 지난 뒤 『뉴요커』의 존 리 앤더슨Jon Lee Anderson 기자는 자신의 경험을 이렇게 회상했다.

급속도로 공포를 느끼는 동시에, 두 번째 비행기가 충돌하는 모습을 보고 이것이 테러리스트의 공격이라는 사실을 깨달았다. 그리고 빌딩이 무너질 때 이 공격이 제2의 진주만 공격과 비슷한 사건이라고 느꼈다. 나는 내 나라가 곧 전쟁에 돌입하리라는 것을 알았다.

이러한 비유는 드물게 볼 수 있는 것이 아니다. 실제로도 그랬다. 9·11의 아침으로부터 거의 60년 전에 미국인들은 자신들의 영토가 최초로 공격받았다는 소식에 잠을 깼다. 1941년 12월 7일, 일본 비행기 수백 대가 하와이의 진주만Pearl Harbor 기지로 떼 지어 날아와 폭탄과 어뢰를 투하했고, 그들이 날아간 궤적 뒤로 연기와 화염과 죽음이 남았다. 한 시간 남짓 되는 시간에 일본은 수많은 비행기와 배를 파괴하고 태평양 함대를 거의 궤멸시켰다. 이 공격으로 미국인 2400명이 죽고 1000명 이상이 다쳤다. 이런 충격적인 뉴스는 역사의 행로를 바꾸어, 옆에서 관망하던 미국을 2차 세계대전 속으로 끌어당겼다.

그렇지만 당시에는 아무리 중요했더라도 진주만 이후 반세기 이상이 지났고 이 공격은 이제 일상의 대화에서 그리 자주 등장하지 않는다. 지금은 상상하기 힘들지만 9·11도 이와 같은 과정을 밟을 것이다.

이 일을 조사하기 위해 우리는 에빙하우스가 겪은 것과 같은 문제에 봉착했다. 망각은 너무나 기이하고, 우리가 결부시키는 다른 생각들에 매우 크게 의존하기 때문에 훌륭한 실험을 하기가 어렵다.

미국이 1차 세계대전에 참가하는 계기가 된 원양 여객선 루시타니아Lusitania호 침몰 사건*을 떠올려보라. 그 비극이 일어나고서 수십 년이 흐르는 동안 이 사건은 우리의 예상보다 빨리 잊히기 시작했지만 2차 세계대전 직전에 잠시 되살아났다. 제2의 세계대전에 대한 우려가 첫 번째 세계대전 즈음에 있었던 사건들을 전면에 부상시켰던 탓으로 보인다. 이런 종류의 '연상을 통한 기억memory-by-association'의 효과는 까다로운 문제다. 이것은 설명하기도 예측하기도 불가능하다.

또 하나 어려운 문제는, 장시간에 걸쳐 연상이 변화하면서 사람들이 똑같은 사건을 다른 방식으로 기억하도록 하고 다른 표현을 쓰도록 한다는 점이다. 다시 한 번, 세계대전은 훌륭한 사례를 제공한다. 1차 세계

---

* 1906년에 건조된 영국의 원양 여객선. 1915년 독일 잠수함 유보트의 공격으로 침몰했으며, 승객과 선원 1198명이 사망했다. -옮긴이

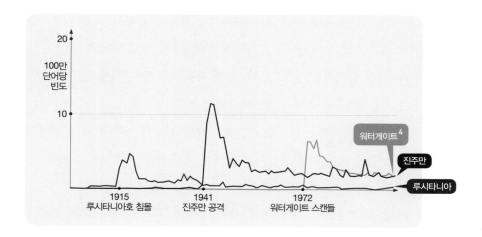

20	
100만 단어당 빈도	
10	

워터게이트[4]

진주만

루시타니아

1915	1941	1972
루시타니아호 침몰	진주만 공격	워터게이트 스캔들

대전World War I은 처음에 대전쟁the Great War이라고 불렸다. 당시까지 서구 문명의 역사에서 가장 지독한 전쟁이었기 때문이다. 그러나 2차 세계대전World War II이 1930년대 말에 발발하면서 대전쟁이라는 용어는 재빨리 사라지고 1차 세계대전이라는 용어로 대체됐다. 중요한 것은 사람들이 대전쟁에 대해 생각하기를 멈추지는 않았다는 것이다. 1차 세계대전의 사건들은 여전히 집단기억 속에 깊숙이 박혀 있었다. 그러나 사람들은 그 전쟁을 두 차례의 물리적 충돌이라는 좀 더 넓은 맥락에서 다르게 생각했고, 이에 따라 다른 언어를 사용했다. 다시 한 번 말하면, 이런 종류의 효과는 설명하기도 예측하기도 불가능하다.

망각을 측정하려면, 우리는 에빙하우스를 모방해 세심하게 선택된 어휘집을 사용함으로써 이러한 모든 연상 효과를 최소화해야 한다. 바로 그렇게 하기 위해 우리는 1816, 1952와 같이 연도들에 상응하는 숫자들만을 사용해서 집단기억을 조사하기로 정했다. 사람들이 어느 연도를 얼마나 자주 언급하는지 살펴보면 우리는 그해에 일어난 사건들이 그들의

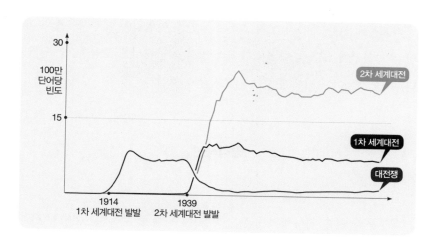

30

100만
단어당
빈도

15

2차 세계대전

1차 세계대전

대전쟁

1914
1차 세계대전 발발

1939
2차 세계대전 발발

마음속에 어떤 의미로 존재하는지 감을 잡을 수 있을 듯했다. 어떤 연도도 특별히 불리한 입장에 있지 않고, 어떤 연도도 다른 연도와 아주 강하게 연계되어 우리의 조잡한 접근법에 영향을 크게 미치지 않을 터였다.

그러나 여러분은 여기서 멈칫할 수도 있다. 만약 어떤 숫자가 "껍데기에 담겨서 나오는 굴 1876개와 피크풀Picpoul 와인 한 잔 주시겠어요?"라는 문장에서 나온다면 어떻게 할 것인가? 이런 경우, 그 숫자는 주문한 굴의 개수를 가리킨다.

하지만 이것은 그리 큰 문제가 아님이 밝혀졌다. 첫째, 굴 1876개를, 더구나 와인 한 잔과 함께 주문하는 일은 아주 드물다. 더 중요한 사실은, 어떤 것을 1876개 주문하거나 요청하거나 기록하는 일은 아주 드물다는 점이다. 1876이라는 숫자는 1876년이라는 연도를 가리킬 때 말고는 사용하는 일이 믿을 수 없을 정도로 적다.[5] 심지어 조지 오웰의 『1984』 같은 책, 스탠리 큐브릭의 〈2001: 스페이스 오디세이〉 같은 영화조차 1984나 2001이라는 숫자 전체에 미치는 영향은 무시해도 좋을 정도다.

기억과 망각의 속도

1800부터 2000까지의 숫자 201개는 인공 어휘집이 에빙하우스의 개인기억 연구에 도움을 주었듯이 집단망각 연구에서도 도움을 줄 수 있다. 이 숫자들이 우리에게 주는 가르침은 무엇인가?

망각곡선

연도 1950의 이야기를 살펴보자.

대부분의 인류 역사에서 누구도 1950에 관심을 갖지 않았다. 1700년에는 누구도 이것에 주의를 기울이지 않았고, 1800년에도 누구도 이것에 대해 생각하지 않았으며, 1900년에도 누구도 이것에 관심을 보이지 않았다. 이런 무관심은 1920년대, 1930년대, 1940년대까지도 지속됐다.

그러나 1940년대 초반부터 조금씩 웅성거리기 시작했다. 사람들은 1950년이 앞으로 다가올 것이며 규모도 크리라는 사실을 깨달았다. 그러나 어떤 것도 1950년 자체보다 사람들에게 1950에 관심을 갖게 하지 못했다. 갑자기 모든 사람이 1950에 집착했다. 사람들은 자신들이 1950년에 했던 모든 것, 1950년에 하기로 계획했던 모든 것, 1950년에 일어났으면 하는 온갖 꿈에 대해 말하기를 멈출 수 없었다.

사실 1950년은 너무도 매혹적이어서 그 이후로도 몇 년 동안 사람들은 결과 보고를 들어야겠다고 생각했다. 그들은 1951년에도, 1952년에도, 1953년에도 1950년에 일어난 놀라운 일들에 대해 계속해서 말했다. 마침내 1954년에 누군가가, 분명히 유행에 민감한 누군가가 잠에서 깨어나 1950이 약간 구식이 됐다는 사실을 깨달았다.

이렇게 해서 거품이 터진다. 슬프게도 1950의 이야기는 별로 특별한

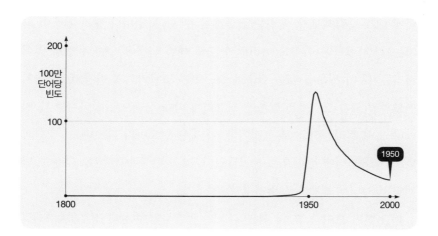

것이 못 된다. 1950의 역사는 우리가 기록에서 가지고 있는 모든 연도의 이야기다. 소년은 X연도를 만난다, 소년은 X연도와 사랑에 빠진다, 소년은 새로운 모델을 찾아 X연도를 떠난다, 소년은 시간이 흐르면서 그의 X연도에 대해 점점 드물게 회상한다.

우리는 각각의 연도를 가지고 이 같은 과정을 보여주는 간단한 도표를 만들 수 있다. 우리가 방금 전에 묘사한 사랑과 상실에 관한 이야기는 각각의 도표 모두에서 뚜렷하게 나타나지만, 놀랄 일은 아니다. 오히려 다른 특징들이 더 예측하지 못한 것이다.

그런 특징 가운데 하나는 망각곡선의 전체 모양이다. 망각 과정은 두 개의 체제regime로 구성된 듯이 보인다. 특정 연도에 대한 관심은 첫 몇십 년 동안 급격히 떨어지다가 그 후로는 훨씬 천천히 떨어진다. 집단기억과 개인기억 사이에는 충격적인 유사성이 있는 셈이다. 사회 역시 단기기억과 장기기억을 가지고 있다.

우리는 아주 정량적인 질문을 할 수도 있다. 예를 들어 사회의 단기기

기억과 망각의 속도

억에 대해 생각해보자. 우리는 궁금해할 수 있다. 얼마나 빨리 거품이 터지는가? 사람들은 이미 끝나버린 연도에 대한 관심을 얼마나 빨리 잃어버리는가? 이 질문에 대한 단순한 접근법은 집단기억의 반감기, 즉 어떤 연도의 빈도가 그것이 도달했던 최고치에 비해 절반으로 떨어지는 데 얼마나 오래 걸리는지를 보는 것이다. 이 값은 연도마다 다르다. 1872년의 빈도는 1896년에 절반으로 줄어들었다. 그 반면에 1973년은 겨우 10년 뒤인 1983년에 절반으로 떨어졌다.

1973년이 보여준 좀 더 빠른 감소는 일반적인 현상의 징후였다. 세월이 흐를수록 집단망각의 반감기는 점점 더 짧아졌다. 이런 관측은 과거에 대한 우리 사회의 태도가 변하고 있음을 시사한다. 우리는 점점 더 빨리 과거의 사건에 흥미를 잃고 있다.

무엇이 이런 변화를 일으켰는가? 우리는 모른다. 우리가 가진 것은 새로운 관찰도구의 디지털 렌즈를 통해 집단기억을 들여다보고 알아낸 발가벗은 상관관계들뿐이다. 그 밑에 흐르는 메커니즘을 밝혀내려면 시간

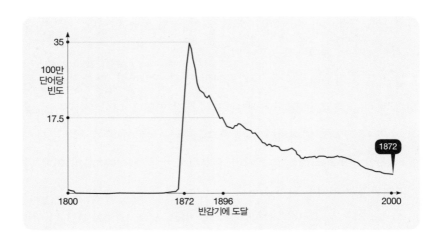

이 더 걸릴 것이다. 이것은 최전선에 선 과학이다. 우리에겐 지도도 없고 추측과 막다른 골목들만 수두룩하지만, 이보다 나은 곳은 없다.

오래된 것들의 퇴장, 새로운 것들의 입장

물론 우리의 집단의식은 단순히 잊어버리는 것 이상을 해낸다. 따라서 집단기억을 이해하려면 동전의 다른 면을 조사할 필요가 있다. 새로운 정보는 어떻게 사회에 진입하는가?

우리는 현 시대를 정보화 시대라고 생각한다. 정보화 시대는 정보가 깜짝 놀랄 만한 속도로 한 사람 혹은 한 장소에서 다른 사람이나 다른 장소로 전해지는 것이 특징이다. 그러나 우리는 지난 수세기 동안 날것의 정보가, 우리가 더 이상 진가를 완벽하게 알아보지 못하는 잠재력 있는 메커니즘을 이용해 얼마나 빨리 이동할 수 있었는지를 파악하는 시야를 잃었다. 예를 들어 17~18세기 런던에서는 우리가 오늘날 달팽이 우편snail mail*이라고 부르는 것이 하루에 열다섯 번씩이나 도착했다.[6] 아침에 부친 편지는 네 시간 안에 도착했다. 오늘날의 이메일처럼 빠르지는 않았지만 오늘날의 달팽이 우편만큼 느린 것도 아니었다(19세기에 런던 사람들은 이제는 사용하지 않는 압력관pressurized tube 네트워크를 통해 도시 전역에 최대 시속 40킬로미터의 속도로 소포를 보낼 수 있었다). 수세기 동안 인류는 큰 뉴스의 빠른 이동을 가능케 하는 방식을 보유해왔다.

책은 이런 방식에 속하지 않는다. 책은 정보를 전달하는 중요한 방법

---

* 전통적인 우편 서비스가 달팽이만큼 느리게 배달된다는 뜻으로 쓰이는 속어. - 옮긴이

기억과 망각의 속도

이지만, 쓰고 출판하는 데 여러 해가 걸리는 상대적으로 큰 일이다. 책은 뉴스 속보를 전하기엔 너무 느리다. 때로는 그것이 문제가 되지 않는다. 가장 중요한 것들에 대한 집단망각은 상대적으로 느리기 때문에 수년, 수십 년, 수세기에 걸쳐 진행되는 그 과정은 책에서 유래한 엔그램으로 도표화하기가 쉽다.

하지만 집단적 의식에 진입하는 많은 것들이 불과 며칠, 몇 주, 몇 달 안에, 혹은 기껏해야 몇 년 안에 재빨리 들어온다. 1872라는 엔그램은 거의 무명에서 정상의 인기로 전환되는 데 단 1년밖에 걸리지 않았다. 진주만은 하루가 걸렸다. 문제는, 책의 엔그램들이 우리가 그런 빠른 과정을 측정하려고 할 때엔 그다지 유용하지 않다는 점이다. 빠르게 날아가는 공의 사진을 찍으려면 초고속 셔터가 필요한 법이다.

우리의 엔그램들을 학습에 관련된 사항을 알아보는 데 사용하고자 한다면 큰 뉴스보다는 훨씬 천천히 움직이는 것을 바라보아야 한다.

큰 아이디어는 천천히 움직인다

에레즈의 아내 아비바는 집단적 학습과 관련하여 가능성이 아주 높아 보이는 접근법 하나를 탐색하기 시작했다. 바로 발명에 관한 연구였다. 성공적인 발명은 집단적 학습의 전형적인 사례다. 발명은 한 사회가 세상에 관해 새로운 지식을 만들어내는 능력, 일상의 도전을 극복하는 과정에서 이루어진 과학기술의 발전과 그것을 소화하는 능력을 반영한다. 때문에 발명은 일상적인 뉴스에 비해 확산되는 데 시간이 오래 걸린다.

결정적 차이는, 발명이 이메일이나 조랑말을 통해 쉽게 주고받는 순수한 정보가 아니라는 점이다. 새로운 기술적 아이디어를 한 사회가 완전히 받아들이려면 발명을 구현할 기술적인 노하우, 그것을 사용할 수 있는 기술적 기량, 그것의 판매와 보급을 유발시키는 경제적 모델, 그것의 확산을 돕는 인프라 등이 전부 필요하다. 뉴스거리가 되는 사건에 대한 말들과 달리, 발명 소식이 전파되기까지는 수십 년이 걸린다.

이처럼 긴 기간은 엔그램을 사용해 쉽게 탐구할 수 있는데, 아주 훌륭한 사례 하나가 팩스 기계fax machine다.[7] 팩스 기계는 1980년대에 거의 순간적으로 튀어나와 단숨에 인기 절정으로 치솟았다. 마치 뉴스 속보를 보는 듯하다. 이 엔그램만 보고 판단한다면 여러분은 팩스 기계가 언제 발명됐다고 추측하겠는가? 1980년대인가? 아니다. 그러면 70년대? 아니다. 60년대? 50년대? 40년대?

맞다. 팩스 기계는 40년대에 발명됐다. 그렇지만 1940년대가 아니다. 팩스 기계에 대한 최초의 특허권은 1843년에 스코틀랜드의 발명가 알렉산더 베인Alexander Bain에게 주어졌다. 1865년에 이르러서는 당시 텔레

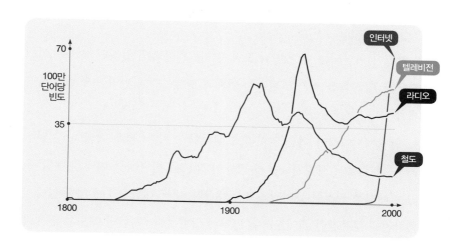

기억과 망각의 속도

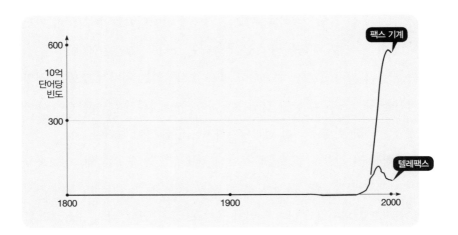

팩스telefax라고 불린 상업 서비스가 전화기가 발명되기도 전에 파리와
리옹 사이에 개설됐다. 1980년대의 최첨단 기술 가운데 하나가 프랑스
황제 나폴레옹 3세의 후원을 일부 받은 것이다. 큰 뉴스는 빠르게 움직이
지만 큰 아이디어는 그렇지 않다.

누가 언제 발명했는가

발명이 확산되는 데 얼마나 오래 걸리는지를 탐구하려면 우리는 여러
기술의 긴 목록을 가지고 각각이 언제 발명됐는지 확인하는 일부터 시작
해야 한다.

여러분은 이것이 쉬운 일이라고 생각할 것이다. 세계 여러 나라 정부
는 수세기 동안 발명가들에게 그들이 새로운 발명에서 이익을 취할 수
있는 배타적 권리인 특허권을 부여해왔다. 미국 대통령 가운데 유일하게
특허권을 보유했던 에이브러햄 링컨이 말했듯이, "특허권 제도는 천재의

불꽃에 이익의 기름을 부었다." 특허법은 발명가들이 자신의 기술을 가능한 한 빨리 공개하도록 북돋웠다. 따라서 우리가 어떤 것이 언제 발명됐는지를 확인하려면 특허증이 언제 발부됐는지를 찾아 날짜를 확인하기만 하면 된다. 그러나 이 역시 말처럼 쉬운 일이 아니다. 전화기를 떠올려보자. 미국에서 전화기는 알렉산더 그레이엄 벨Alexander Graham Bell이 발명한 것으로 돼 있다.[8] 1876년 3월 10일, 벨은 공책에 아래와 같이 시작되는 글을 적었다.

> 그런 다음 나는 M(송화구)에 대고 다음과 같은 문장을 소리쳤다. "왓슨 씨, 이리 오시오, 당신을 보고 싶소." 기쁘게도 그가 와서는 내가 말한 것을 들었고 이해했다고 얘기했다.[9]

벨은 훗날 이 기술을 상업화해 일련의 회사를 만들었는데, 이 회사들의 다양한 파생물들과 자손들은 지금도 여전히 전기통신 산업을 지배하고 있다. 미국인들에게 벨은 작금의 정보화 시대를 가능하게 한 기초를 닦은 기술 영웅이다.

그러나 이탈리아 사람들은 다르게 말한다. 이탈리아인들에게 전화기 발명가는 안토니오 무치Antonio Meucci다. 이 이탈리아계 미국인은 자신이 1854년 즈음에 텔레트로포노telettrofono를 발명했으며, 1870년에 1마일 이상 떨어진 곳에 전선으로 자신의 목소리를 전달할 수 있게 되기까지 스스로 디자인을 개선해왔다고 주장했다. 1876년에 벨과 함께 일했던 왓슨은 바로 그 옆방에 있었다.

그렇다면 엘리샤 그레이Elisha Gray는 어떤가? 그레이는 웨스턴 유

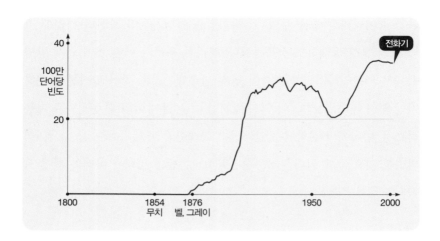

니온에 전신 장비를 납품하는 '웨스턴 전자제조사Western Electronic Manufacturing Company'를 세웠다. 그레이는 이 기술을 만지작거리다가 마침내 가변저항 마이크variable-resistance microphone를 발명했다. 이 기구는 사람의 음성과 같은 멀티 톤의 소리를 전선으로 전달할 수 있도록 부호화했다. 사실상 그레이도 전화기를 발명했던 셈이다.

전화기를 발명했거나, 발명하지 못했을 위대한 인물들의 명단은 마치 19세기 후반 혁신가의 인명사전을 보는 듯하다. 그들 중 상당수는 자신이 기여한 바를 묘사하는, 자기 이름으로 된 특허권을 가지고 있었다. 무치는 1871년 자신의 기술을 '말하는 전신'이라 부르면서 일종의 임시 특허권인 특허절차보류신청patent caveat을 했다. 그러나 이 일이 무치가 칭찬받을 자격이 있음을 뜻하는가? 이상하게도 그는 몇 년 뒤에 이 권리가 만료되도록 방치했고, 그 바람에 그것은 완전한 특허권이 되지 못했다. 더구나 무치가 확실히 자신이 만들었다고 주장한 것을 만들었는지조차도 명확치 않다. 무치가 특허절차보류신청을 한 지 5년 뒤인 1876년 2월 14

일 그레이의 변호사가 전화기의 발명에 관한 특허절차보류신청을 하기 위해 워싱턴DC에 있는 특허청에 들어섰다. 그러나 같은 날 더 이른 시각에 벨의 변호사가 같은 건물에 들어섰다. 여러분의 추측대로, 그는 전화기 발명에 관한 특허권을 신청했다. 전구에 대해선 말도 꺼내지 말자.

발명품이 널리 확산되기까지

어떤 것이 언제 발명됐는지를 모호하게 정의할 수는 없다. 우리는 타협이 필요했다. 한 가지 방법은 전화기와 같은 발명품들을 하나씩 살펴보면서 증거에 입각해 우리가 할 수 있는 최선의 추측을 해보는 것이다. 그러나 그것도 위험하다. 의식적이든 무의식적이든, 우리의 편견이 분명 결과에 영향을 미칠 것이다. 아비바는 이렇게 하는 대신에 자신이 직접 추측하지 않고 위키피디아를 이용하는 아주 영리한 선택을 했다.

위키피디아는 주요한 발명이 이루어진 날짜들을 길다란 목록으로 제시한다. 우리는 그 가운데 어느 것은 최선의 날짜가 아니라는 사실을 안다. 그러나 우리가 정한 날짜가 아니므로 우리의 편견이 반영되지 않았고, 우리의 실험을 무너뜨릴 정도로 체계적으로 왜곡됐을 리 없다고 확신할 수 있다. 때로는 상대가 어떤 사람인지 모르고 하는 데이트가 더 낫다.

아비바는 각각의 날짜가 확실하게 타당한지를 점검했다. 기준은 가장 적절한 특허권 신청이 당시에 적어도 한 번 있었고, 엔그램에서 해당 기술이 그 이전에 어떤 이름으로도 (팩스 기계든 텔레팩스든) 널리 사용되지 않았어야 한다는 것이었다. 해당 날짜가 타당하지 않다면 그녀는 그 발명을 우리의 작은 등기부에서 제외했고, 타당한 뭔가가 있다면 포함했다.

기억과 망각의 속도

결국 그녀가 남긴 것은 147개의 거대한 발상과 그것들 각각의 생일이 담긴 목록이었다.[10] 이 목록에는 온갖 종류의 멋진 도구가 들어 있었다. 그중의 하나가 타자기typewriter인데, 1843년 찰스 서버Charles Thurber가 특허를 받았다(흥미롭게도 그는 이것이 '장님들과…… 신경이 과민한 사람들'에게 특히 유용하리라고 생각했다). 또 다른 훌륭한 참가자는 브래지어brassiere로, 1913년 지그문트 린다우어Sigmund Lindauer에게 특허권이 돌아갔다. 이 목록에는 분자(모르핀과 티아민thiamine), 물질(파이렉스Pyrex와 베이클라이트Bakelite), 교통수단(헬리콥터와 에스컬레이터), 사물들을 날려버리는 방법(다이너마이트와 자동권총machine gun), 유용한 여러 잡동사니(스테이플러stapler, 줄톱bandsaw, 안전면도기safety razor), 개념(파스퇴르식 저온살균pasteurization) 등등이 들어 있다. 마치 훌륭한 백화점에서처럼, 여러분은 청바지jeans가 되었건 전구lightbulb가 되었건 원하는 것은 무엇이든 찾을 수 있다. 그리고 역시 훌륭한 백화점에서처럼, 분명히 케이블카와 석유 채굴기oil drill같이 여러분이 필요로 하지 않는 것들도 많이 보게 될 것이다.

이 목록을 통해 우리는 위대한 발명들의 인생 이야기를 공부할 수 있었다. 리바이 스트라우스Levi Strauss의 청바지처럼 어떤 것들의 이야기는 아직 시작에 불과해, 오늘날에도 그 영향력이 계속 커지고 있다. 셀로판 같은 발명품은 전성기가 이미 지났다. 그것들은 우리에게 무언가를 가르쳐준다. 우리는 그것들을 종종 이용한다. 그것들이 남긴 유산은 아이디어의 새로운 세대에게 전달됐다. 그렇지만 집단기억이라는 관점에서 보면, 그것들은 낡은 모자다.

물론 이 발명 목록에서 우리가 가장 흥분한 것은 에빙하우스의 의미 없는 어휘집처럼 학습에 관한 통찰을 제공할 수 있다는 점이었는데, 이

번에는 전체 사회의 규모에서였다. 4장에서 우리는 유명인사들이 몇 살에 문화적 기록에 영향을 미치기 시작하는지에 관심이 있었다. 이제 똑같은 질문을 기술에 던져보자. 어떤 특정한 발명을 엔그램으로 측정했을 때 문화적 충격이 최고치에 이르렀을 때의 4분의 1 지점에 도달하기까지 시간이 얼마나 걸릴까?[11]

리볼버를 보자. 1835년 새뮤얼 콜트Samuel Colt가 리볼버의 특허권을 취득했다. 이 6연발 권총은 1918년에 영향력이 최고치에 도달해 그 이름에 걸맞게 100만 단어당 6회의 빈도를 보였다(이것은 빌 클린턴이 정상에 도달했을 때의 세 배에 달한다). 리볼버는 1859년에 4분의 1 지점에 해당하는 100만 단어당 1.5회의 언급에 도달했다. 1835년에서 1859년 사이의 24년이라는 시간의 길이는 리볼버가 우리의 집단적 열정을 불타오르게 하는 데 걸린 시간이 얼마나 되는지 감을 잡게 해준다. 24년이라는 시간은 사회가 이 특별한 개념을 얼마나 빨리 학습했는지를 보여주는 측정치다.

발명들이 전파되는 데 걸린 시간은 유명인사들이 유명해지는 데 걸린

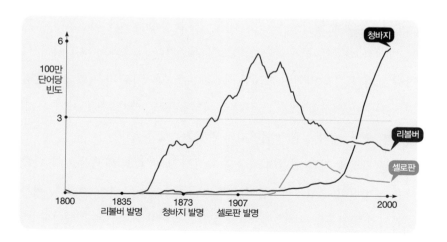

　　　　　　　　기억과 망각의 속도

시간에 비해 훨씬 다양한 것으로 드러났다. 소니의 워크맨은 1978년에 발명됐는데, 영향력이 최고치의 4분의 1 지점에 도달하기까지 10년밖에 안 걸렸다. 애플의 아이팟 역시 비슷하게 히트를 쳤다. 만약 여러분의 발명품이 재빨리 큰 영향력을 발휘하기를 원한다면, 휴대용 음악 플레이어가 유망해 보인다. 셀로판은 리볼버처럼 영향력이 4분의 1을 기록하기까지 약 사반세기가 걸렸다. 타자기는 45년이 걸렸다. 그리고 청바지는 103년이 걸렸다. 이런 비율이라면, 만약 스트라우스가 수학자였더라면 더 빨리 영향력을 획득할 수 있었을 것이다. 그러나 이 숫자들—새로운 기술이 확산되기 위한 한 세기— 은 너무 커 보인다. 오늘날 새로운 기술들은 하루가 다르게 우리의 일상을 뒤바꿔놓는다. 무슨 일이 벌어지고 있는 걸까? 집단적 학습의 속도가 빨라질 수 있는 걸까?

사회는 점점 더 빨리 배우고 있다

엔그램을 이용하면 그 점을 확인할 수 있다. 그렇게 하기 위해 우리는 에빙하우스에게 영감을 받은 우리의 발명품 목록을 안드보르드의 코호트 방식과 결합했다. 우리는 자카드식 직조기Jacquard loom(1801)에서 시작해 초기의 전자 악기인 테레민theremin(1920)까지 147가지 기술을 발명된 날짜순으로 정렬했다. 그런 다음 이것들을 세 시기, 즉 19세기 초기, 19세기 중엽, 세기 전환기 언저리의 발명품들로 묶었다.

오랜 시간에 걸친 집단적 학습은 확연히 달랐다. 19세기 초기의 기술들은 영향력이 최고치의 4분의 1에 도달하기까지 65년이 걸렸다. 세기 전환기의 발명품들은 겨우 26년이 걸렸다. 집단학습 곡선은 10년마다 2.5

년씩 줄어들며 갈수록 짧아지고 있다. 사회는 점점 더 빨리 배우고 있다. 왜 그런가? 집단적 망각과 마찬가지로, 우리는 왜 그런지를 정확히 알지 못한다. 그러나 상상해보면 그 잠재적 결과들은 대단히 매혹적이다.

집단학습 곡선이 계속해서 짧아진다면 어떤 일이 벌어질지에 대한 가장 흥미로운 예측은 물리학자 스타니스와프 울람Stanislaw Ulam과 박학다식한 존 폰 노이만John von Neumann 사이의 대화에서 등장했다. 울람은 거대한 영향력을 만들어내는 발명에 대해 뭘 좀 아는 남자였다. 그는 수소폭탄을 발명했다. 노이만은 유명한 수학자인 동시에 물리학자, 게임이론가, 컴퓨터과학의 창시자이기도 하다(노이만은 흔히 약어 MAD로 불리는 '상호 확증 파괴Mutually Assured Destruction'라는 용어를 만들어냈다. 그들의 대화는 분명 아주 환상적이었을 것이다). 노이만은 비록 정확하게 수량화할 수는 없으나 기술적 진보의 속도가 증가한다는 느낌을 갖고 있었다. 울람과 나눈 대화에서 그는 이렇게 내다봤다.

계속해서 속도가 빨라지는 기술의 진보와 인간 삶의 방식의 변화는 …… 우리가 알고 있는 인간사가 더는 계속될 수 없는, 인류 역사의 어떤 순수한 특이점singularity*에 접근하고 있다는 인상을 준다.[12]

이런 생각은 미래학자 레이 커즈와일Ray Kurzweil 덕분에 유명해졌다.[13] 커즈와일은 컴퓨터 칩들의 성능이 향상되는 속도—'무어의 법칙Moore's

---

* 기술적 특이점technology singularity이란 기술 발전의 속도가 급속하게 빨라지면서 인간의 생활이 되돌릴 수 없을 정도로 변화되는 미래의 어느 시점을 뜻한다. – 옮긴이

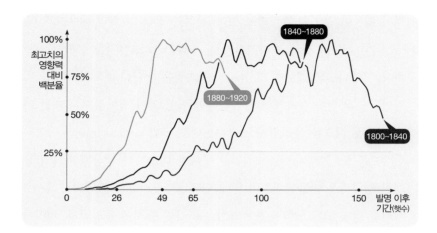

law'으로 알려진 유명한 규칙성—는 2045년이 되면 평범한 컴퓨터 한 대가 인류 전체의 뇌를 합한 것보다 더 뛰어난 연산력을 가질 것이라는 사실을 시사한다고 말했다. 그때가 되면 우리의 생각을 디스크에 다운로드하는 것이 가능해지고 기계 속에서 영원히 살 수 있을 거라고 그는 예측했다. 이것이 바로 커즈와일이 기술적 특이점이라고 지칭한 것이다.

아마도 여러분은 이것이 이상한 개념으로 보이겠지만, 커즈와일은 미친 사람이 아니다. 그는 MIT 학생이었을 때 처음으로 자신이 만든 회사를 팔았고 널리 사용되는 기술들을 발명했다. 빌 게이츠는 커즈와일을 "인공지능의 미래를 예측하는 이들 가운데 내가 아는 가장 대단한 사람"이라고 말했고, 『포브스』는 그를 "궁극의 생각 기계"라고 명명했다. 2001년에 그는 발명가에게 수여되는 세계에서 가장 큰 상인 50만 불짜리 '레멜슨-엠아이티Lemelson–MIT상*'을 타고 빌 클린턴으로부터 '국가 기술 메달National Medal of Technology'을 받은 남자로, 당신이 먹는 샐러드에 들어가는 재료들보다 훨씬 더 유명하다. 따라서 커즈와일이 자신의 분야를 잘 안다는 데에는 의심할 여지가 없다. 그렇지만 그가 옳은가?

우리는 정말로 모른다. 엔그램들은 과거에 대해서만 말해준다. 아, 그들은 미래를 예측하지는 못한다. 아직까지는.

문화를 수량화할 수 있을까

기억에 관한 우리의 어설픈 측정은 1세기 전에 비엔나 학파가 불가능하다고 생각했던 것, 즉 집단의식과 집단기억의 양상을 경험적으로 측정하여 민족정신을 수량화하는 것이 가능함을 시사한다. 그러나 우리는 이런 시도가 아주 위험하다는 사실을 여러분에게 말하지 않았다.

민족정신은 무해한 개념이 아니다. 이 개념은 18세기 독일 철학자 요한 고트프리트 헤르더Johann Gottfried Herder에 의해 천진난만하게 도입되었다.[14] 헤르더 자신은 다원주의에 상당히 기울었던 사람으로 노예제도와 식민주의, 그리고 인종들 사이에 어떤 근본적인 생물학적 차이가 있다는 생각을 거부했다. 다만 그는 국가들 사이에는 차이가 존재한다고 믿었는데, 이 차이가 그가 말한 민족정신을 형성한다. 그렇다고 해서 이것이 우월성이나 열등성의 문제라고 생각한 것은 아니다.[15]

그러나 민족정신의 개념을 극도로 민감한 민족주의와 섞어놓으면 헤르더의 아이디어가 어떻게 인종주의를 위한 가리개가 되는지 쉽게 알아볼 수 있다. 이런 식이다. 나는 우월하다, 왜냐하면 우리 민족은 더 훌륭

---

* 미국의 기술자, 발명가로서 다양한 특허권을 보유한 제롬 H. 레멜슨Jerome H. Lemelson이 후원하고 MIT의 주관으로 운영되는 상. 1995년부터 시행됐다. MIT는 같은 이름의 발명 교육 프로그램도 운영하고 있다. —옮긴이

한 민족정신을 지녔으니까. 몇몇 경우는 정확히 실제로 일어났던 일이다. 독일 전역에서 분서를 주도했던 학생들이 주장한 열두 가지 테제를 돌이켜보라. 그들은 비독일적 정신undeutschen Geist을 반영한 것들을 제거하여 "민족의 전통을 존경하기를 원했다." 19세기와 20세기의 인종주의 문제에 이르면 민족정신의 개념은 멀리서 찾아볼 필요도 없다.

물론 민족정신에 대해 좀 더 건강한 접근도 있다. 독일계 미국인 프란츠 보아스Franz Boas는 종종 현대 인류학의 아버지로 불리는데, 자신의 연구에 동일한 민족정신 개념을 도입했다.[16] 그렇지만 그는 민족정신을 극단적 민족주의 이데올로기 범주와 섞기를 거부했고, 이 위험한 혼합은 지적으로나 도덕적으로나 피폐한 접근법이라고 지적했다.

대신 그는 민족정신을 에빙하우스에게 동기를 부여했던 어떤 종류의 경험적 자세와 혼합하고자 했다. 보아스가 보기에 문화란 끊임없이 변화하는 것이지만, 관측하고 경험적으로 묘사하는 것은 늘 허용되었다. 이렇게 보아스는 두 가지 전통을 결합하여 과학적인 문화 연구의 토대를 닦았고 우리가 오늘날 인류학이라고 부르는 것을 창조했다.

우리가 과학자들과 이야기할 때 우리의 작업을 '컬처로믹스Culturomics'라고 부르는 것은 보아스를 염두에 두었기 때문이다. -오믹스-omics[17]는 빅데이터를 지칭하는 접미사로, 현대 생물학과 그 너머의 것들이 지닌 의미를 나타낸다.* 컬처는 보아스의 '컬처(문화)'다. 그것은 경험적으로 알 수

---

* '-omics'라는 접미사는 인간을 포함한 각종 생물의 유전체 염기 서열을 판독하고 DNA 구조 결정 등을 연구하는 유전체학genomics, 생명체의 전체 유전자인 게놈에 의해 발현되는 모든 단백질의 총합을 뜻하는 프로테옴을 분석하는 단백질체학proteomics, 생체 내 단백질 기능에 의해 나타나는 대사물질들의 생성 및 전환을 종합적으로 분석하는 대사체학metabolomics 등 생명공학의 여러 분야에서 쓰이고 있다. - 옮긴이

있고, 거대한 변동과 끝없는 호기심과 진정한 찬양을 불러일으킨다.

데이터가 그리는 아름다운 곡선

2010년, 하버드 진화 동역학 프로그램의 어두운 연구실에 컴퓨터 한 대가 외부 케이스가 열린 채 책상 위에 놓여 있었다. 유안은 방금 케임브리지에 있는 구글 사무실에서 엔그램 데이터가 담긴 하드디스크를 가지고 왔다. 그 결과물은 불과 몇 시간 전에 컴파일을 마친 것이었다. 우리는 그것들을 컴퓨터에 끼우고 전원을 켰다. 3년 동안 우리가 얻어냈다고 생각했던 것을 마침내 손에 쥐었다는 사실을 확인하기를 열망하면서. 우리 세 사람은 컴퓨터가 부팅되기를 기다렸는데 방 안에서 유일하게 들리는 소리는 디스크가 회전하면서 마치 안심이라도 시키려는 듯 내는 윙윙 소리뿐이었다.

마침내 명령어를 넣으라는 메시지가 떴다. 어디서부터 시작할까? 진

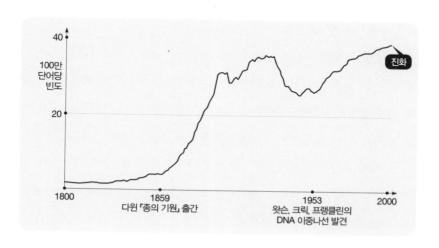

기억과 망각의 속도

화evolution— 이것이 우리를 이곳에 데려다줬다. 다시 윙윙 소리. 몇 분이 지나고 키보드를 몇 번 더 두드렸다. 그리고 갑자기 명령 지시 메시지가 도표로 대체됐다. 수세기에 걸쳐 수백만 명이 내뱉은 목소리들이 부드럽고 굴곡진 선을 따라 우리에게 말을 건넸다. 데이터의 대양에서 그려낸 이 곡선은 누구나 이해할 수 있는 단순하고 강력한 이야기를 뽑아냈다.

우리는 승인의 말을 몇 마디 중얼거렸다. 진정한 진화였다.

그다음에 들려온 소리는 코르크 마개를 따면서 난 펑 소리였다.

엔그램 중독자들

우리는 우리가 '책벌레Bookworm'라 부르자고 제안한 엔그램의 사용법을 배울 수 있는 공공의 도구를 만드는 게 좋겠다고 구글의 누군가를 설득한 적이 있다. 그는 재빨리 우리 코를 납작하게 만들었다. "누가 그것을 사용하죠? 교수들, 자, 전 세계의 교수들이 책벌레를 사용한다고 생각해봅시다. 다시 말해 10만 명입니다. 구글에서 10만 명의 사용자는 바늘 하나도 움직이지 못합니다."

이 주장을 반박하기는 어려웠다. 그렇지만 우리는 데이터를 가지고 놀다가 뭔가 이상하다는 느낌이 들기 시작했다. 엔그램들이 우리의 삶을 지배해가고 있었다. 그것을 들여다보기를 멈추기란 불가능했다. 우리는 진화와 함께 출발했다. 그렇다면 불규칙동사들은 어떤가? 대통령들은 또 어떻고? 아인슈타인은? 칵테일파티에서 누군가는 다음과 같은 질문을 던질 것이다. 언제부터 성차별주의sexism라는 용어를 쓰기 시작했을까? 나가서 재빨리 노트북을 켠다. 1970년대 초반이다. 언제부터 도우넛

doughnut 대신 도넛donut이라고 적기 시작했을까? 다시 나가서 노트북을 들여다보고 온다. 1950년대에 던킨도너츠Dunkin' Donuts가 창립된 직후다.

우리는 가장 흥미로운 발견들을 묘사하는 과학 논문을 쓰겠다는 목표를 세우고 회의를 하기 시작했다. 논문을 쓰면 우리가 한 걸음 앞으로 나아가는 데 도움이 될 거라고 생각했다. 그러나 어떤 주제에 대해 쓰려고 할 때마다 새로운 엔그램 때문에 절망적으로 산만해지기 일쑤였다. 간식! 회사! 공룡! 회의가 끝날 때쯤이면 우리가 발견한 것들 가운데 가장 흥미롭다고 생각했던 것이 어느새 눈이 번쩍 뜨이는 새로운 키워드에 비하면 지루한 것으로 전락하는 현상을 우리는 목격했다. 이것은 대단히 곤란한 상황이었다. 이 중독에서 어떻게 빠져나올 것인가?

우리는 생각에 집중할 시간을 갖기 위해 잠깐 휴식을 취할 필요가 있었다. 그래서 우리는 엔그램 데이터베이스에 접근할 수 있는 노트북 컴퓨터 넉 대―우리의 책벌레 인터페이스 원형을 구동시킬 수 있는 전 세계에서 넉 대밖에 없는 노트북 컴퓨터―를 가져다가 다른 사람들에게 전달했다. 한 대는 펑커에게 갔는데, 그는 재빨리 자신이 쓰고 있던 책에 들어갈 도표들을 찾아보기 시작했다. 한 대는 에레즈의 아내 아비바에게 갔다. 그녀는 즉시 새로운 발견들을 보고했다. 그녀는 멘델스존 Mendelssohn이라는 독일어 엔그램을 점검하더니 검열을 추적해 들어가기 시작했다. 이제, 그녀 역시 중독됐다.

세 번째 기계는 마틴 노왁에게 갔다. 그는 집에 책벌레를 들고 가서 당시 열여섯 살이던 아들 서배스천에게 우연히 보여주게 됐다. 서배스천은 질문 문항을 타이핑했다. 도표가 튀어나왔다. 그는 강한 흥미에 이끌려 다른 질문을 던졌다. 마틴의 아들은 질문 문항 두 개를 던져보더니 이 기

기억과 망각의 속도

계를 아버지에게서 빼앗아 자리를 떴다. 10분 정도 지난 뒤, 서배스천은 친구에게 전화를 걸어 "여기 와서 이것 좀 봐"라고 말했다. 둘은 그날 밤새도록 질문을 던지고 또 던졌다.

마지막 기계는 우리가 기조연설을 하기로 한 구글의 '2010 도서관 정상회의Library Summit'에 갔다. 이 회의는 구글이 자사의 디지털화 프로젝트에 관련된 최신 뉴스를 세계의 도서관 대표들에게 공개하는 자리였다.

여러분은 도서관 사서들이 조용한 부류의 사람들이라고 생각했을 것이다. 우리의 경험으로는 그렇지 않았다.

우리가 하고 있는 일의 기본 개념을 설명하고 나자, 그들의 열정이 끓어오르기 시작했다. 어느 누구도 이와 같은 것을 들어보지 못했고, 당연히 이런 규모의 어떤 것에 대해서도 들어보지 못했으리라. 우리는 강당에 꽉 들어찬 사람들 모두의 시선을 한몸에 받았다. 우리가 몇 가지 예시를 보여주었을 때, 그 방 안에서 꿈틀댄 에너지는 엄청났다. 마침내 45분 뒤, 강연을 마무리하고 책벌레를 구동시켰다. 우리는 청중에게 물었다. "질문 있나요?" 우리는 그 전에도, 그 후로도 들어본 적 없는 우레와 같은 박수로 환영을 받았다. 마침내 박수 소리 너머로 스스로를 억누를 수 없는 사서들의 외침이 들려오기 시작했다.

"그he 대 그녀she를 찾아봐요!"

"지구 온난화global warming를 찾아봐요!"

"해적pirates 대 닌자ninjas!"

그 방은 흥분과 호기심, 환희, 완벽한 매혹으로 폭발했다.

엔그램들은 매혹적이었고, 거부할 수 없을 정도로 중독성이 강했다. 우리는 새롭고 머리는 아주 좋지만, 왠지 꺼벙해 보이는 혜로인을 발견한 것과 다를 바 없었다.

구글 북스의 댄 클랜시는 맨 앞줄에 앉아서 우리가 만들어낸 이상하고 작은 장치가 우리나 사서들이 그랬던 것처럼 구글 사용자들에게 즐거움을 한껏 선사하리라고 예측했다. 그는 명령을 내렸다. 구글은 우리의 원형을 조정해서 구글 북스의 한 부분으로 출시했다. 우리는 황홀감에 빠졌다.

갑자기 우리의 프로젝트가 체계적이고 과학적인 거북이에서 구글이 추진하는 토끼로 변신했다. 딱 2주 만에 구글의 놀라운 기술자들인 존 오원트, 매튜 그레이, 윌리엄 브록맨이 깜짝 놀랄 정도로 멋진 책벌레 웹 버전을 만들어냈다. 그런데 새로운 상표를 승인받기 위한 긴 내부 절차를 피하려면 우리가 지은 이름을 버려야 했다. 그 대신 우리는 단순하고 기술적인 '엔그램 뷰어Ngram Viewer'[18]라는 이름을 부여했다. 2010년 12월 16일 오후 두 시, 『사이언스』가 우리의 연구 논문을 게재했고 이와 동시에 구글도 엔그램 뷰어를 출시했다.

처음 24시간 동안 이 사이트는 300만 히트를 기록했다. 인터넷은 들떴고, 트위터는 "중독성 있는"(@gbilder), "완전히 중독성 있는"(@paulfroberts), "세상에, 구글 엔그램 뷰어는 모든 도구 가운데 가장 중독성 있다"(@rachsyme) 같은 엔그램 뷰어에 대한 리뷰로 윙윙거렸다. 『마더 존스』는 이것을 "아마도 인터넷 역사상 시간을 가장 많이 잡아먹는 괴물timewaster일 것"이라며 환영했다. 그다음 날 아침, 『뉴욕 타임스』를 집어 들었을 때 우리는 1면을 장식하고 있는 우리 작품을 발견하고서 눈이 휘둥그레졌다.

문제는 해결됐다. 우리를 마비시키는 엔그램 중독을 끊어낼 수는 없었지만, 적어도 온 세상이 우리와 함께 쓰러지게 할 수는 있었다.

화성인들은 화성에서 오지 않았다

화성에는 운하가 있고, 지적 생명체가 산다

거대한 선 발견

화성 관측

퍼시벌 로웰 『화성』 출간

조반니 스키아파렐리

갈릴레오

1610　　　　1895　1898

THE WAR
OF THE WORLDS

H. G. WELLS

H. G. 웰스
『우주 전쟁』 출간

마리너 4호
화성 탐사

화성인

10억
단어당
빈도

300

200

100

1964

1610년 갈릴레오는 일련의 화성 관측을 시작했다. 그해 12월, 그는 놀라운 사실을 알아냈다. 화성이 점점 작아져 9월의 크기에 비하면 겨우 3분의 1 정도밖에 안 되는 듯 보인다는 것이었다. 갈릴레오는 불과 몇 달 사이에 이 행성이 지구로부터 아주 멀리 이동했다는 결론을 내렸는데, 이것은 지구가 우주의 중심에 있지 않다는 결정적인 증거였다.[19] 하지만 갈릴레오는 그 이상의 많은 것을 보지는 못했다. 그의 망원경은 너무 초보적이라 이 행성의 표면에서 어떤 것도 상像으로 그려내지 못했다.

몇 세기 뒤, 조반니 스키아파렐리Giovanni Schiaparelli[20]는 훨씬 더 강력한 망원경으로 이 붉은 행성을 바라보았다. 그가 본 것은 주목할 만했다. 거대한 선들이 이 행성의 표면에 아로새겨진 듯이 보였다. 스키아파렐리의 발견은 퍼시벌 로웰Percival Lowell이라는 남자를 몹시 흥분시켰다. 이 남자는 1894년 자신이 직접 보기 위해 망원경을 만들기로 결심했다. 애리조나 주 플래그스태프Flagstaff에 세워진 천문대에서 로웰 역시 그 선들을 보았다. 로웰의 천문대에 함께 있던 다른 여러 동료들도 그의 발견을 확인했다. 이러한 직접적인 관측을 바탕으로 이 팀은 꼼꼼하게 지도를 만들었고, 이 지도는 이 선들이 행성의 표면을 십자형으로 교차하는 조밀한 네트워크를 형성하고 있음을 보여줬다.

화성 표면의 이 엄청난 형상은 대체 무엇인가? 로웰의 설명은 전적으로 한 세기 전에 널리 알려진 지식, 즉 화성에는 극지의 만년설을 제외하고는 물이 거의 없다는 것에서 출발했다. 로웰은 이 선들이 죽어가는 이 행성의 거주자들이 극지의 물을 끌어와 그들의 세계에 다시 물이 돌게 하기 위해 판 관개수로 시스템, 즉 거대한 운하 네트워크라고 주장했다.[21] 망원경으로 본 선들에 기초해 로웰은 화성에 지적 생명체가 살고 있다고 결론을 내렸다. 우리는 혼자가 아니라는 것이다.

과학자들 사이에서 로웰의 업적을 두고 벌어진 논쟁은 이보다 더 뜨거울 수 없었다. 대부분은 부정적이었다. 그러나 일부는 열정적이었다. 일명 미국 천문학자들의 학과장이라고 불린 헨리 노리스 러셀Henry Norris Russell[22]은 화성의 운하들은 "아마도 현존하는 이론 가운데 가장 훌륭한 이론일 것이다. 로웰과 그의 동료들은 상상력을 엄청나게 자극하는 이것을 애리조나에 있는 그들의 천문대에서 만들어냈다"[23]라고 말했다.

로웰의 이 매혹적인 아이디어는 과학계를 넘어서는 충격을 불러일으켰다. 세 권의 시리즈로 널리 알려진 로웰의 생각은 폭풍같이 세계를 휩쓸었다. 엄청난 양의 뉴스 보도가 빠르고 맹렬하게 밀려들었다. 심지어 한 관측자는 로웰의 운하 네트워크에 내장된 신의 히브리 이름 샤다이Shadai를 발견했다. 1898년에 이르러서 H. G. 웰스는 『우주 전쟁』[24]을 썼다. 로웰의 발견에 먼지가 내려앉기도 한참 전에 화성인들은 지구를 접수했다. 혹은 적어도 지구인들의 상상력을 접수했다.

로웰의 아이디어에 대한 과학적 열정은 1910년대에 이르러 더 나은 망원경을 통한 더 나은 관측으로 사그라지기 시작했다. 그러나 어떤 아이디어, 특히 이처럼 재미있는 아이디어의 반감기는 길다. 로웰의 의견과 관개수로 지도는 그 영향력을 계속 유지했다. 미 항공우주국NASA이 이 붉은 행성 사진을 찍기 위한 최초의 무인 탐사선을 보낼 때, 임무 계획에 사용된 화성 구형 모형Martian globe에는 로웰의 운하 네트워크를 나타내는 무늬들이 세심하게 표시돼 있었다.[25] 1964년 마리너Mariner 탐사선[26]들이 목적지를 향해 우주를 획 하고 날아가자, 화성의 생명체를 향한 열광이 또다시 펄펄 끓어올랐다.

마리너 4호가 이 행성의 상공을 최초로 비행하면서 촬영한 사진들은 엄청난 허탈감을 불러일으켰다. 그곳에 운하는 없었다. 신의 이름도 없었다. 지적 생명체에 대한 어떤 확실한 증거도 없었다. 로웰의 선들은 단 한 개도 없었다. 보이는 것이라곤 우연히 분화구에 의해 갈라진 광대하게 펼쳐진 황량하고 붉은 대지뿐이었다.

새로운 관찰도구는 우리를 미개척지로 데려다줄 것이라는 거대한 약속을 한다. 그러나 새로운 관찰도구가 불러오는 거대한 위험은 우리의 열정 때문에 눈으로 본 것에서 너무도 빨리 마음의 눈이 보고자 하는 것으로 넘어가버린다는 것이다. 심지어 가장 강력한 데이터도 해석하는 사람의 통치sovereignty를 따른다. 화성인들은 화성에서 오지 않았다. 그들은 퍼시벌 로웰이라는 남자의 마음에서 왔다.

우리는 관찰도구를 통해 우리 자신을 본다. 모든 새로운 렌즈는 새로운 거울이기도 하다.

chapter 7

유토피아, 디스토피아, 데이터토피아

어느 누구도 이것을 정확히 뭐라고 불러야 할지 모른다. 그리고 이것이 어디로 가고 있는지 아는 사람도 없다. 그러나 한 가지는 확실하다. 과학과 인문학이 다시 한 번 같은 목표를 향해 가고 있다는 것이다. 갈릴레오가 17세기에 우리 세계에 대한 이해를 바꿔놓았듯이, 21세기에 이 두 개의 렌즈는 서로 등을 맞댄 채 갈릴레오가 했던 것과 똑같은 일을 해낼 것이다.

『구약 성경』「사무엘 하」에 나오는 이야기다. 이스라엘 다윗 왕은 얼마나 많은 사람이 자신의 지배를 받고 있는지 궁금해한다. 그는 인구조사를 하라고 명령한다. 9개월 뒤, 그는 결과를 보고받는다. 싸울 수 있는 건강한 남성이 130만 명이었다. 그러나 다윗의 셈은 주Lord를 화나게 했고, 주는 대지에 전염병을 불러왔다.[1] 수천 년 동안 다윗 같은 사람들은 사회의 여러 가지 양상을 수량화하고자 했다. 그것은 아주 위험한 일이 될 수 있다.

이 책에서 우리는 디지털화한 역사적 기록들이 전과 달리 어떻게 우리 인류 집단을 수량화할 수 있는지 살펴보았다. 오늘날 우리는 단순히 양의 마릿수나 사람의 머릿수를 세지 않는다. 그 대신 우리는 역사와 언어, 문화의 중요한 양상들을 증명하는 신중한 측정을 해낼 수 있다. 그리고 우리가 보여준 단순한 도표들은 거대한 빙산의 일각에 불과하다. 다가오는 시대에는 디지털화한 개인적·역사적 기록들이 우리 자신과 우리 주변의 세계에 대해 생각하는 방식을 완전히 바꿀 것이다. 여러분과 헤어지기 전에 이 모든 것이 어디로 가고 있고, 이것이 과학과 학문, 그리고 지평선 너머에서 손짓하고 있는 수량화된 사회에 무엇을 의미하는지를 그려보고자 한다.

그리고 우리는 아주 간략하게 마지막 질문과 씨름할 것이다. 이 모든 것은 좋은 것인가? 빅데이터는 약속의 땅으로 판명될까? 아니면 다가오는 몇 년 동안 우리가 내리는 결정들은 우리에게 다시 전염병을 불러올 것인가?

과거의 디지털

　우리가 여러분에게 이야기한 엔그램 데이터는 수백만 권의 책에서 나왔다. 현재의 기준에서 보면 그것은 확실히 빅데이터다. 그러나 과거의 경험을 돌아볼 때 앞으로 몇 년 후면 다르게 생각하게 될 것이다. 결국 몇백만 권의 책은 우리의 방대한 문화적 생산물의 작은 부분에 불과하다.

　에드거 앨런 포Edgar Allan Poe[2] 같은 역사 인물을 생각해보자. 초창기의 많은 작가들과 달리 포는 오로지 글쓰기로만 삶을 영위하느라 분투했다. 그러나 국제 저작권법이 있기 전인 19세기의 작가가 글쓰기로 먹고 살기는 힘들었다. 포는 재정 압박 탓에 할 수만 있다면 어느 지면이 되었건 매우 다양한 형식으로 작품들을 발표했다. 그는 시, 단편, 책, 희곡, 소설, 비평, 신문 기사, 에세이, 편지 등을 썼다. 그는 심지어 대서양 횡단 열기구 여행에 대한 긴 이야기를 날조해 뉴욕 『선Sun』의 특별판에 게재하기도 했다.

　우리가 역사적 기록의 미래를 생각해볼 때, 또 디지털화가 어떻게 그것을 바꿔놓을지를 생각해볼 때, 포의 작품들은 마치 우리가 해야 할 일을 적어둔 목록처럼 보인다. 그의 전체 작품 가운데 어떤 것들이 디지털 공유지digital commons에 도달했을까? 그것들은 어떻게 그곳에 갔을까? 그리고 나머지는 어떻게 됐을까? 이러한 질문들은 오늘날 존재하는 역사적 기록과 연관된, 짧지만 정신없이 빠르게 진행되는 여행으로 우리를 인도할 것이다.

책

우리의 작은 관찰도구인 엔그램 뷰어는 처음에는 그동안 출판된 책의 4퍼센트, 다시 말해 스물다섯 권 가운데 한 권으로 구동됐다. 2012년에 우리는 유리 린Yuri Lin, 슬라프 페트로프Slav Petrov, 그리고 구글의 다른 사람들이 엔그램 뷰어를 모든 책의 6퍼센트, 즉 열일곱 권 가운데 한 권을 포괄하도록 업그레이드하는 일을 도왔다.[3] 당연히 우리는 구글이 디지털화한 책 가운데 일부를 사용했을 뿐이다. 만약 구글이 디지털화한 3000만 권을 모두 포함시킨다면 출판된 모든 책의 20퍼센트를 약간 상회할 것이다. 남은 80퍼센트는 어떤가? 그것들은 언제 디지털 아카이브로 들어오게 될 것인가?

편리하게도 새로운 책들 가운데 점점 더 많은 수가 디지털로 태어나 출판 시점부터 전자책e-book[4] 형태로 보급되고 있다. 책은 과거 인류 역사의 어느 시기보다 지금 훨씬 더 많이 출판되고 있으므로 디지털 형태로 존재하는 책의 비율은 시간이 흐를수록 급속히 늘 것이다.

그렇지만 여전히 오래된 책들, 다소 불편하게도 물리적인 물체로만 존재하는 책들이 남아 있다. 이것들이 바로 디지털화 작업에서 집중해야 할 영역이다. 사기업들과 각국 정부는 우리의 집단적 유산을 보존하는 동시에 그것으로부터 이윤을 만들어내려는 열망으로 움직이기 시작했다.[5] 구글은 계속해서 이런 노력을 주도하고 있다. 구글은 이 세상에 존재하는 1억 3000만 권의 책 가운데 3000만 권을 이미 디지털화했다.[6] 구글은 나머지를 2020년까지 모두 디지털화할 수 있으리라고 전망한다. 십중팔구 살아남은 책 가운데 대부분은 곧 디지털 형식으로 기록될 것이다.

수량의 관점에서 봤을 때 책 기록을 포괄하는 범위가 4퍼센트에서 100

유토피아, 디스토피아, 데이터토피아

퍼센트로 스물다섯 배 개선된다면 우리가 문화의 망원경으로 볼 수 있는 관측의 종류는 굉장히 달라질 것이다. 겨우 맨눈의 30배율인 망원경을 가지고 지구를 우주의 중심이라는 지위에서 쫓아낸 갈릴레오를 다시 한 번 떠올려보라.

그럼에도 우리의 책 기록에 대한 연구는 주요한 장애에 직면해 있다.

심각한 장애물의 하나는 저작권법이다. 포가 살던 시대보다 훨씬 더 공격적이면서도 그때만큼이나 구식인 저작권 법령들이 이 분야를 방해하고 있다. 1998년의 '저작권 보호기간 연장법Copyright Term Extension Act'이 좋은 사례다. 이 법은 저자의 사후 저작권을 70년으로 연장했다. 이 법은 1923년 이후 출판된 거의 모든 책의 온라인 전파를 간단히 금지했고, 디지털 연구자나 디지털 도서관들에 그 어떠한 대비책도 마련해주지 않았다. '인터넷 아카이브Internet Archive' '해시트러스트HathiTrust' '구텐베르크 프로젝트Project Gutenberg' 같은 조직들은 책들을 최대한 공개적으로 사용할 수 있게 하기 위해 분투하고 있다. 그러나 현 저작권 법령의 규정 때문에 지난 세기에 출판된 작품들 가운데 극히 일부만 그렇게 만들 수 있다.

이 법은 우리의 나머지 정보 생태계에 영향을 미치고 있다. 예를 들면 이렇다. 우리의 연구 단체인 '문화 관측소Cultural Observatory'는 책 기록을 가로세로 어느 방향으로든 잘라서 볼 수 있는, 엔그램 뷰어보다 훨씬 더 강력한 오픈소스 도구를 만들었다. 우리는 까마귀raven라는 단어가 30대 남자가 쓴 서술시narrative poetry* 작품들에서 출발해 미국 전역을 가로질

---

* 서사적 이야기 구조가 강한 시. 소설이나 운문 형태를 띤 서술시도 있다. - 옮긴이

러 가며 어떻게 쓰였는지를 지도로 즉시 그릴 수 있다. 그러나 1923년까지만 그렇게 할 수 있을 뿐이다. 지난 세기에 이르면 새로운 법이 입장을 허용하는 경우를 제외하고는 변호사라는 어두운 법복을 입은 보초가 언제까지나 우리의 문에 서서 "두 번 다시는 안 돼!Nevermore"*라고 속삭일 것이다.

그런데 책들의 얼굴에 훨씬 더 은밀하게 퍼지는 또 다른 위험이 있다. 디지털 책들과 디지털 정보가 점점 더 중요해지면서 물리적인 책의 생존이 몇몇 전선에서 위협을 받고 있다. 킨들 전자책 리더 플랫폼이 소개되고서 불과 3년 만에 아마존에서 킨들북 판매량은 인쇄된 책들을 추월했다. 아마존에만 국한된 현상이 아니다. 최근 몇 년 사이에 다양한 플랫폼과 소매업자들 사이에서 전자책으로의 전환이라는 주목할 만한 일이 있었다. 종국에는 『성경』처럼 엄청난 위대함과 정서적 가치를 지닌 텍스트만 인쇄본으로 남을 것이다. 하지만 그런 텍스트는 거의 없다. 지프의 분포가 보이는 기다란 꼬리 탓에 종이책은 불규칙동사가 걸었던 길을 갈 것이다. 지금 우리가 쓰고 있는 이런 책은 몇 년 안에 더는 인쇄되지 않을 것이다.

물리적인 책들은 과거에 자신들의 요새였던 도서관에서도 위협을 받고 있다. 도서관은 지난 수천 년 동안 역사 기록을 보존하기 위해 운영되어온 유일하고도 중요한 기관이었다. 그러나 온라인 도서관들이 계속해서 큰 발걸음으로 성큼성큼 앞으로 나아가면서, 오프라인의 전통적인 도

---

* 에드거 앨런 포가 쓴 시 「까마귀」에 등장하는 까마귀는 화자에게 반복적으로 "두 번 다시는 안 돼"라고 말한다. - 옮긴이

서관은 상당히 위축되고 있다. 최근 몇 년 동안 도서관의 60퍼센트가 예산이 동결되거나 축소됐다. 기금이 줄고 공간이 더욱 협소해지면서 도서관이 새로운 책의 공간을 마련하려면 오래된 책들을 치워버리는 일 외엔 다른 선택지가 없다. 문제는 도서관들이 오래된 책들을 쉽게 거저 나눠줄 수 없다는 점이다. 도난을 방지하기 위해 책에 장착된 추적 장치들은 항상 친절한 사람들이 책을 찾아서 옳은 장소에 되돌려놓을 수 있게 해준다. 이런 추적 장치를 제거하려면 비용이 너무 많이 든다. 그 대신 도서관은 우리가 도저히 상상할 수 없다고 생각하는 일을 주기적으로 선택했다. 그들은 비밀리에 책들을 파괴하고 있다. 그것도 어마어마한 규모로. 대형 도서관은 때로 한 번에 수십만 권을 제거해버린다.[7]

　어떤 책들이 없어질까? 도서관마다 분야가 천차만별이지만, 일반적으로는 무차별적으로 파기된다. 우리가 무엇을 잃어버리고 있는지 기록을 남기려는 노력조차 없다. 최근의 한 사례를 들자면, 영국의 전 총리 데이비드 로이드 조지의 개인 서재에서 온 책들이 쓰레기로 처리됐다. 간혹 어떤 도서관은 구글이 어떤 책들을 디지털화했는지를 점검하여 어떤 책을 제거할지 결정할 것이다. 이런 일은 곧 우리의 주요 문화 유산에 대한 전면적 공격을 의미한다. 5장에서 우리는 검열이 어떤 생각을 의도치 않게 지원할 수 있다는 점을 지적했다. 여기서는 그와 정반대되는 일이 일어나고 있다. 책을 더 널리 읽게 하려는 노력이 바로 그 책들의 물리적 생존을 위협하고 있다. 책의 디지털화는 복잡한 유산을 남길 것이다.

신문

당연히 역사 기록은 책으로만 구성되진 않는다. 예를 들어 포의 열기구 관련 거짓말은 신문에 등장했다. 지난 시절의 신문들은 여러 도시와 운동, 여러 사회적 집단이 가진 그날그날의 관심이 반영된 엄청난 자원이다. 포의 열기구 거짓말의 디지털 판본을 우리가 찾을 수 있는 기회가 있을까?

언뜻 생각하면 기회가 충분하다고 생각할 수 있다. 과거의 신문들을 디지털화하는 작업은 상당히 진척되었으니까.[8] 오늘날 『뉴욕 타임스』, 『보스턴 글로브』를 비롯한 주요 신문사들은 자신들이 발행한 판본을 전부 디지털화했다. 미국 '국립인문학재단'은 한 세기 이상에 걸쳐 있는 600만 페이지의 초기 미국 신문들을 디지털화하기 위해 대규모 재원을 지원했다. 다른 나라들도 진전을 이루고 있기는 마찬가지다. 오스트레일리아의 '트로브Trove 프로젝트'는 1억 개의 뉴스 기사를 디지털화했다. 구글도 이 경쟁에 막 동참해 신문사 2000곳의 기록을 디지털화하고 있다.

하지만 이처럼 인상적인 진전에도 불구하고 신문을 디지털화하려는 어떤 노력도 그 규모나 범위 면에서 구글이 책을 가지고 하고 있는 작업에 견줄 수는 없다.

포의 열기구 거짓말은 이런 불균형의 완벽한 사례다. 오늘날 그 장난의 디지털 판본을 찾기는 쉽다. 하지만 그것은 신문 디지털화가 아니라 책 디지털화가 성공한 덕분이다. 이 긴 이야기는 너무도 유명해서 포의 작품을 선별하여 수록한 많은 책에 등장하는데, 포의 선집들은 그의 다른 모든 책과 마찬가지로 디지털화되었다.

그러나 이 이야기가 실린 신문 원판 인쇄본의 디지털 판본은 찾을 수가 없다. 국립인문학재단은 뉴욕 『선』의 디지털화 작업을 1859년에서 1920년까지만 재정 지원했다. 1844년에 게재된 이 거짓말은 신문 디지털화의 거대한 사각지대에 놓여 있다. 포의 신문 기사 가운데 대부분이 디지털화되지 않았으며, 언제 디지털화가 이뤄질지는 아무도 모른다.

미출간 원고

출판은 상대적으로 최근의 발명품이다. 인쇄기가 출현하기 전의 원고들은 손으로 베껴 쓴 필사본으로 유통됐다.[9] 오늘날 수많은 훌륭한 원고들이 이런 형태로만 존재한다. '사해문서Dead Sea Scrolls'를 비롯한 유명 필사본들 다수가, 대영도서관British Library의 그리스 필사본처럼 중요한 소장품들이 디지털화될 때 함께 디지털화됐다. 그러나 여전히 필사본을 디지털화하려는 노력은 일부에 머물러 있다.

당연히 출판의 발견으로 미출간 원고의 생산이 중단되지는 않았다. 포는 사후에 422통의 편지를 남겼다. 이 편지들은 포가 엄청나게 유명한 덕분에 열기구 거짓말처럼 책에 수록되었고 그 덕분에 디지털화된 것이다. 포가 썼거나 포를 다룬 다른 자료들은 텍사스 대학교 오스틴 캠퍼스의 '해리 랜섬 센터Harry Ransom Center'처럼 포를 중심에 둔 노력에 힘입어 디지털화됐다. 그곳에서 당신은 포가 쓴 원고의 원본, 그가 받은 편지들, 그가 쓰다 버린 원고들의 디지털 영상을 일부 볼 수 있다. 심지어 '에드거 앨런 포 담배 카드'도 몇 가지 볼 수 있다. 야구 카드*가 특유의 문화적 틈

---

* 작은 종이 카드에 야구 선수 한 명 또는 여러 명의 사진을 싣고 뒷면에는 그 선수나 해당 팀의 다양한 정보를 담은 카드. 20세기 초 미국에서 처음 선을 보인 야구 카드는 쿠바, 일본 등 야구가 인기 있는 나라에서 제작되어 많은 야구 팬들이 수집, 교환하고 있다. 야구 카드는 한국에서도 발행된다. - 옮긴이

새를 차지하기 전에는 배우나 모델, 작가의 모습을 담은 카드가 담배 판매를 촉진하는 역할을 했다.

그러나 미출간 자료들에 관한 한 포의 유산은 대표적인 사례로 보기 어렵다. 포 같은 사람들은 역사 기록에서 이른바 스타 대접을 받았다. 스타들에 관한 것은 무엇이든 추적돼 디지털화됐다. 그런데 모든 사람이 그런가? 다락방과 낡은 트렁크에 묻힌 메모, 잡지, 서신의 99퍼센트는 접근하기도 힘들며 그것들을 디지털화하려는 직접적인 노력은 극히 예외적인 일이다.

이런 종류의 자료들을 발굴하려는 노력이 결실을 맺은 몇 안 되는 사례 중에 이란 여성을 연구한 하버드 교수 아프산네 나즈마바디Afsaneh Najmabadi가 있다. 그녀는 이란에서 가가호호를 방문해, 그들 가족이 여성의 경험과 관련된 어떤 역사 문서들을 보관하고 있는지 물었다. 나즈마바디는 자신이 발견한 모든 것의 디지털 영상을 세심하게 만들었다. 그 결과는 '카자르 이란 여성의 세계Women's Worlds in Qajar Iran'라는 제목의 아카이브www.qajarwomen.org에서 자유롭게 볼 수 있다. 이 아카이브는 유언장에서부터 결혼 계약에 관한 우편엽서까지, 모든 것을 담고 있는 귀중한 발굴물이다. 모든 공동체가 이런 보물들을 보유하고 있다. 그러나 시간은 거기에 달라붙어 서서히 피를 빨아먹는다. 슬프게도 이 과정을 막기 위한 체계적인 노력은 보이지 않는다.

물건들[10]

버지니아 주 리치먼드에 있는 포의 고택 근처에는 '에드거 앨런 포 박물관'이 있다. 거기서는 그가 사용한 지팡이, 어린 시절의 침대, 그가 입었던 옷들, 그의 부인이 사용한 피아노, 그의 수양아버지의 초상화, 심지어 그의 머리카락 한 타래까지 볼 수 있다. 이런 박물관들은 우리에게 인류의 역사가 말로 전할 수 있는 것들을 훌쩍 넘어선다는 사실을 일깨워준다. 역사는 우리가 그린 지도들과 우리가 빚은 조각상에서도 발견된다. 우리가 세운 집들과 우리가 지킨 들판, 우리가 입은 옷에도 있다. 우리가 먹은 음식, 우리가 연주한 음악, 우리가 믿었던 신들 안에도 있다. 우리가 그림을 그린 동굴과 우리에 앞서 존재했던 피조물들의 화석에도 역사는 있다.

불가피하게도 이 모든 자료는 사라질 것이다. 우리의 창조력은 우리가 기록하는 것을 훨씬 능가한다. 그러나 오늘날에는 전보다 훨씬 많은 것들이 보존될 수 있다. '유로피나Europeana' 같은 프로젝트는 유럽 전역에 흩어져 있는 박물관, 아카이브, 저장소 등에서 유래한 수백만 가지 유물을 웹상에서 디지털 형태로 사용할 수 있도록 하고자 분투하고 있다. 예술 작품들이 초고해상도의 2차원이나 3차원 사진으로 촬영되어, 수많은 사람이 www.artsy.net 같은 사이트에서 세계의 중요한 작품들을 감상할 수 있게 되었다. 당신은 신석기 시대의 토기를 진정으로 좋아하는가? 오늘날에는 그것을 3차원으로 스캔한 다음, 3D 프린터로 복제품을 만들 수 있다.

우리는 역사가 사라지기 전에 얼마나 많이 붙잡을 수 있을까? 변화를 만들어내려면 생각을 크게 해야 한다.

우리는 진정으로 거대과학big science의 시대에 살고 있다. 강입자 충돌기Large Hadron Collider를 만들고, 강입자 충돌기를 이용해 힉스 입자Higgs boson를 찾으려는 실험에는 90억 달러가 든다. 인간 게놈 프로젝트는 인간의 생명을 떠받치는 화학적 부호를 판독해 문자로 배열하는 것이 목표였는데, 30억 달러가 들었다. 인류 역사를 이해하기 위해 우리가 쓰는 돈의 규모는 여기에 비하면 미미한 수준이다. 국립인문학재단의 1년 총 예산은 1억 5000만 달러에 불과하다.

역사 기록을 디지털화하는 문제는 인문학에서도 거대과학 스타일의 작업을 할 수 있는 전례 없는 기회를 제시한다. 우리가 과학에서 수십억 달러짜리 프로젝트를 정당화할 수 있다면, 우리 역사의 가장 중요하고 부서지기 쉬운 파편들을 우리 자신과 우리 아이들이 널리 자유롭게 사용할 수 있도록 기록하고, 보존하고, 공유하는 것을 목표로 하는 수십억 달러짜리 프로젝트의 잠재적 영향력도 고려해야 한다. 과학자, 인문학자, 기술자가 함께 팀을 이뤄 일하면 놀라운 힘을 가진 공유 자료들을 만들어낼 수 있다. 이런 노력들은 쉽게 내일의 구글과 페이스북을 위한 씨앗을 뿌릴 것이다. 사실 이 두 회사는 우리 사회의 여러 양상을 디지털화하려는 노력과 함께 출발했다. 곧 '거대 인문학'이 일어날 것이다.

여전히 할 일이 방대하게 남아 있긴 하지만, 역사 기록을 디지털화하는 작업은 이미 상당히 진전했다. 우리가 앞서 설명한 대로 클릭 한 번이면 접근 가능한 자료들이 과거에 관한 우리의 생각을 바꿔놓고 있으며, 과거엔 루브르나 스미소니언을 방문해야 가능했던 일들을 우리 아이들과 일상적으로 공유할 수 있도록 해준다. 이러한 자료들은 우리가 글과 예술, 머리카락과 우편엽서, 전쟁과 로맨스가 어떻게 오늘날의 모습을 갖추게 됐는지를 관찰하고 이해하는 데 도움을 줌으로써 과학자들과 인문학자들이 과거에 접근하는 방식을 바꾸고 있다.

유토피아, 디스토피아, 데이터토피아

현재의 디지털

에드거 앨런 포는 평범해 보이는 사람이 몹시 어두운 비밀을 숨기고 있을 수 있다는 사실이 이야기를 끌고 가는 장르인 추리소설을 고안했다. 당신이 포의 어두운 비밀, 즉 그의 내면적 삶, 그의 가장 깊은 생각을 알고 싶어하는 역사 탐정이라고 가정해보자. 작업의 시작으로 가장 좋은 것은 그의 서신들을 살펴보는 일일 것이다. 그가 남긴 422통의 환상적인 편지들이 우리가 탐구해주기를 기다리고 있다.

그러나 포보다 더 많은 기록을 남긴 작가를 아는가? 바로 당신이다.[11] 당신이 평균적인 미국 성인이라면 2주마다 422통의 이메일을 보낸다. 그리고 바로 지금 당신의 이메일 계정에는 아마도 10년 동안 작성한 이메일이 보관돼 있을 것이다. 그것은 살아남은 포의 서신들보다 수백 배나 더 많은 양이다. 그리고 이처럼 환상적인 저장소를 가진 사람은 당신만이 아니다. 2010년 이메일 사용자 20억 명이 스팸메일[12]을 제외하고도 10조 통의 이메일을 보냈다. 오늘날 평균적인 조Joe가 작성한 서신은 옛날 대통령들의 거창한 서신보다 더 잘 보존된다.

이러한 이메일 기록은 강력한 자료다. 그것은 우리 과거의 세부적인 것들을 문서화할 뿐 아니라 우리를 흥분시키는 새로운 방식으로 우리 자신을 알게 해준다. 장바티스트의 이메일을 예로 들어보자. 그의 메일함을 단순히 엔그램 분석만 해봐도 장바티스트의 삶에 대해 많은 것을 알 수 있다. 당신은 그가 몇 년에 걸쳐 점차 프랑스어에서 영어로 옮겨가는 모습을 볼 수 있다. 이는 그가 프랑스를 떠나 미국에 동화되어가는 모습을 반영하고 있다. 우정은 오고 간다. 젊은 시절의 열정은 퇴조한다. 파티

party는 10년에 걸쳐 빈도가 줄어든다. 동시에 그의 애정사가 펼쳐져 하나의 마지막 엔그램인 이나Ina로 수렴된다. 이런 식으로 그의 엔그램을 탐구하여 장바티스트는 한때 그에게 중요했지만 천천히 잊힌 것들을 반복적으로 재발견했다. 빅데이터라고 해서 반드시 우리를 주눅 들게 하지는 않는다. 그것은 우리 자신의 삶을 들여다보는 친숙한 창일 수 있다. 수량화된 우리 자신을 들여다보는 창.

우리의 디지털 기억들은 서신들을 훌쩍 뛰어넘어 확장된다. 사람들은 평균적으로 1년에 이메일 1만 5000통과 함께 5000개의 이메일 첨부 파일을 주고받는다. 그들은 140가지를 '좋아한다like.' 그들은 페이스북에 사진을 열여덟 장 올리고, 인스타그램에는 두 장을 더 올린다. 그들은 아홉 번 트윗을 한다. 그들은 유튜브에 20초짜리 비디오를 올린다. 그들은 드롭박스Dropbox에 쉰두 개의 파일을 올린다. 그들은 온라인 소셜 네트워크에서 마흔세 명의 친구들과 교류한다. 이 인상적인 평균들은 우리가 만든 이미지, 문서, 비디오, 음악은 포함하지 않고 단지 온라인에서 공유한 것만을 계산한 것이다. 게다가 전 세계 인구의 거의 4분의 3이 아직 인터넷에 접속하지 못한다는 점을 계산에 넣지 않았다.

요컨대 이러한 자료는 수십억 명의 생활에 대해 깜짝 놀랄 정도로 자세한 기록을 구성한다. 수십 년 전에는 이런 기록이 전혀 존재하지 않았다. 이것은 인류 역사에서 미증유의 것이다. 우리 문명은 매 시간마다 현존하는 고대 그리스의 텍스트를 전부 합한 것보다 많은 단어를 트윗한다. 오늘날의 평균적인 사람들과 비교하면 포 같은 남자는 수수께끼라 할 수 있다. 그러나 내일의 사람들과 비교하면 오늘의 사람들이 완전히 미스터리다.

유토피아, 디스토피아, 데이터토피아

미래의 디지털

이 책의 앞부분에서 우리는 여러분에게 오늘날 살아 있는 사람이 1년에 평균 1테라바이트보다 약간 적은 양의 데이터를 만들어낸다고 말했다. 그러나 어떤 사람들은 평균 이상이다. 이런 사람 가운데 한 명이 보스턴에 사는 걸음마배기 드웨인 로이Dwayne Roy다. 드웨인은 규칙적으로 매주 같은 양의 데이터를 만들어낸다.

드웨인이 왜 그렇게 많은 바이트를 만들어낼까? 드웨인은 MIT 미디어랩의 '인지 기계 그룹Cognitive Machines Group'을 운영하는 뎁 로이Deb Roy 교수와 노스이스턴에서 언어병리학을 연구하는 루팔 파텔Rupal Patel 교수의 아들이다. 두 사람은 아이들이 말하는 법을 어떻게 배우는가 하는 문제에 매료돼 있다. 파텔은 이것이 바로 자신의 학문 분야이기 때문에 관심을 갖는다. 로이는 로봇에게 보통의 인간 언어로 의사소통하는 법을 가르치는 데 그와 똑같은 원리를 사용하고 싶어서 여기에 관심을 갖는다. 이 부부는 어린이들이 어떻게 언어를 습득하는지를 이해하는 일에서 가장 핵심적인 장애물 가운데 하나는 데이터 부족이라는 사실을 깨달았다. 어느 누구도 어린이들이 자라면서 언어에 노출되는 온갖 방식을 자세히 기록한 적이 없다.

파텔이 임신하자 이 부부는 새로 태어날 아이의 삶을 3년간 완전히 기록하여 이 문제에 정면으로 대응하기로 결정했다. 로이는 '인간 담화가정 프로젝트Human Speechome Project'라고 명명한 이 프로젝트로 미국 국립과학재단의 재정 지원을 받아, 집 안에 고해상도 비디오 열한 개와 마이크 열네 개를 설치했다. 이 장비들은 90여 미터에 달하는 케이블을 통해 이 집 지하실에 있는 데이터센터로 연결된다. 지하실의 전초기지는 매일 300기가바이트가 넘는 드웨인 관련 정보를 저장한다. 드웨인이 떼는 모든 발걸음, 드웨인이 만드는 모든 소음, 드웨인이 듣는 모든 소리, 드웨인이 보는 모든 것 등 그야말로 모든 것이 과학의 힘을 빌려 기록된다(카메라는 이 아기가 잠들면 작동이 중단되고, 당연하게도 드웨인이 집 밖으로 나가면 추적하지 못한다).

지하실 데이터센터는 쏟아지는 정보로 넘쳐날 지경이다. 뎁 로이가 하드디스크로 가득 찬 대형 가방을 주기적으로 들고 가서 그가 직장에 설치한 훨씬 더 강력한 컴퓨터 시스템에 영구적으로 보존하는 것은 이 때문이다. 한 작은 소년을 추적하기 위해 그는 페타바이트 또는 100만 기가바이트를 저장할 수 있는 일련의 방대한 디스크를 갖춘 수백만 달러짜리 중앙처리장치CPU 망을 사용한다. '토털리콜TotalRecall'[*]은 이 컴퓨터 시스템의 이름인 동시에 작업 해설서이기도 하다.[13]

오늘날 드웨인 로이는 하나의 예외다. 모든 사람의 삶이 통째로 기록돼 비디오 자료로 보존되지는 않는다. 그러나 디지털 미디어와 인간의 삶이 훨씬 더 깊숙이 서로 관통하게 되면 이런 종류의 기록은 앞으로 아주 흔한 일이 될 것이다.

우리는 이미 이런 변환을 안내할 기기들을 보고 있다. 구글은 최근 '글래스Glass'를 선보였는데, 안경에 장착된 이 증강현실 시스템은 당신의 시야에 들어오는 모든 것을 추적하는 웹카메라와 당신이 현실에서 보거나 하고 있는 것과 관련된 정보를 제공하는 작은 모니터를 가지고 있다.

---

[*] 토털리콜totalrecall은 '완전 기억 능력'이라는 뜻이다. –옮긴이

케이크를 굽는다고? 이 안경은 그 사실을 알아채서, 요리법을 찾아 당신이 요리할 때 그것을 보여줄 것이다. 방금 마주친 사내가 누군지 모르겠다고? 얼굴 인식을 이용하면 구글 글래스가 알려줄 수 있으니 걱정하지 마라. 당연히 이 안경을 쓰면 사람이 좀 우스꽝스러워 보인다. 그러나 휴대전화가 도입된 초기에 사람들이 큰 소리로 혼잣말을 하는 것처럼 보여서 얼마나 우스꽝스러웠는지 기억하는가? 구글 글래스가 인기를 끌든 그렇지 않든, 이런 종류의 기술은 확실히 전망이 밝다.

이런 장비들은 삶 전체를 드웨인 로이 수준으로 쉽게 기록할 수 있도록 해준다. 처음에는 누구도 극단적인 프라이버시 침해인 이런 일을 하는 데 관심을 기울이지 않을 것이다. 그러나 인터넷은 블로그에 일상적인 생각을 올리든, 대인 관계 상황을 공표하든 우리가 공개하는 개인정보의 양을 계속해서 늘리도록 하면서 프라이버시 관련 규범을 처음부터 재정의해왔다. 우리는 이 이야기가 어떻게 끝날지 알고 있다. 필연적으로 어떤 사람들이 자발적으로 자신의 삶 전체를 기록하기 시작할 것이고, 그 기록의 배급을 도와주는 웹사이트가 생겨날 것이다.

이렇게 해서 생기는 이득은 분명히 있다. 전체 삶을 기록하면 당신은 어떤 것을 회복할 수 없을 정도로 잊어버리지 않을 것이다. 당신이 경험한 모든 감각적 체험을 들여다볼 수 있을 것이다. 그것은 (종종) 좋은 일이 될 수 있다. 그것은 또 당신을 더 안전하게 해줄 것이다. 범죄가 생중계로 방영되는데 어느 누가 누군가를 해치겠는가? 다음으로, 당신은 자신이 무엇을 해야 하는지 쉬지 않고 조언해주는 전 세계의 실시간 평생 코치들을 얻게 될 것이다(다시 잘 생각해보니 이것은 금세 성가신 일이 될 것이다). 때때로 당신은 친밀한 시간을 갖거나 화장실에 갈 때 평생기록기를 꺼 기록을 중단할 것이다. 대다수 사람들이 아마도 그렇게 할 것이다. 일부는 그렇게 하지 않을 것이다.

평생기록life logging[14]은 우리가 살아가는 세계의 창이 됨과 동시에 우리 몸의 창이 될 것이다. '나이키플러스 퓨얼밴드Nike+Fuelband'나 '피트비트Fitbit' 같은 착용 가능한 전자 장비들은 이미 하루 종일 당신이 얼마나 많이 걸었고, 계단을 얼마나 많이 올랐으며, 얼마나 많은 칼로리를 소비했는지를 기록하고 있다. '스캐너두 스카우트Scanadu Scout'로 불리는 도구는 포부가 훨씬 더 크다. 한 손에 들어가는 작은 디스크인 이 기기는 당신의 체온, 심장박동, 혈중산소농도 등을 몇 초 안에 추적하고 기록한다. 이 기기는 심전도를 재고 소변을 분석할 수도 있다. 기본적으로, 스캐너두 스카우트는 인류가 처음으로 만든 '스타트렉 스타일'의 트라이코더tricorder*다. 이런 데이터는 평생기록이 우리의 몸이 향하는 무의식적인 과정에 관한 깨알 같은 정보로 가득한 의학 기록으로도 사용될 수 있게 해줄 것이다. 만약 뭔가가 잘못되고 있다면 이 기록은 즉시 의료진에게 그 사실을 통보할 것이다. 정기 건강검진을 받기 위해 의사를 찾는 오늘날의 패러다임은 완전히 바뀔 것이다. 트라이코더 기반의 원격 의료를 이용하면 의료 서비스 제공자들은 당신이 하루 종일 어떻게 하는지를 매일매일 추적할 수도 있다. 따라서 뭔가 잘못된 것 같으면, 여러분이 그들에게 전화를 걸듯이 그들이 여러분에게 전화를 걸 것이다.

평생기록은 우리 몸의 안과 밖에서 무슨 일이 일어나고 있는지 깜짝

---

* 공상과학 만화이자 드라마로 제작된 〈스타 트렉〉 시리즈에 나오는 휴대용 장비. 사물을 스캔하고 데이터를 분석하거나 저장할 수 있다. ─옮긴이

놀랄 정도로 많은 것을 기록하게 해줄 것이다. 그렇다면 모든 경험 가운데 가장 쉽게 사라져버리는 인간의 생각은 어떤가?

우리는 사용자도 모르게 그의 생각을 전부 기록할 수 있는 공상과학 속의 독심술 장치mind-reading gizmo가 가까운 시일 내에 현실화할 가능성은 없다고 생각한다. 기계가 인간의 뇌파를 이해하도록 만드는 것은 어렵기 때문이다. 그러나 강력한 차선책은 가능할 수 있다. 지난 10년 사이에 과학자들은 신체가 마비된 사람이 생각의 힘으로 인공 팔을 움직이거나, 컴퓨터 마우스를 움직이게 하는 정신적 명령을 무선으로 전달하는 마음 기계mind-machine 인터페이스[15]를 성공적으로 만들어냈다. 이러한 인터페이스는 일반적인 의학적 정의로는 혼수상태에 빠진 것처럼 보이는 사람들과 의사소통하는 데 사용돼왔으며, 장난감으로도 만들어지고 있다.

이러한 인터페이스는, 일반적인 뇌파는 그것을 엿들으려는 기계에겐 너무 복잡하지만 우리의 뇌를 기계가 들여다보기 쉽게 움직이도록 훈련시킬 수 있다는 사실에 기반하고 있다. 이것은 기계가 인식할 수 있는, 자발적으로 생성되는 특별한 신경신호에 의해 달성된다. 뇌의 혈류, 즉 전기적 활량electrical activity을 추적해 뇌전도electroencephalogram를 찍는 기능성 자기공명영상fMRI 스캐너이건, 뇌세포의 작은 클러스터에 연결된 신경 임플란트neural implant이건 이런 종류의 인터페이스에서는 기계가 미리 약속된 신호를 찾아서 프로그래밍된 방식으로 대응한다. 이런 접근법은 엄청난 성공을 거두었다. 이런 시스템이 마음을 이용해 가전제품을 작동시키거나 다른 사람에게 메시지를 보내는 일까지 하는 것을 상상하기란 그리 어렵지 않다. 그리고 이것은 단지 시작에 불과할 것이다.

생각을 할 때 우리의 사고는 종종 단어들이 배열된 형태를 취하는데,

이런 현상을 묘사해주는 용어가 바로 의식의 흐름stream of consciousness[16]
이다. 어떤 수준에서 보면 의식의 흐름이 존재한다는 것은 놀라운 일이
다. 단어들은 다른 사람들과 의사소통하기 위한 체계다. 다른 사람이 전
혀 개입되지 않은 채 우리가 속으로 생각할 때조차 왜 단어들을 사용하
는지는 명확하지 않다. 그렇지만 우리는 모두 그렇게 한다.

　뇌의 관점에서 보면 마음기계 인터페이스에 대한 신경신호는 말로 하
는 단어와 크게 다르지 않다. 그것은 모두 패턴에 따라 전기신호를 보내
는 뇌세포들이다. 주요한 차이점은, 이런 신경 단어들이 다른 사람과 대
화하기 위해 사용되는 대신에 기계와 대화하기 위해 사용된다는 점이다.
사람들이 자기 내면의 독백을 그에 상응하는 마음단어mindword와 나란
히 놓고, 나아가 이것을 들을 수 있는 기계가 만드는 실시간 자막방송 시
스템에 익숙해지는 날이 언젠가 올 수 있다고 생각한다고 해서 미쳤다고
보기는 어렵다. 이런 방식으로 컴퓨터와 협력하면 우리의 내적 독백을
기록하는 것이 가능할 수도 있다.

　모든 감각적 경험, 우리 심장의 모든 박동, 우리의 위장이 내는 모든 꾸
르륵 소리, 그리고 우리의 마음을 가로지르는 모든 생각 등 이 모든 것은
원리상 기록할 수 있다. 실제로 그것들을 기록한다면 우리 삶은 오늘날
우리가 상상할 수 없을 만큼 놀랍게 변할 것이다. 그리고 이러한 기록들
은 우리 자신의 삶을 변화시키는 데서 끝나지 않을 것이다. 우리가 그렇
게 하기로 선택하기만 한다면, 우리 삶의 기록들은 우리보다 오래 살아
남을 것이다. 우리는 우리 존재의 완벽한 연대기를 아이들이나 사랑하는
사람들에게 남겨줄 수 있을 것이다. 그들은 우리가 거둔 성공과 유감, 우
리의 지혜와 어리석음을 보고 배울 수 있을 것이다. 말하자면 디지털 사

후세계인 셈이다. 만약 당신이 내킨다면, 기업에 당신의 평생기록을 팔거나 과학자, 학자들과 공유할 수도 있을 것이다. 미래 도서관의 위인전 코너는 사람들의 삶에 관한 이야기만 있지는 않을 것이다. 그곳에는 완벽한 방송도 함께 있을 것이다.

디지털 기록의 양면성

2013년 4월 15일, 보스턴 마라톤 대회 결승점에서 180여 미터 떨어진 곳에서 폭탄 두 개가 터졌다. 파편들이 결승선 주변에 몰려 있던 어마어마한 규모의 군중 속으로 돌진했다. 관중 세 명이 죽었다. 수백 명이 다쳤다. 적어도 열네 명의 희생자가 절단 수술이 필요했다. 이 일이 일어난 뒤 연방수사국FBI은 단서를 찾기 위해 필사적으로 노력했지만 증거가 거의 없었다. 못과 볼 베어링, 금속 파편으로 가득 찬 압력밥솥으로 만든 폭탄들은 배낭 속에 숨겨져 있었다. 누구라도 쉽게 구할 수 있는 재료로 만든 폭탄이었다. 대략 50만 관중이 경주를 관람했다. 그들 중 누가 폭탄을 설치했을까? 이것은 상상할 수 있는 가장 복잡한 추리소설이었다.

그러나 FBI에게는 강력한 최후의 수단, 즉 디지털 역사가 있었다.[17] 그들은 범죄 현장에 수많은 군중이 있었다는 점이 적어도 한 가지 면에선 이득이라는 사실을 인식했다. 관중은 사진을 찍는다. 거리에 줄지어 있는 상점들도 제각각 카메라를 보유하고 있다. 이처럼 작은 공간에 그토록 많은 카메라가 있고, 그토록 짧은 시간에 그 많은 사진이 찍힌다면 누군가는 분명 배낭을 멘 용의자를 잘 포착한 사진을 찍었으리라.

이 예감은 적중했고, 며칠 뒤 수사관들은 '로드 앤 테일러Lord & Taylor'

의 감시용 비디오카메라가 두 명의 폭파범을 선명하게 촬영한 영상을 공개했다. 그러자 온갖 정보가 쏟아져 들어오기 시작했는데, 대부분 순전히 우연하게 용의자들의 얼굴을 찍은 고해상도 사진이었다. 그들의 사진이 웹에 재빠르게 확산되면서 폭파범들은 최후의 유혈 광란을 벌였다. 한 명은 경찰과의 총격전에서 사망했다. 다른 한 명은 붙잡혔다. 그러나 뉴욕의 타임스퀘어를 공격하려던 그들의 추가 폭파 계획은 실행되지 못했다. 악당들이여, 경고를 들어라. 당신이 누구고 어디에 있든 빅데이터는 당신을 찾아낸다.

그러나 디지털화된 역사는 악당들을 추적하는 것 이상을 해낸다. 그것은 무고한 사람을 해칠 수도 있다. 2011년 11월, 열다섯 살 된 레타이 파슨스[18]는 파티에 갔다가 네 소년에게 강간을 당했다고 주장했다. 소년들은 사진을 찍었다. 그 사진들은 이메일과 페이스북으로 확산되기 시작했다. 파슨스의 동급생들은 그녀를 편들기커녕 그녀의 삶을 악몽으로 만들었다. 지속적인 괴롭힘에 직면한 그녀는 학교를 옮겼다. 그녀의 가족은 이사를 했다. 그녀는 한 번 입원하면 몇 주씩 병원에 머물러야 했다. 그러나 수치심에서 벗어날 길이 없었다. 온라인에서도 오프라인에서도 괴롭힘에서 벗어날 방법이 없었다. 결코 사라지지 않을 디지털 사진들로부터 벗어날 수가 없었다. 2013년 4월, 파슨스는 스스로 목을 맸다.

데이터는 권력이다

사진은 처음 세상에 소개됐을 때부터, 카메라가 당신의 영상을 기록하며 당신 영혼의 작은 부분을 훔친다는 특이한 미신의 괴롭힘을 당했다.

이런 생각에는 중요한 시사점이 있다. 우리가 봤듯이 어떤 사람의 사진 한 장을 갖는다는 것은 당신이 그 사람과 관련한 어떤 형태의 권력을 갖는다는 의미다. 빅데이터는 당신의 영혼을 송두리째 훔치게 될까?

이것은 시급한 질문이다. 과거엔 후세대를 위해 무언가를 남기려면 애써 노력을 기울여야 했고, 기록되는 양도 아주 적었다. 그러나 우리는 바위에 데이터를 새기는 시절에서 멀리 떠나왔다. 머지않아 우리가 경험하는 것의 대부분이 추적하기가 너무 쉬워져, 우리 대다수는 특별히 손쓰지 않아도 모든 것이 그대로 기록되는 일이 훨씬 간단해졌다는 사실을 알게 될 것이다. 따라서 무언가를 기록에서 제외하기 위한 의도적인 선택이 필요해질 것이다. 요컨대 정보를 보존하는 일은 기술적 난제에서 도덕적 딜레마로 변하고 있다. 이 딜레마는 몇 가지 이슈를 제기한다. 기록되지 않아야 하는 것은 어떤 것들인가? 만약 기록이 있다면 그것에 접근할 권리는 누구에게 있는가?

기술의 미래를 추측하는 것보다 가치의 미래를 추측하는 것이 훨씬 어렵기 때문에 이런 질문의 답이 어떻게 될지는 말하기 어렵다. 드웨인 로이의 사례를 들어보자. 그 동기가 과학의 발전을 위한 것이라고 하지만 두 살배기 아기가 미국 대통령보다 사생활이 적은 것이 정말로 옳은가? 아마도 많은 사람들이 그런 식으로 기록되는 것에 반대할 것이다. 그러나 소셜웹은 충격적인 속도로 공유에 관한 공동체의 규범을 변화시키고 있다. 오늘날 우리가 온라인에서 공유하는 많은 것들이 20년 전, 심지어 5년 전만 해도 단단하게 보호받았다. 아마도 드웨인 세대의 아이들은 꽤 넘치 않을 것이다. 그들은 어떤 사람이 형성되는 시기의 인생기록이 없다면 절망적일 정도로 원시적이라고 생각할 것이다.

그러나 우리를 시대착오적이라고 부를지도 모르겠지만, 인생기록이 가능해지는 것이 명백한 만큼 공적 인생기록이 아주 위험한 개념이라는 사실 또한 마찬가지로 명백해 보인다. 당연하게도 마케터들은 성가신 광고물을 우리에게 쏟아붓기 위해 그것들을 사용할 것이다. 이미 '타깃 Target'이라는 체인점은 어느 고객이 임신했는지를 알아내기 위해 데이터 분석을 이용하고 있다. '타깃'의 쿠폰이 10대 딸의 임신을 전혀 알아채지 못한 부모에게 그 사실을 먼저 알려준 경우도 있었다.[19] 우리는 마케터들과 글로벌 기업들이 아무런 제약 없이 인생기록에 접근할 경우, 상황이 얼마나 불쾌하게 진행될지 상상할 수 있다.

그러나 기업의 침해는 우리가 우려하는 최악이 아닐 수도 있다. 정부가 모든 시민을 한시도 쉬지 않고 추적하는 데 인생기록을 사용할 수도 있다. 이미 구글이나 페이스북 같은 회사들은 국가 안보가 위태로울 경우, 그들의 기록을 연방정부에 공개한다. 어떤 경우에는 기업이 원하든 그렇지 않든 정부가 기록을 취득할 수 있다. 2012년 9월, 트위터는 뉴욕 형사법정으로부터 '월스트리트를 점령하라Occupy Wall Street' 운동가 가운데 한 명인 맬컴 해리스Malcolm Harris의 사적인 트위터 기록을 넘기라는 명령을 받았다.[20] 2013년 에드워드 스노든Edward Snowden은 고삐 풀린 국가적 잔학 행위를 누설해, 오바마 대통령이 미국인들에게 "누구도 여러분의 전화 통화를 듣고 있지 않습니다"라고 재확인하게 만들었다. 정당한 공공의 이해와 빅브라더 사이의 선은 어디쯤인가? 그 선은 있어야만 한다. 정부가 어떤 사람의 인생기록을 소환할 수 있는 세계에서 저항은 무용지물이다.

그러나 더 나쁜 것은, 마음기록이 기술적으로 가능해졌을 때 우리가

유토피아, 디스토피아, 데이터토피아

상상할 수 있는 디스토피아다. 이런 걸 한번 상상해보라. 어떤 전체주의 정부가 국민 모두에게 모든 생각을 항상 낱낱이 기록하라고 명령한다. 마음기록에 빈칸이 있으면 처벌받고, 개인적인 생각은 옛일이 되고 만다. 이것이 가장 끔찍한 시나리오는 아니다. 어떤 정부가 학생들이 '국기에 대한 맹세Pledge of Allegiance'나 교리 문답서를 암송하듯 시민들에게 특정한 생각을 끊임없이 기록하도록 강요하며 마음기록을 강제한다고 상상해보라. 의무적인 의식의 흐름에 사로잡힌 시민들은 그들 자신의 마음에 갇힌 죄수가 되고 말 것이다.

이런 상황은 커다란 근심을 불러일으킨다. 인생기록이 아직까지는 순전히 가능성에 불과하지만, 이미 여기에 대항하기 위한 행동의 씨앗들이 나타나기 시작했다. 시애틀에 있는 '파이브 포인트 카페'의 주인은 인생기록 기술 때문에 고객들이 뻔하고 자유분방한 허튼소리에 동참하지 못하게 될까 봐 걱정이 되었다. 허튼소리가 없으면 자기 사업에 분명히 악영향을 끼칠 터였으므로 그 주인장은 자기 카페에서 구글 글래스 착용을 금지했다.[21] '스냅챗Snapchat'으로 불리는 신생 인터넷 기업은 일정한 시간이 지나면 삭제되도록 설정한 메시지를 보내는 서비스를 제공한다.[22] 인생기록이 점점 더 일상화되면 기록되지 않는 공간, 기록되지 않는 시간, 기록되지 않는 상호작용의 필요성도 생겨날 것이다.

우리의 삶은 디지털 그늘을 드리운다. 이러한 거대한 그늘, 우리의 사적인 역사를 소유할 권리, 그리고 그것에 접근하는 사람을 제어하기 위한 전투는 이미 시작됐다. 디지털 공유물은 방대하고 경이로운 놀이터로 자라날 것인가? 법 집행을 위한 강력한 도구가 될 것인가? 아니면 수많은 세대의 경험적이고 도덕적인 유산이 될 것인가? 아니면 감시국가의 근간? 이러한 경합은 다가오는 세기에 등장할 커다란 도덕적 갈등이 될 것이다.

과학과 인문학, 지평을 공유하다

두 개의 렌즈가 마주한 갈릴레오의 망원경은 우리 문명의 역사에 전환점을 기록했다. 그가 본 것은 가톨릭 교리와 배치됐다. 종교재판은 그에게 가택연금 처분을 내렸고, 그는 여생을 그 상태로 살았다. 그러나 교회는 그의 사상까지 저지할 수는 없었다. 갈릴레오 이후, 상당 부분 갈릴레오로 인해 서구인들의 마음에서 교회가 차지했던 기나긴 우위가 퇴조하기 시작했다.

여기서 두 가지 거대한 지적 전통이 뿌리를 내렸다. 하나는 과학으로, 경험적 관측을 통해 우주의 본질을 알아내는 것을 목표로 한다. 다른 하나는 인문학으로, 신중하고 비판적인 분석을 통해 인간의 본성을 공부하는 것이다. 이 형제는 함께 서구 문명에 자유와 민주주의부터 공학과 기술에 이르기까지 강력한 선물들을 제공했다.

그러나 이 강력한 형제가 그동안 너무 오래, 멀리 떨어져 있었다. 오늘날의 전형적인 학생들은 과학과 인문학 가운데 어느 것에 집중할지 선택해야 하며, 양쪽에 걸쳐 있는 전공이나 학위과정은 드물다. 전형적인 연구자도 한 집단 또는 다른 집단과 동맹을 맺어야 한다. 둘 사이의 경계는 우리의 학교와 대학, 우리의 전체 지적 생태계에 너무 오랫동안 각인돼왔다. 우리는 수학을 공부한다. 우리는 셰익스피어를 공부한다. 그러나 두 가지를 함께 하지는 않는다.

적어도 최근까지는 그랬다. 스탠퍼드의 프랑코 모레티Franco Moretti라는 이탈리아인 학자는 컴퓨터과학과 통계물리학에서 유래한 방법론과 접근법을 극단적으로 새로운 영역에 적용하고 있다. 그는 셰익스피어 작품 속 등장인물들의 상호작용 네트워크를 연구하기 위해 디지털화된 셰익스피어 작품들을 맹렬히 파헤치기 시작했다. 네브래스카 대학교의 문학 교수 매튜 조커스Matthew Jockers는 19세기 소설들에 포함된 대명사의 통계적 분포처럼 외견상 난해한 것들에 기초해 그 소설들의 미묘한 관계를 확인하고 있다. 국립인문학재단에서 브렛 봅리Brett Bobley는 '도전! 데이터 파헤치기Digging into Data Challenge'라는 이름의 혁신적인 프로그램을 이끌고 있는데, 이 프로그램은 미국 전역의 인문학자들이 새로운 데이터가 그들을 위해 할 수 있는 모든 것을 비판적으로 생각할 수 있도록 돕는다. 그들은 수학이 전에 가보지 못했던 곳으로 가고 있다.

다트머스 대학교는 예외다. 그곳에선 대니얼 록모어Daniel Rockmore라는 수학자가 작가들의 스타일이 서로 어떻게 영향을 미쳤는지를 연구하기 위해 디지털 책들을 이용해왔다. 그는 모레티보다 수학을 훨씬 더 많이 사용하고 읽기는 훨씬 덜 사용한다. 그러나 그 둘은 목표가 같은 사람들이다. 텍사스 대학교 오스틴 캠퍼스에서 심리학자 제임스 페네베이커James Pennebaker는 어떤 텍스트에서 대명사들의 분포가 어떻게 작가의 뉘앙스를 반영하는지를 연구하고 있다. 페네베이커와 조커스는 완전히 다른 지적 전통에서 출발했지만, 그들 역시 목표가 같은 사람들이다. 톰 칼릴Tom Kalil은 백악관 과학기술정책실에서 오바마 대통령이 직접 지시한 거대한 데이터 정책을 진두지휘하고 있다. 칼릴과 봅리는 동일한 사람들에게 재정을 지원하지는 않는다. 그러나 그들 역시 목표가 같은 사

람들이다.[23]

역사 기록의 성격이 바뀌면서 과학과 인문학 사이의 경계가 뒤섞이고 있다. 그렇게 만들어진 뒤죽박죽은 여러 가지 이름으로 통한다. 이런 일을 하는 역사학자는 자신을 '디지털 인문학자'라고 부르길 좋아한다. 언어학과에는 '말뭉치 언어학자corpus linguist'가 있다. 심리학자들과 사회학자들은 '컴퓨터사회과학computational social science'이라는 용어를 좋아한다. 그리고 잇따라 등장하는 실리콘 밸리의 신생 기업들에게는 당장이라도 폭발할 듯한 이 개념적 촐런트chulent*는 늘 그렇듯 단지 비즈니스일 뿐이다.

깊게 갈라진 여러 틈 속에서 출발한 지성인들이 서서히 함께하고 있다. 2013년 봄, 메릴랜드에서 열린 학술대회에서 국립보건원, 국립인문학재단, 국립의학도서관은 예술사에서 아프리카 언어, 컴퓨터과학에 이르기까지, 미생물학에서 수사학·시학·동물학에 이르기까지 믿기 힘들 정도로 광범위한 분야에 걸쳐 있는 연구자 집단을 소집했다. 거대 제약회사인 '글락소스미스클라인'의 전 선임부회장 데이비드 시얼스David Searls가 기조연설을 했다. 국립보건원과 국립인문학재단이 학술대회를 함께 후원하기는 처음이었다. 이 학술대회의 주제인 '데이터, 생의학, 디지털 인문학'은 엄청난 낙관주의를 보여주었다. 역사학자와 철학자, 예술가와 의사, 생물학자가 데이터를 가지고 함께 궁리하고 연구하면 혼자서 했을 때보다 그들 각자의 대의大義를 향해 한 발 더 앞으로 나아갈 수 있다는

---

* 유대인들이 안식일에 먹는 요리로 'cholent'로 더 널리 알려져 있다. 고기와 야채를 약한 불에 오랫동안 삶은 것인데, 과학과 인문학이 뒤섞여 생겨난 분야를 비즈니스 모델로 삼은 실리콘 밸리 기업들이 많다는 뜻으로 쓰였다. – 옮긴이

생각이 깔려 있기 때문이다. '공유된 지평Shared Horizons'이라는 학술대회 명칭은 매우 적절했다. 우리가 하는 작업의 모든 접점에는 우리의 지적 미래에서 가장 흥분되는 일이 기다린다.

어느 누구도 이것을 정확히 뭐라고 불러야 할지 모른다. 그리고 이것이 어디로 가고 있는지 아는 사람도 없다. 그러나 한 가지는 확실하다. 과학과 인문학이 다시 한 번 같은 목표를 향해 가고 있다는 것이다. 갈릴레오가 17세기에 우리 세계에 대한 이해를 바꿔놓았듯이, 21세기에 이 두 개의 렌즈는 서로 등을 맞댄 채 갈릴레오가 했던 것과 똑같은 일을 해낼 것이다.

데이터는 사회과학의 오랜 꿈을 실현할 수 있을까

> 갈 도닉은 심리역사학을 정의하기를, 비수학적 개념을 이용해 인간 집단이 고정된 사회적·경제적 자극제들에 보이는 여러 가지 반응을 다루는 수학 분야라고 했다. ……
>
> 이 모든 정의가 암시하는 바는, 다루고 있는 인간 집단이 통계적 처리가 유효할 만큼 충분히 크다는 가정이다. …… 앞으로 훨씬 더 필요한 가정은 인간 집단의 반응이 진정으로 무작위적이려면 그들이 심리역사학적 분석을 몰라야 한다는 것이다.
>
> ─ 아이작 아시모프Isaac Asimov, 『파운데이션Foundation』

아주 유명한 공상과학 소설 『파운데이션』에서 아이작 아시모프는 하리 셸던이라는 수학자를 상상해낸다. 셸던은 어떤 주어진 시점의 사회

상태에 대한 정밀한 측정치들과 복잡한 수학 이론을 결합해서 미래를 예측하는 법을 계산해내는 위대한 업적을 성취한다. 당연히 셸던은 특정한 사람이 무엇을 할지는 알지 못한다. 인간 개개인은 너무 무작위적이다. 그러나 그는 하나의 전체로서 사회가 무엇을 할지는 계산해낼 수 있다. 예를 들어 셸던은 은하계를 수천 년 넘게 지배해온 제국Empire이 곧 멸망하리라는 것을 계산해낸다. 셸던의 이론은 누가 멸망에 관해 정확히 무엇을 가져올지는 말해주지 못하지만, 멸망이 임박했고 그 뒤에 혼돈을 남기리라는 사실을 알려준다.

집단행동에 관한 이러한 이론들은 과학에서 그다지 생소하지 않다. 풍선에 바람을 불어넣은 다음, 묶지 않고 그대로 두면 무슨 일이 벌어지는지 떠올려보라. 어린아이는 주둥이에서 공기가 흘러나오기 시작하면 풍선이 오그라들면서 날아가다가 결국 땅에 떨어진다는 사실을 배운다. 물리학자는 구멍에서 새어 나오는 공기 분자들의 비율, 오그라드는 속도, 풍선이 대기로 휙 하고 날아가는 속도 등을 계산하여 풍선 불기를 더 잘할 수 있을 것이다. 그러나 이 세상 어느 과학자도 풍선 속에 있는 개개의 기체 분자들이 어떤 순서로 돌진해 나올지를 말할 수는 없다. 개개의 분자들은 너무나도 무작위적이다. 풍선은 그것이 가두고 있는 공기와 함께 예측 가능한 패턴을 따르지만, 전체적으로 볼 때에만 그렇다.

아시모프가 심리역사학이라고 명명한 아이디어는 이러한 접근법이 인간 문명의 미래를 전반적으로 예측할 수 있게 해준다는 것이다.

현대의 사회과학자에게 이처럼 열광적인 문화결정론은 매우 낯설어 보인다. 대부분의 학문 분야—경제학은 주요한 예외다—는 이런 생각을 거의 믿지 않는다. 이것은 꽤나 놀라운 일이다. 왜냐하면 아시모프의 개념은 실질적으로 사회과학 최초의 신조ur-doctrine이기 때문이다. 19세기 초 사회학의 아버지이자 사회과학의 창시자인 오귀스트 콩트는 물리적 현상을 세심하게 연구해 그 밑에 깔린 수학적 원리를 밝혀내듯, 세심한 경험적 연구가 인간 사회의 작동을 지배하는 법칙들을 마침내 밝혀줄 거라고 믿었다.[24] 그가 나중에 사회학이라고 명명한 이 분야에 원래 붙였던 이름은 사회물리학social physics이었다. 물리학에 대한 이해가 좀 더 나은 토스터를 만드는 데 사용될 수 있듯이, 콩트는 사회의 여러 법칙을 이해하면 더 나은 사회를 만드는 데 이용할 수 있을 거라고 믿었다. 아시모프가 창조한 하리 셀던은 심리역사학의 계산에 기초해 은하계의 혼돈을 최소화하기 위해 행동하는데, 이는 콩트의 공상을 허구적으로 구현한 것이다.

사회과학으로 조만간 쇄도할 데이터의 파고를 떠올려보면 그처럼 많은 데이터가 콩트의 꿈을 손에 닿을 듯이 가까운 곳에 가져다줄 것이라는 아주 솔깃한 상상을 할 수 있다.

다른 한편으로 어떤 일이 발생하기 전에 역사적 추세를 미리 예측하려는 시도는 완전히 미친 짓처럼 보인다.

그래서 우리는 엔그램을 사용해 역사적 추세를 예측할 수 있을지 점검해보기 위해 최후의 실험을 하기로 했다. 우리는 문화적 관성cultural inertia이라고 명명한 것을 이용해 가장 단순하면서도 가능한 예측을 시험해봤다. 문화적 관성이라는 말에는 상승하는 엔그램들은 계속해서 올라가고 감소하는 엔그램들은 계속해서 내려간다는 뜻이 담겨 있다. 주식 시장에는 관성이 없다. 만약 있다면 누구라도 투자해서 떼돈을 벌었을 것이다. 인류 문화에 관성이 있다면 엔그램이 해낸 것을 조사하여 엔그램이 다음에 무엇을 할지에 대해 많이 배울 수 있을 것이다.

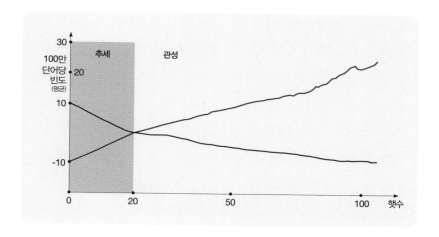

위 도표는 로봇이 그린 것이다.[25] 갈색 선에서 우리는 20년 동안 지속적인 쇠퇴를 보여주었기 때문에 선택된 많은 수의 엔그램의 평균 빈도를 볼 수 있다. 해당 기간이 끝나도 추세가 계속되는가? 그 후로도 수십 년 동안 그러하다. 남색 선에서 우리는 그 반대의 경우, 즉 20년 동안 지속적으로 증가한 엔그램들의 집합을 살펴볼 수 있다. 이것들의 극적인 상승은 우리가 측정할 수 있는 가장 긴 기간인 거의 한 세기 동안 지속된다. 바로 이것이다. 상승하는 엔그램들은 계속 상승한다. 하강하는 엔그램들은 계속 하강한다. 더 일반적으로 말하면, 움직이는 엔그램들은 (만약 심리역사학적 힘에 의해 행동하지 않는다면) 그 움직임을 유지하는 경향이 있다.

아마도, 정말로 아마도 역사에서는 예측적 과학predictive science이 가능할지도 모른다. 아마도, 정말로 아마도 우리의 문화는 결정론의 법칙들을 따를지도 모른다. 그리고 아마도, 정말로 아마도 우리의 모든 데이터가 우리를 데려가는 곳이 이곳일지 모른다.

하지만 이러한 이해가 가능하다 할지라도 이것이 우리가 진정으로 원

유토피아, 디스토피아, 데이터토피아

하는 것인가? 콩트는 그렇다고 생각했다. 그는 객관적인 측정과 반증 가능한 예측이 없으면 인간의 역사·사회·문화에 대한 이해는 심각하게 떨어질 거라고 믿었다. 인류학자 프란츠 보아스는 이에 동의하지 않는다.

> 물리학자는 일련의 비슷한 사실들을 그것들 모두에 공통적인 일반적인 현상으로부터 분리함으로써 비교한다. 이후 그가 일반적인 법칙만을 강조하는 만큼 단일한 사실들은 그에게 덜 중요해진다.
> 다른 한편으로 단일한 사실들은 역사학자에게 중요하고 흥미로운 대상이다. ……
> 두 가지 방법론 가운데 어느 쪽의 가치가 더 높은가? 답변은 주관적일 수밖에 없다. ……[26]

요약: 때때로 당신은 도표를 보고 싶어한다. 때때로 당신은 훌륭한 책을 들고 뒹굴고 싶어한다. 디지털 미래의 역사에 온 것을 환영한다. 둘 다 해보는 것은 어떤가?

딜레마

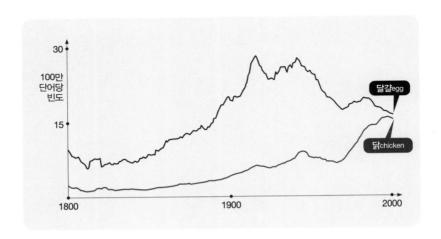

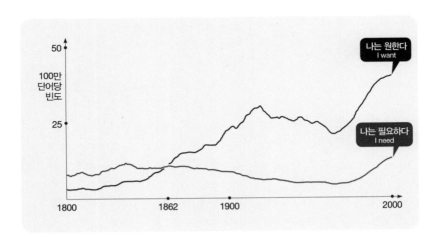

결투

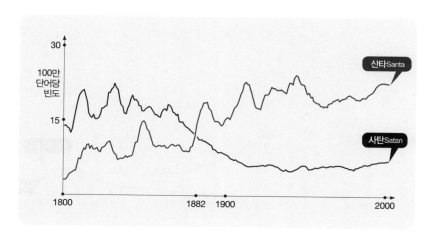

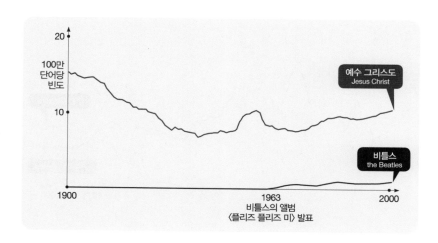

종교

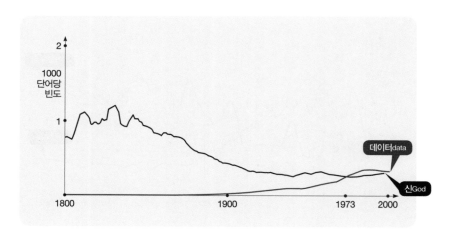

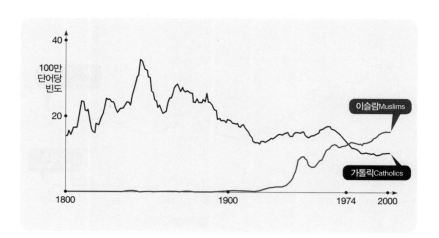

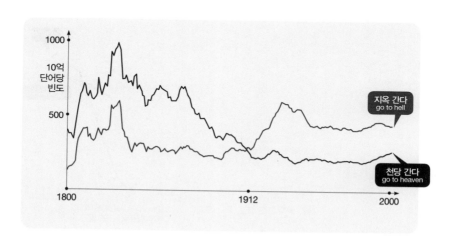

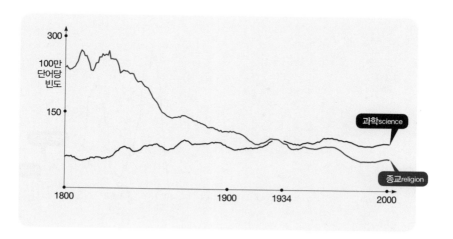

과학

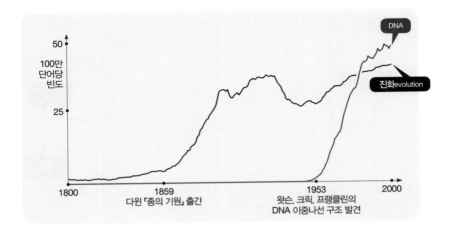

50 ·
100만
단어당
빈도
25 ·

1800 　　1859　　　　　　　　　1953　2000
다윈 『종의 기원』 출간　　　왓슨, 크릭, 프랭클린의
　　　　　　　　　　　　　　DNA 이중나선 구조 발견

DNA
진화evolution

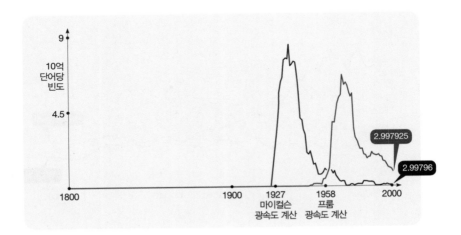

9 ·
10억
단어당
빈도
4.5 ·

1800　　　　　　　1900　1927　1958　2000
　　　　　　　　　　　마이컬슨　프룸
　　　　　　　　　　광속도 계산　광속도 계산

2.997925
2.99796

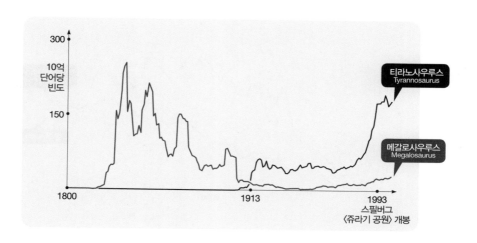

티라노사우루스
Tyrannosaurus

메갈로사우루스
Megalosaurus

10억
단어당
빈도

300

150

1800   1913   1993
                         스필버그
                         〈쥬라기 공원〉 개봉

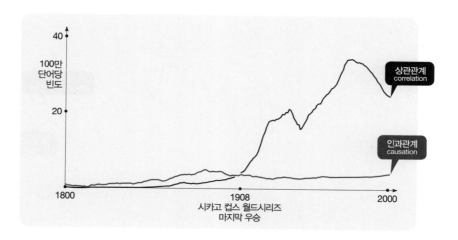

상관관계
correlation

인과관계
causation

100만
단어당
빈도

40

20

1800   1908   2000
          시카고 컵스 월드시리즈
          마지막 우승

정치

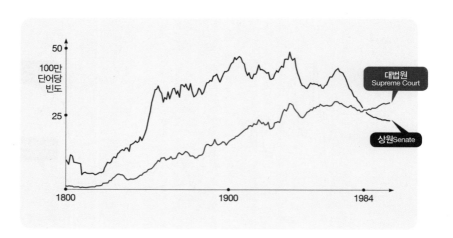

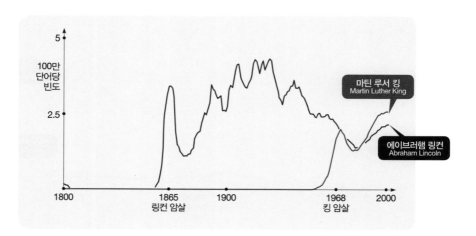

사회 변화

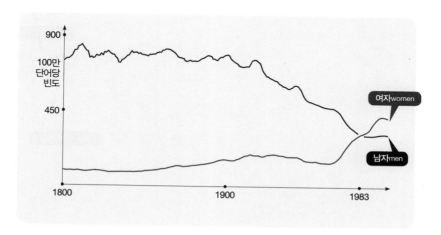

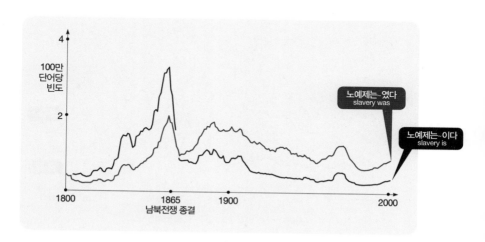

빅데이터로 보는 문화사: 1800~2000

경제

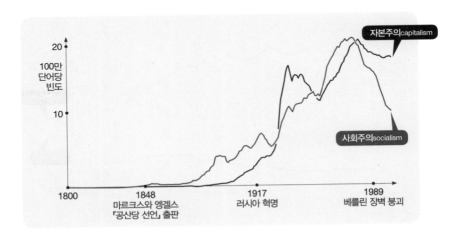

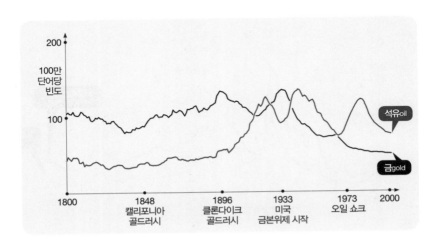

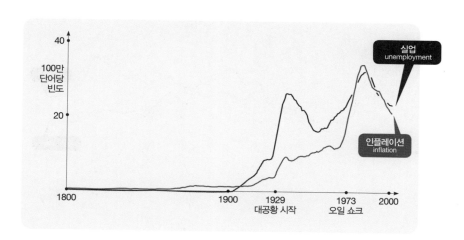

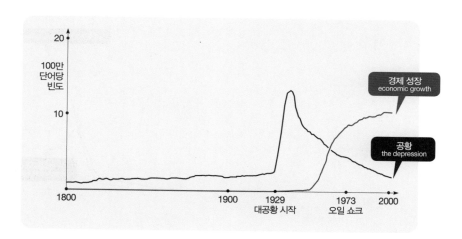

환경

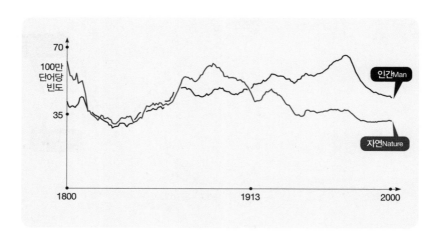

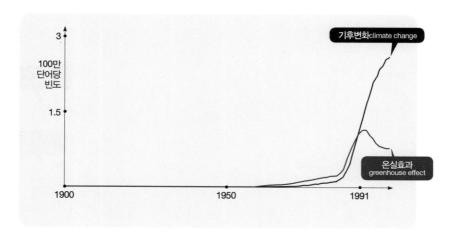

세계

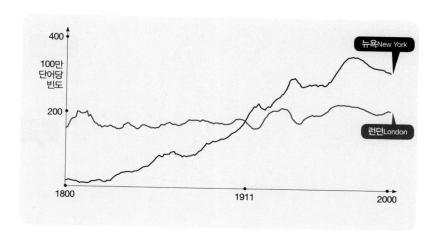

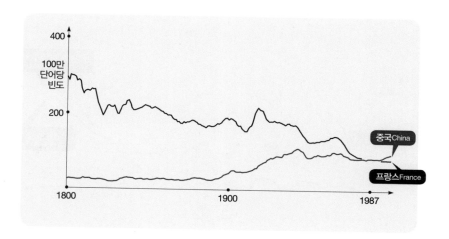

공학

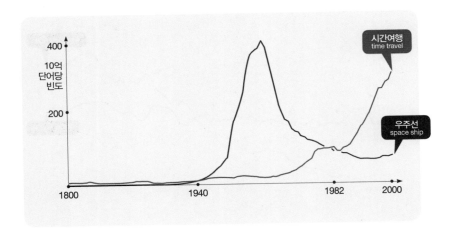

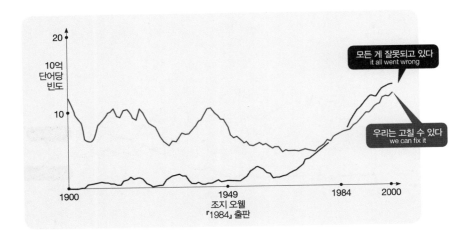

전쟁

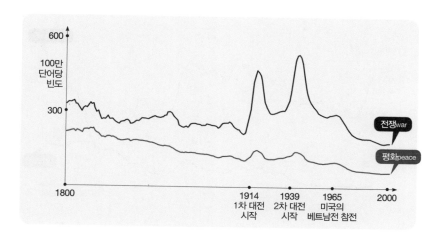

- 600
- 100만 단어당 빈도
- 300
- 1800
- 1914 1차 대전 시작
- 1939 2차 대전 시작
- 1965 미국의 베트남전 참전
- 2000
- 전쟁war
- 평화peace

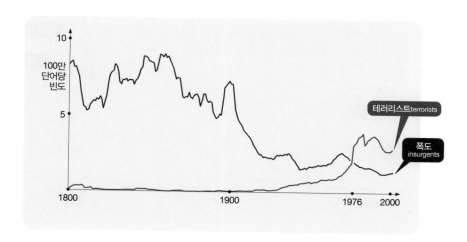

- 10
- 100만 단어당 빈도
- 5
- 1800
- 1900
- 1976
- 2000
- 테러리스트terrorists
- 폭도 insurgents

질병

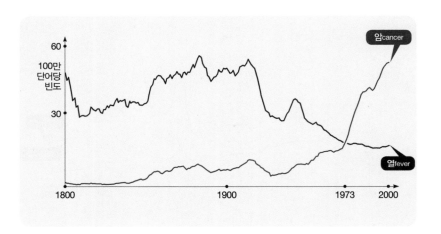

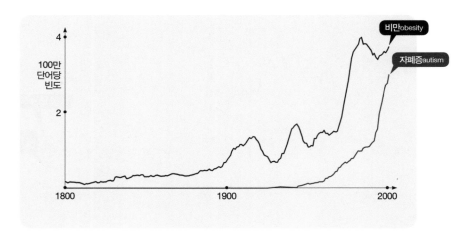

의학

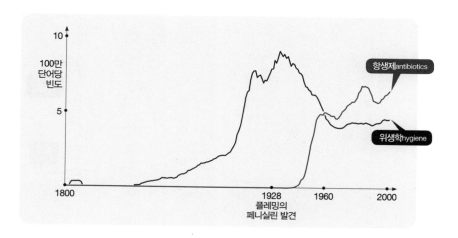

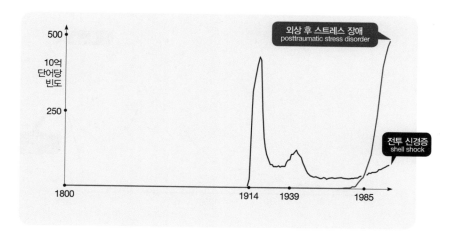

먹거리

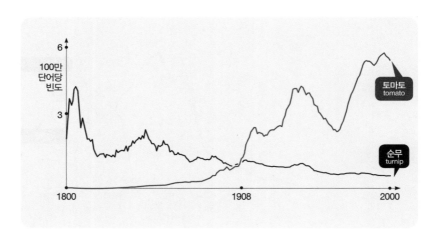

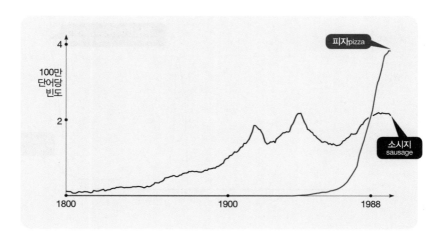

마실 거리

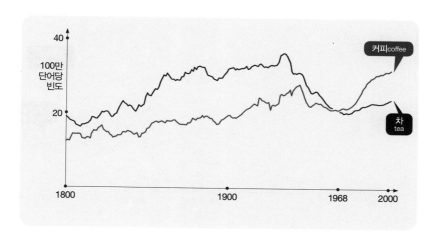

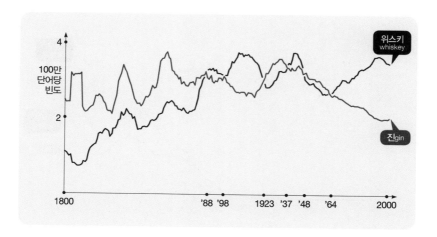

오락과 놀이

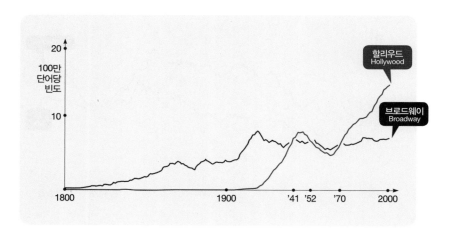

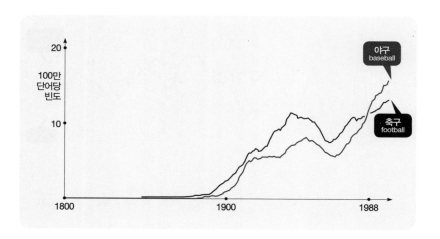

밤 생활

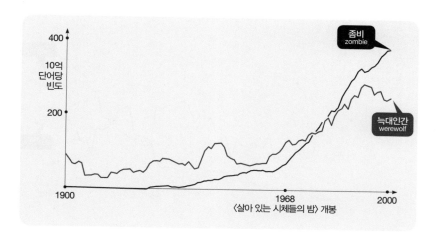

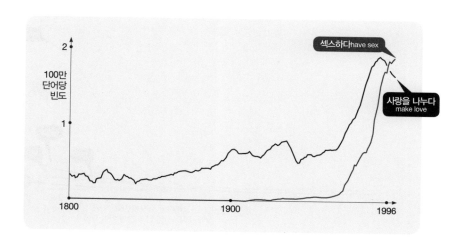

고단한 삶

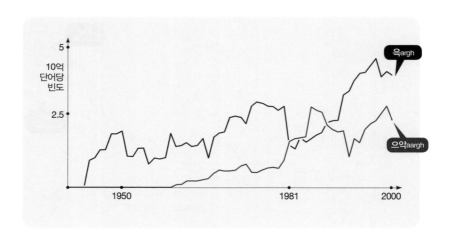

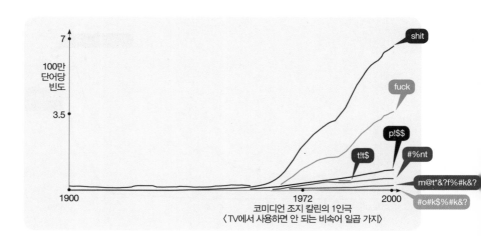

현대

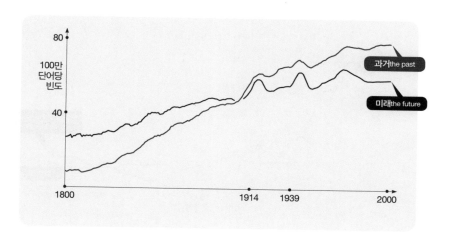

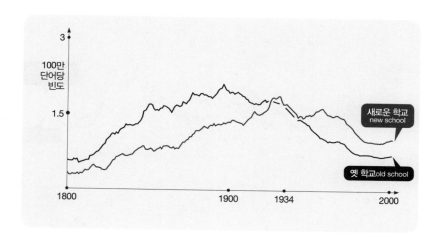

위대한 사람들

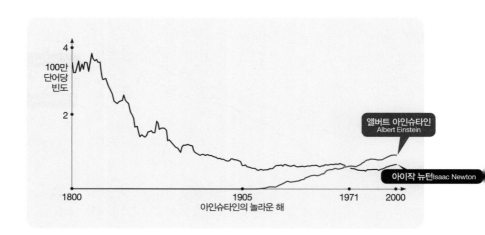

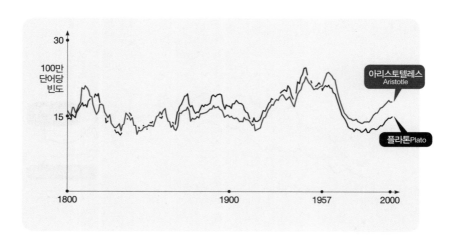

지혜의 말들

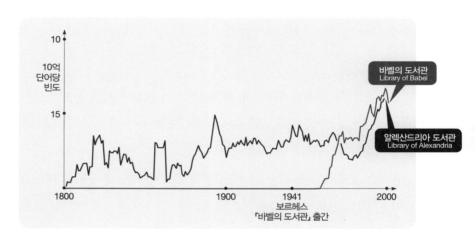

바벨의 도서관
Library of Babel

알렉산드리아 도서관
Library of Alexandria

보르헤스
「바벨의 도서관」 출간

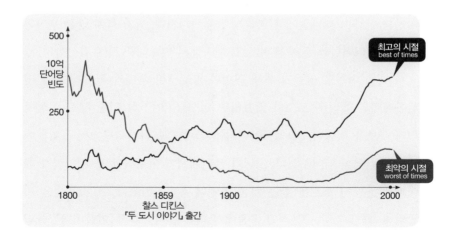

최고의 시절
best of times

최악의 시절
worst of times

찰스 디킨스
「두 도시 이야기」 출간

감사의 말

2010년 12월 16일 오후 두 시, 컬처로믹스에 관한 우리의 논문이 온라인에 등장했고, 구글은 엔그램 뷰어를 출시했으며, 우리 둘은 안도의 한숨을 내쉬었다. 마침내 해냈다!

휴식은 정확히 오후 다섯 시 사십 분에 끝났다. 지금은 우리의 에이전트가 된 막스 브록맨이 '당신들의 책'이라는 투박한 제목의 이메일을 보내온 시각이었다. 우리에게 그런 이메일을 보내준 막스에게 감사한다. 우리는 백합을 받으면 당장 금박을 입히고 초콜릿에 담가서 바삭하게 튀겨내기를 원하는, 디테일에 집착하는 완벽주의자다. 그가 책에 관한 우리의 미친 아이디어들을 위해 몇 번이고 계속해서 변호해준 것에 감사한다.

이 책을 현실로 만들기 위해 엄청나게 고생한 우리의 편집자 로라 퍼시아세피의 놀라운 노고가 없었다면 이 책은 여전히 미친 생각 이상이 되지 못했을 것이다. 그녀는 아이디어와 피드백, 독서목록에서 끊임없이 새로운 원천이 되어주었다. 그녀가 우리에게 읽어보라고 보내준 신간 페이퍼백이 담긴 소포를 받는 것은 언제나 흥미진진했다. 그 소포들은 지금의 이 책을 가장 근본적인 수준에서 배태한 비공식적 '이달의 책' 클럽이다. 그리고 우리는 리버헤드의 디자이너와 교열 담당자들에게 큰 빚을 졌다. 우리는 그들을 끊임없이 성가시게 했다. 그리고 우리의 홍보 담당자 케이티 프리먼에게도 마찬가지다.

다른 사람들도 이 책에 강력한 영향력을 미쳤다. 줄리 조즈머가 특히 두드러진다. 그녀는 원고를 수없이 읽었고, 원고의 전반적인 구조에서부터 쉼표가 들어갈 자리까지 그녀가 낸 아이디어는 모든 측면에서 우리의 책『빅데이터 인문학: 진격의 서막』이 모양을 잡도록 도와주었다. 존 보해넌, 네바 체르니아프스키 듀런드, 잔 조즈머 역시 원고를 수없이 검토해준 자애로운 사람들이다. 이 세 사람은 지각 있는 통찰력과 격려로 이 책에 크게 기여했다. 초고에 논평을 해준 새뮤얼 아브스만, 이반 보코프, 페드로 보르달로, 안드레아 브레스, 엘리셰바 칼바흐, 올가 두드첸코, 이치 에렌베르크, 수 리버먼, 올리버 메드베디크, 아리나 오메르, 수하스 라오, 벤저민 슈미트, 엘레나 스타메노바에게도 고맙다.

과학은 대화다. 이 책에 담긴 아이디어들은 너무도 훌륭해서 일일이 열거하기 어려울 정도로 많은 공동 연구자와 나눈 대화의 결실이다. 이것을 증명하기 위해 여기 그들의 이름 가운데 일부만 열거한다. 아비바 에이든, 유리 앨런, 존 보해넌, 마틴 카마초, 니컬러스 크리스타키스, 로버트 단턴, 대니얼 도너휴, 네바 체르니아프스키 듀런드, 세라 에이스먼, 조지 포니어, 조지프 프루처, 앤서니 그래프턴, 조 굴디, 조 잭슨, 에릭 랜더, 캐럴 라젤, 마크 리버먼, 유리 린, 마이클 로페스, 세라 존슨, 마이클 매코믹, 라디카 낙팔, 제러미 라우, 찰스 로젠버그, 트레이시 로빈슨, 조너선 사라고스티, 벤저민 슈미트, 제시 셰이드로어, 유안 셴, 스튜어트 시버, 랜디 스턴, 티나 탕, 베르너 트레스, 에이드리언 베레스, 벤 짐머, '아메리

칸 헤리티지 사전'의 조 피케트, '브리태니커 백과사전'의 조르주 카우스에서 카르멘 마리아 헤트리아, 데일 호이버그, 쿠날 센까지, 구글 북스 팀전체, 특히 벤 바이어, 댄 블룸버그, 윌 브록맨, 벤 버넬, 댄 클랜시, 매튜그레이, 피터 노르빅, 존 오원트, 슬라프 페트로프, 애쇼크 포파트, 레오니드 타이처, 레슬리 예, 앨프레드 스펙터. 이들과 나눈 대화의 토막들은많은 주요 공로자들을 강조하며 원고와 주석 전반에 등장한다. 그렇지만우리가 도움을 받은 일화들 가운데 절반 정도는 뺄 수밖에 없어서 애석하다. 마틴 노왁과 스티븐 핑커는 다시 한 번 거명될 자격이 있다. 그들은우리의 작업에서 핵심적인 기폭제였다.

우리와 우리의 분석은 우리가 읽은 모든 책에 지나지 않는다. 가장 오래된 예술인 책에 이름과 명성을 내건 모든 이에게 감사한다.

– 에레즈와 장바티스트

많은 이들에게 감사한다.

엘렌 술타니크는 6학년 때 내게 과학을 가르쳐주었다. 조엘 올로웰스키는 수학의 우아함을 가르쳐주었다. 댄 에셜은 나를 자신의 연구실에서놀 수 있게 해주었다. 존스 홉킨스의 CTY 프로그램은 나를 다른 얼간이들에게 소개시켜줬다. 이런 방식으로 나는 과학을 사랑하며 자랐다.

새뮤얼 코언, 로버트 구닝, 사울 크립키, 폴 시모어는 학부생 시절의 나를 격려해주었다. 윌 하퍼 자신은 기억하지 못하겠지만, 내가 결코 잊지못할 어떤 것을 말해줬다. 그것은 문제를 어떻게 선택할지와 관련해 내가 들어본 최고의 조언이었다. 엘리셰바 칼바흐는 나의 석사학위 논문

조언자인데, 내가 역사학자의 삶에 관심을 갖도록 해주었다. 마틴 노왁 교수는 나를 자신의 날개 아래로 거두어 과학적 논문을 어떻게 쓰는지 가르치고, 나의 유머를 끌어안도록 가르치고, 나를 믿어주었다. 에릭 랜더는 내가 담대해지도록 도전 의식을 불어넣었다. 스티븐 핑커는 아무도 그렇게 하지 않을 때 우리의 아이디어를 진지하게 받아들여줬다.

로런스 데이비드와 글렌 웨일은 언제까지고 흥미로울 하버드 명예 교우회의 다른 멤버들이 그랬던 것처럼 컬처로믹스에 관한 수많은 허튼소리를 들어주었다.

마이클 버거, 존 보해넌, 아비 보스위치, 닐 다흐, 세라 존슨, 애리 패크맨, 니콜라스 크리스타키스는 진정으로 나를 위해 그곳에 있었다.

내 연구실: 이반 보호코프, 마틴 카마초, 애쇼크 커트코스키, 올가 두드첸코, 네바 체르니아프스키 듀런드, 재크 프랑켈, 막심 마센코프, 매트 니클라이, 아리나 오메르, 수하스 라오, 에이드리언 샌본, 벤저민 슈미트, 엘레나 스타메노바, 린펑 양, 그리고 석사학위 논문으로 이 모든 것의 원동력이 된 조 잭슨까지 거슬러 올라가는 '수학적 진화 연구기회ROME'의 예전 멤버들, 여러분은 과학을 재미난 것으로 만들고 있다.

당연히 존경하는 공저자 없이는 그 어떤 과학적 전우 명단도 완성하지 못할 것이다. 10년 가까이 장바티스트와 함께 일한 것은 믿기 어려운 경험이었다. 우리는 너무 많은 발견과 너무 많은 재미를 함께 나누었다.

나의 사랑하는 가족에게도 감사한다. 나의 누이들인 타마르, 패티, 올리, 그들의 남편인 오우리, 다비드, 에디, 그들의 자녀들인 벤, 대니, 엘리아나, 에실리, 질, 아이작, 노아, 오렌, 조이에게 감사하다. 질에게: 몇 년씩이나 교정 봐줘서 고맙다.

내 어머니 수 리버먼에게 깊이 감사한다. 먼저, 나를 있게 해주었다. 둘째, 그녀는 내가 다섯 살이었을 때처럼, 그리고 나를 스투이페산트 고등학교에 입학시키려고 노력했던 때처럼 늘 내게 최선을 원했다. 힘내, 이마! 나는 그때가 어려운 시기였다는 것을 안다.

내 삶을 웃음과 재미로 채워주는 내 아이들, 가브리엘 갈릴레오, 마얀 아마라, 아라곤 바나나에게 감사한다. 내 아내 아비바는 지난 8년간 내가 상상했던 것보다 훨씬 더 놀라웠다. 그녀는 내가 이 책을 쓰는 동안 바위였다. 그녀는 과학 영역에서는 명석하고 친절하고 침착하고 사려 깊었고, 지원을 마다하지 않았다. 인생에서는 훨씬 더 중요하다. 그것은 경이로운 모험이었다.

나의 아버지 아론 리버먼에게 감사 인사를 할 수 있기를 바란다. 그는 우리가 이 책을 쓰고 있는 동안 세상을 떠났는데, 정말로 그와 대화하기를 가장 원했던 장을 쓸 때였다. 그는 천재이자 위대한 발명가였고 나에게 여러 재능을 주었지만, 장차 내가 어떤 사람이 되어야 할지에 대해 그가 쏟아부은 지칠 줄 모르는 열정에 비하면 이는 대수롭지 않을 정도다.

이 책은 그에게 큰 빚을 지고 있다. 내 아버지는 당신의 말마따나 '직업적 난민professional refugee'이었고, 영어 주변을 무거운 발걸음으로 돌아다녔지만 영어를 결코 편안하게 사용하지는 못했다. 내가 아홉 살 때 아버지는 나를 책상에 앉히고는 당신이 운영하는 회사를 위해 뭔가를 쓰게 했다. 나는 그것을 너무나도 잘못 썼다. 아버지가 나보다 더 잘하지는 못했을지도 모르겠다. 그렇지만 그는 영어를 모국어로 배운 내가 더 잘할 수 있다는 것을 알고 있었다. 그래서 그는 나의 실패작을 잘게 자른 다음, 아무런 사전 준비 없이 다시 하라고 지시했고 나는 그 작업을 수없이 반복해야 했다. 한 프로젝트에 이어 다음 프로젝트로, 대학에 진학하기 위해 내가 집을 떠날 때까지 우리는 8년 동안 함께 일했다. 그리고 이런 방식으로, 선생님들 가운데 가장 그럴듯하지 않은 분이 나에게 쓰는 방식을 가르쳤다.

내 아버지에게 평범함은 도덕적 실패였다. 나는 그가 그립다. 그에게 감사한다. 그가 이 책을 즐기기를 기원한다.

끝나고 완성됐다. 만물의 창조자인 하느님을 찬양하라.

-에레즈

이나, 고마워. 당신은 내가 아는 가장 놀라운 사람이고, 나의 영감과 힘과 행복의 원천이야.

나의 대부분은 가까운 가족에게 빚지고 있다. 내 아버지 질, 내 어머니 크리스틴, 내 누이 플로랑스, 그리고 내 형제 마르크 앙투안. 나는 매일 그들이 보고 싶다. 나의 확대가족은 내 삶에서 결코 적지 않은 역할을 한다. 쿠알라룸푸르의 마티외와 토마, 프로방스에 계신 나의 조부모 마네와 대디(나의 가족은 모두 모리셔스에서 왔다), 특히 할머니 도미니크, 파브리스, 아르노, 세드릭, 세실, 발레리, 오렐리, 바네사, 그리고 영국과 불가리아에 있는 포포비와 이바노비, 이들은 내게 진정 가치를 측정하기 어려운 것들을 주었다. 내가 자유롭고 좀 더 담대하게 위험을 감수하도록 해준 정서적 안전, 착실함, 만족을.

로이 키쇼니, 마틴 노왁과 만나지 못했다면 지금의 나는 완전히 다른 사람이 됐을 것이다. 그들은 학문적 연구에 나를 노출시켜 내 인생의 진로를 바꾸었다. 내가 과학의 경계들에 가서 탐구하도록 그들이 공간과 지원, 조언과 자유를 준 것에 아무리 감사해도 충분하지 않다. 훌륭한 멘토가 되어준 스티븐 핑커에게 다시 한 번 감사의 말을 하고 싶다. 그의 유용성, 사려 깊음, 다양한 형태의 지원은 그 자신이 알고 있는 정도보다 나를 훨씬 더 많이 도와주었다.

시스템 생물학을 비전통적인 관심사들과 그토록 진보적인 것들을 위한 거처로 만드는 데 과학적·도덕적 지원을 끊임없이 제공한 팀 미치슨에게 감사한다. 내가 글을 쓰고 연구할 수 있는 공간을 제공한 것을 비롯해 끊임없이 창의적인 대화로 즐기는 것까지, 사심 없는 방식으로 나를 많이 도와준 크리스 샌더와 데비 마크스에게 특별히 감사한다. 과학과 인문학에 관해 마음을 사로잡는 대화를 나눈 마이크 매코믹, 봅 단턴, 프랑수아 타데, 토니 그래프턴, 프랑코 모레티, 매튜 조커스에게 깊이 감사한다.

컬처로믹스에 직접적으로 기여한 사람들에게 얼마나 감사한지 반복할 가치가 있다. 그들 중엔 아비바 에이든, 존 보해넌, 마틴 카마초, 네바 체르니아프스키, 유리 린, 피터 노르빅, 존 오월트, 슬라프 페트로프, 벤저민 슈미트, 에이드리언 베레스가 있다. 이것은 진정한 탐험이었다.

내가 지금껏 만나본 사람들 가운데 가장 창조적이고 매력적이며, 희망을 주고, 가식 없는 집단인 TED 펠로들을 모아준 톰 릴리와 로건 매클루어에게 고맙다. 이들은 나뿐만 아니라 수백만 명에게 끊임없는 영감의 원천이 되고 있다. 창조적 에너지와 침착함을 보여준 MEX의 DAMM 멤버들에게 감사를 표한다.

컬처로믹스는 지난 수년 동안 나의 친구들, 동료들과 나눈 무수한 대화에 크게 신세를 졌다. 내 아이디어의 대부분은 그것들이 여전히 잘못된 판단의 그늘 아래 있었을 때 처음으로 페드로 보르달로에게 검사를 받았다. 고마워, 내 친구. 너의 무한한 지적 호기심의 장점을 내가 수치심 없이 취할 수 있게 해줘서(그렇지만 푸즈볼에선 내가 너를 이겼지. 이것은 책에 쓰여 있으니까 진실임이 틀림없어).

다음은 내가 그들의 동의를 바탕으로 내 의견을 말해볼 수 있게 해주어 컬처로믹스를 발전시킬 수 있도록 도와준 이들이다. 파멜라 예, 타미 리버먼, 레미 차이트—내가 좀 더 나은 공동 연구자가 되도록 도와줘서 고맙다. 칼린 벳시지안, 애덤 팔머, 토비아스 볼렌바흐, 에르달 토프락—내가 생물학에 대해 조금이나마 알게 해줘서 고맙다. 마이클 마나팟, 대니얼 로젠블룸, 앨리슨 힐, 티보 앤탈, 애나 드레버, 토머스 파이퍼, 코리나 타르니타—수학을 도와줘서 고맙다. 파비앙 아줄레, 마르크 아줄레, 콤 드노엘, 닐 데사이, 새뮤얼 프라이버거, 바스티엥 게랭, 토머스 레오너드, 나탄 레버런스, 시드니 오우아르자지, 티볼트 페이로넬, 닉 스트로스트럽, 모하메드 토미, 고맙다.

그리고 당연히, 에레즈에게 고맙다. 그와 함께 과학의 최전선을 탐험한 지난 10년은 기막히게 멋진 경험이었다. 그 경험은 너무나도 많은 방식으로 지금의 나를 만들었다.

－JB

도표에 대하여

　이 책에 실린 도표들은 랜달 먼로Randall Munroe의 유쾌한 시각적 스타일의 웹만화xkcd.com에서 영감을 받았다. xkcd 스타일로 자동화된 그래프를 만들자는 아이디어는 데이먼 맥두걸Damon McDougall이 제안했으며, 이 책에 담긴 실질적인 그래프들은 제이크 밴더플래스Jake VanderPlas의 코드 개량 버전을 사용해 파이선Python에서 만들었다. 이러한 엔그램들은 books.google.com/ngrams에 있는 원판 구글 엔그램 뷰어에서 인터렉티브 형식으로, xkcd 스타일은 xkcd.culturomics.org에서 생성될 수 있다. 우리는 먼로가 이에 개의치 않기를 희망한다. xkcd.com/1007/과 xkcd.com/1140/을 보라. 그가 좋아하는 엔그램 가운데 일부는 xkcd.com/ngram – charts/에서 볼 수 있다.

　엔그램 데이터는 대문자와 소문자를 구별하며, 엔그램 구역plot들은 몇 가지 매개변수에 의존한다. 특별한 언급이 없으면 이 책에 등장하는 모든 엔그램 도표는 2012년 영어 말뭉치와 3년의 평활smoothing*을 이용한 구글 엔그램 뷰어의 정확한 결과물에 상응한다. 다른 언급이 없으면 명령어 텍스트는 전체적으로 소문자다. 다만 시각적으로 대문자화된 고 유명사는 예외다. 이 모든 것의 기초가 된 데이터세트는 books.google.com/ngrams/datasets에서 다운로드할 수 있다.

마르크 샤갈이나 큐비즘처럼 독일어 말뭉치에 있는 특정한 엔그램들을 나타낼 때 우리는 NV: "Marc Chagall, Kubismus"/German이라고 인용했다. 말뭉치가 표시되어 있지 않으면, 예를 들어 NV: "cubism"의 경우는 2012년의 영어를 나타낸다. 우리는 때때로 연도 범위나 평활 가치에 대해서도 언급할 것이다.

엔그램 데이터를 출판물에 사용하려면 Jean-Baptiste Michel, Yuan Kui Shen, Aviva Presser Aiden, Adrian Veres, Matthew K. Gray, The Google Books Team, Joseph P. Pickett, Dale Hoiberg, Dan Clancy, Peter Norvig, Jon Orwant, Steven Pinker, Martin A. Nowak, Erez Lieberman Aiden, "Quantitative Analysis of Culture Using Millions of Digitized Books," *Science* 331, no. 6014(January 14, 2011; 출판에 앞서 2010년 12월 16일에 온라인으로 먼저 공표): 176~82를 인용해주기 바란다.

---

* 통계학이나 컴퓨터 이미지 처리에서 거친 표본 추출이나 노이즈 때문에 데이터에 좋지 않은 미세한 변동이나 불연속성 등이 생길 때, 이를 약하게 하거나 제거해 매끄럽게 만드는 조작을 뜻한다. 엔그램의 빈도를 그래프로 그리면 우아한 곡선으로 나타나는 경우가 드물기 때문에 평활을 통해 매끄러운 곡선으로 만들었다는 뜻이다. ─옮긴이

주

chapter 1 빅데이터가 일으킬 인문학 혁명

1_ 강조는 필자가 한 것이다.

2_ is/are의 전환은 언제 일어났는가 단수/복수에 관한 문제는 벤저민 해리슨 대통령 시절, 국무 장관을 역임한 존 포스터John W. Foster가 『뉴욕 타임스』에 단수형과 복수형의 장점을 논한 글을 게재한 1901년까지도 확실히 살아 있는 이슈였다. 존 포스터의 "Are or Is? Whether a Plural or a Singular Verb Goes with the Words United States"(*New York Times*), 온라인은 http://goo.gl/Ql60b를 보라.

3_ 제임스 맥퍼슨의 『자유의 함성』(Oxford: Oxford University Press, 1988) 859쪽에서 인용한 구절이다. 맥퍼슨 교수가, 마땅히 찬사받을 그의 작품『자유의 함성』에 있는 오류를 우리가 바로잡은 것에 크게 개의치 않기를 바란다. 우리가 이 부분을 강조한 것은 그의 역사적 통찰력을 비판하기 위해서가 아니다. 그와 반대로 맥퍼슨이 역사학자 가운데 최고 중의 최고여서다. 가장 훌륭한 역사학자도 이 기계적 방법을 이용할 수 있다는 사실을 보여주는 것만큼 그 방법의 유용성을 잘 보여줄 수 있는 것은 없다.

4_ 1887년 4월 24일자 『워싱턴 포스트』. Ben Zimmer, "Life in These, uh, This United States," *Language Log*(2005년 11월 24일)에서 재인용. http://goo.gl/Ug8iX.

5_ 'United States' 앞에 붙는 'The'를 대문자로 한정하지 않으면 예상치 못한 공

식이 만들어질 수 있다는 점에 유의하라. 예를 들어 'The Senate of the United States is'에서 'is'는 '합중국the United States'이 아니라 '합중국 상원The Senate of the United States'을 받는다.

6_ 렌즈 발전사의 상세한 정보는 Vincent Ilardi, *Renaissance Vision from Spectacles to Telescopes*(Philadelphia: American Philosophical Society, 2007)에서 볼 수 있다.

7_ **로버트 후크**Robert Hooke 이 책을 쓰는 동안 에레즈는 스웨덴 웁살라 대학을 방문했는데 그곳에는 로버트 후크가 1665년에 쓴 『마이크로그라피아Micrographia: or some physiological descriptions of minute bodies made by magnifying glasses with observations and inquiries thereupon』 초판본이 보관돼 있다. 현대적인 기준에서 보더라도 후크가 현미경을 통해 본 것을 손으로 직접 그린 그림들은 장관이다. 당시에 이 그림들이 얼마나 아름다웠을지는 상상하기조차 힘들다. 『마이크로그라피아』는 과학 분야 최초의 베스트셀러로, 대중적인 과학 장르의 기준점이 되는 원본ur-text이 되었다. 초판본은 여전히 매우 희귀하지만, 전자책 혁명 속으로 들어가보라. 오늘날은 누구라도 원본을 온라인에서 정독할 수 있다. Robert Hooke, *Micrographia*(London: Jo. Martyn and Ja. Allestry, 1665), 온라인은 http://goo.gl/KSnaH를 보라.

8_ **미생물** 미생물을 발견한 안토니 반 레벤후크Antonie van Leeuwenhoek는 이것을 처음에는 극미동물animalcule이라고 불렀다. Clifford Dobell, *Antony van Leeuwenhoek and His "Little Animals"*(New York: Harcourt, Brace, 1932)를 보라. 당신의 신체 안에는 인간 세포보다 열 배나 많은 세균 세포가 살고 있다. D. C. Savage, "Microbial Ecology of the Gastrointestinal Tract," *Annual Review of Microbiology* 31(1977): 107, 온라인은 http://goo.gl/hzVlrR을 보라. 우리의 몸 안에 사는 세균 수는 인류 인구의 약 10의 14승 또는 100조가 넘는다.

9_ **갈릴레오의 망원경이 달성한 배율** 갈릴레오가 처음 사용한 망원경은 30배율에도 못 미쳤다. 몇 차례 개선을 거친 뒤에야 30배율이 나왔다. Richard S. Westfall, "Science and Patronage: Galileo and the Telescope," *Isis* 76, no. 1(March

1985): 11~30, 온라인은 http://goo.gl/eiPt3U; Henry C. King, *The History of the Telescope*(London: C. Griffin, 1955).

10_ 갈릴레오와 근대성의 관계 David Whitehouse, *Renaissance Genius: Galileo Galilei and His Legacy to Modern Science*(New York: Sterling, 2009); David Wootton, *Galileo: Watcher of the Skies*(New Haven, CT: Yale University Press, 2010); Mark Brake, *Revolution in Science: How Galileo and Darwin Changed Our World*(New York: Palgrave Macmillan, 2009); Jean Dietz Moss, *Novelties in the Heavens: Rhetoric and Science in the Copernican Controversy*(Chicago: University of Chicago Press, 1993); Robert S. Westman, *The Copernican Question: Prognostication, Skepticism, and Celestial Order*(Berkeley: University of California Press, 2011) 참조.

11_ 쓰기의 탄생 인류의 초기 쓰기의 역사는 상당 부분 데니즈 슈만트 베세라트 Denise Schmandt-Besserat의 선구적 업적에 의해 밝혀졌다. 슈만트 베세라트가 "토큰token 시스템의 로제타석"이라고 명명한, 기원전 2000년대의 속이 빈 점토판이 이집트 누지Nuzi에서 발견됐는데, 이것은 고대 쓰기의 고고학에서 매우 중요한 발견이었다. 점토판 바깥에 새겨진 설형문자의 뜻은 다음과 같다. "새끼를 낳은 암양 스물한 마리//암컷 새끼 양 세 마리//완전히 자란 숫양 여덟 마리//수컷 새끼 양 네 마리//암염소 새끼 여섯 마리//숫염소 한 마리//암염소 새끼 세 마리//양치기 지카루의 인장." 점토판이 열렸을 때 안에서 마흔아홉 개의 패counter가 발견됐다. 각각의 패는 바깥에 열거된 동물들에 해당한다. 왜 불필요하게 반복했을까? 바깥쪽의 명문은 새기기 쉬웠지만 조작되기도 쉬웠다. 안쪽에 있는 것들은 표시하기 어려웠지만 조작하기도 어려웠다. 따라서 계약에 임하는 양쪽 당사자 사이의 분쟁은 점토판을 깨뜨려 안쪽의 패들을 드러냄으로써 심판할 수 있었다. 언제부턴가 사람들이 안쪽과 바깥쪽 모두에 설형문자를 새겨 패를 사용하지 않고도 쓰기만으로 법률적 문서를 만들 수 있다는 사실을 깨달았다고, 학자들은 믿는다. 점토판에 문자를 새기되 쉽게 참고할 수 있도록 한쪽은 '공개한 채로' 남겨두고, 분쟁을 심판하기 위해 다른 쪽은 봉인하여 계약을 체결하

는 관행이 일반화되었던 것이다. 이런 종류의 계약 사례는 『구약 성경』 「예레미야」 33장 10~11절에 등장한다. Barry B. Powell, *Writing: Theory and History of the Technology of Civilization*(Chichester, England: Wiley-Blackwell, 2009); Richard Rudgley, *The Lost Civilization of the Stone Age*(New York: Free Press, 1999); Denise Schmandt-Besserat, *How Writing Came About*(Austin: University of Texas Press, 1996); Denise Schmandt-Besserat, *Before Writing,* vol. 1, *From Counting to Cuneiform*(Austin: University of Texas Press, 1992); Denise Schmandt-Besserat, *Before Writing,* vol. 2, *A Catalog of Near Eastern Tokens*(Austin: University of Texas Press, 1992)를 보라. 물론 연구자들 사이에 만장일치는 드물다. 어떤 사람들은 쓰기가 이집트에서 아마도 사뭇 다른 메커니즘을 통해 독립적으로 등장했을 것이라고 주장한다. Larkin Mitchell, "Earliest Egyptian Glyphs," *Archaeology* 52, no. 2(March/April 1999), 온라인은 http://goo.gl/tM3GEQ를 보라.

12_ 비트와 바이트 전형적인 스무고개 게임 역시 '2와 2분의 1 바이트'로 부를 수 있다. 당신이 답을 짐작하기 전에 수집할 수 있도록 허용된 정보의 양이 이만큼이기 때문이다.

13_ 국제적 시장조사기업 아이디시IDC의 「디지털 우주」 보고서를 근거로 한 추산이다. John Gantz and David Reinsel, "The Digital Universe in 2020", EMC Corporation, December 2012, http://idcdocserv.com/1414를 보라. "Data, Data Everywhere," *Economist*, February 25, 2010; 온라인은 http://goo.gl/VsXh5P; Roger E. Bohn and James E. Short, "How Much Information? 2009," Global Information Industry Center, January 2010, http://goo.gl/ptOR; Peter Lyman and Hal R. Varian, "How Much Information? 2003," University of Berkeley, http://goo.gl/vpo9N도 참조하라.

14_ 정보의 기록 우리는 일반적으로 1비트를 손으로 쓰면 6밀리미터를 차지한다고 가정했다. 이 가정은 얼마간은 1과 0의 비율에 좌우된다. 1은 매우 좁기 때문이다. 일반적인 손글씨 문자의 크기에 관해서는 Vikram Kamath et al.,

"Development of an Automated Handwriting Analysis System," *ARPN Journal of Engineering and Applied Science* 6, no. 9(September 2011), 온라인은 http://goo.gl/4mlkTm에 언급돼 있다.

15_ 그러므로 양의 마릿수 세기는 앞으로 우주가 어마어마하게 팽창하지만 않는다면 완전히 끝난 문제다.

16_ 배증 비율 IDC의 추산에 따르면, 인류의 데이터 발자국은 2005년 130엑사바이트에서 2020년 4만 엑사바이트(40제타바이트)로 늘어날 것이다. 이 사실은 두 배로 늘어나는 기간이 약 1년 10개월이라는 점을 시사한다. 앞의 자료를 보라.

17_ 페이스북의 규모 "Facebook Tops 1 Billion Users," Associated Press, October 4, 2012, 온라인은 http://goo.gl/nfK32P를 보라.

18_ Liran Einav et al., "Learning from Seller Experiments in Online Markets," National Bureau of Economic Research(September 2011), 온라인은 http://goo.gl/f9ghir.

19_ Robert M. Bond et al., "A 61-Million-Person Experiments in Social Influence and Political Mobilization," *Nature* 489, no. 7415(2012): 295~98, 온라인은 http://goo.gl/AQdAS0.

20_ Chaoming Song et al., "Limits of Predictability in Human Mobility," *Science* 327, no. 5968(2010): 1018~21, 온라인은 http://goo.gl/rYlF2v.

21_ Jeremy Ginsberg et al., "Detecting Influenza Epidemics Using Search Engine Query Data," *Nature* 457(2009): 1012~14, 온라인은 http://goo.gl/WHEWW.

22_ Raj Chetty, John N. Friedman, and Jonah E. Rockoff, "The Long-Term Impacts of Teachers," National Bureau of Economic Research(December 2011), 온라인은 http://goo.gl/C18JQ; Raj Chetty et al., "How Does Your Kindergarten Classroom Affect Your Earnings?," National Bureau of Economic Research(March 2011), 온라인은 http://goo.gl/N9O6a.

23_ Nate Silver, FiveThirtyEight, http://www.fivethirtyeight.com; Nate Silver,

The Signal and the Noise(New York: Penguin, 2012) 참조.

24_ 모든 책이란 실제로 무엇을 의미하는 걸까? 쓰인 모든 책의 모든 인쇄본을 디지털화하는 것은 그다지 큰 의미가 없다. 비록 그것이 전혀 의미가 없다고 말할 순 없을 테고 사람들이 붙인 미미한 주석들이 환상적일 수는 있겠지만 말이다. Anthony Grafton and Joanna Weinberg, *I Have Always Loved the Holy Tongue*(Cambridge, MA: Harvard University Press, 2011) 참조. 다른 한편으로 아주 유명한 작품들은 여러 세기에 걸쳐 수많은 판본이 등장할 수 있고, 각각의 내용이 실질적으로 다를 수 있다. 이러면 진짜 아슬아슬할 수 있다. 예를 들어 Eric Rumsey, "Google Book Search: Multiple Editions Give Quirky Result," *Seeing the Picture*, October 12, 2010, http://goo.gl/6YNld를 보라. 구글 북스의 경우 모든 책의 모든 판본을 한 부씩 디지털화하는 것이 목표다.

25_ "The Stanford Digital Library Technologies Project," Stanford University, http://goo.gl/tstLQ; "Google Books History," Google Books, http://goo.gl/ueobb 참조.

26_ **구글 북스의 규모** 부분적으로는 앞서 지적한 이유로, 부분적으로는 물질적인 물체로서의 책의 정의가 모호하기 때문에 실제 도서관의 장서 수를 헤아리기는 어려운 일이다. 그래서 각 도서관의 장서 수는 2013년 7월 18일을 기준으로 위키피디아에 올라 있는 도서관 홈페이지에서 구했다. 이 숫자들이 모두 균일하게 최신 정보를 담고 있지는 않다는 점에 유의하라. 또한 스탠퍼드는 이미 종이책 도서관을 '책 없는 도서관'으로 대체하기 시작했다. Lisa M. Krieger, "Stanford University Prepares for the 'Bookless Library,'" *San Jose Mercury News*, May 18, 2010, 온라인은 http://goo.gl/yauezp를 보라.

27_ **우리가 점검한 책들** 예를 들어 Louis F. Klipstein, *Grammar of the Anglo-Saxon Language*(New York: George P. Putnam, 1848), 온라인은 http://goo.gl/cWRlJ를 보라. 법률적·윤리적 우려를 감안해 구글 북스 프로그램에 불참했던 하버드는 저작권이 만료된 저작에 한해 구글이 디지털화할 수 있도록 허용했다. Laura G. Mirviss, "Harvard-Google Online Book Deal at Risk," *Harvard*

Crimson, October 30, 2008, 온라인은 http://goo.gl/0tYflD를 보라.

28_ 롱데이터 이 용어는 최근 소셜네트워크 연구자 새뮤얼 아브스만이 만든 것이다. Samuel Arbersman, "Stop Hyping Big Data and Start Paying Attention to 'Long Data,'" *Wired*, January 29, 2013, http://goo.gl/X7oEC 참조.

29_ 데이터 공유의 문제 아직은 매우 훌륭한 경험적 데이터세트들에 광범위하게 접근할 수 없는 상황이긴 하지만, 소셜네트워크는 벌써 풍부한 연구 영역을 제공하고 있다. 예를 들어 Duncan J. Watts and Steven H. Strogatz, "Collective Dynamics of 'Small-World' Networks," *Nature* 393, no. 6684(1998): 440~42, 온라인은 http://goo.gl/be3Xmi; Albert-László Barabási and Réka Albert, "Emergence of Scaling in Random Networks," *Science* 286, no. 5439(1999): 509~12, 온라인은 http://goo.gl/eESUa8; Ron Milo et al., "Network Motifs: Simple Building Blocks of Complex Networks," *Science* 298, no. 5594(2002): 824~27, 온라인은 http://goo.gl/duzS5L.

30_ 때로는 변호사가 좋은 징조가 될 수도 있다. 우리 가운데 한 명은 변호사와 결혼했다.

31_ 컬처로믹스의 출발 우리는 처음에 우리가 발견한 것들을 요약한 자료 네 가지를 발표했다. 과학적 논문, 상세한 방법론을 다룬 부록, 보충 성격의 웹사이트 두 개였다. Jean-Baptiste Michel et al., "Quantitative Analysis of Culture Using Millions of Digitized Books," *Science* 331, no. 6014(January 14, 2011), 온라인은 http://goo.gl/mahoN을 보라. 자세한 보충 텍스트는 http://goo.gl/le509; "Ngram Viewer," Google Books, 2010, http://books.google.com/ngrams; "Culturomics," Cultural Observatory, http://www.culturomics.org가 있다. Michel et al.은 자주 언급할 자료여서 앞으로는 이것을 'Michel2011'로 줄여서 부른다. Michel2011S는 이 논문의 보충 텍스트를 뜻한다.

32_ 위에서 말한 "Ngram Viewer"를 보라. Erez Lieberman Aiden and Jean-Baptiste Michel, "Culturomics, Ngrams and New Power Tools for Science," Google Research Blog, August 10, 2011, http://goo.gl/FSbbP; Jon Orwant,

"Ngram Viewer 2.0," Google Research Blog, October 18, 2012, http://goo.go/zOSfg.

33_ **마케터를 상대로 한 브리즈번의 연설** 1911년에 그가 뉴욕 시러큐스의 애드버타이징 클럽Advertising Club에서 말한 것의 발췌문이 미국 최초의 광고 산업 간행물인 『프린터스 잉크Printer's Ink』에 실렸다. 이 발췌문은 이 표현에 관련된 최초의 기록을 포함하고 있다. "그림을 이용하라. 그림은 단어 100개의 가치가 있다." 좀 더 간단한 형태인 "그림 한 점은 1000단어의 가치가 있다"가 그 직후에 등장하고, '1만 단어'와 '100만 단어'와 같은 변종도 등장한다. 처음 세 가지 버전이 모두 브리즈번에게서 유래했다. 그가 이 세 가지를 서로 다른 맥락에서 사용했을 가능성이 농후하다. *Printer's Ink* 75, no. 1(April 6, 1911): 17을 보라. 1925년 즈음에 이 구절은 공자가 직접 말한 것으로 통했다. *Management Accounting*, National Association of Cost Accountants(1925)를 보라.

chapter 2 데이터 오디세이: 언어는 어떻게 진화하는가

1_ Karen Reimer, *Legendary, Lexical, Loquacious Love*(Chicago: Sara Ranchouse, 1996)를 보라.

2_ 정확하게 말하면, 이 책의 표지에는 "캐런 라이머가 이브 라이머Eve Rhymer로서 쓴"이라고 되어 있다. 캐런 라이머의 작품에 대한 상세한 정보는 http://www.karenreimer.info를 보라.

3_ **빅데이터** 빅데이터는 너무 최근의 것이라서 책에서는 그 트렌드를 쉽게 찾아볼 수 없었다. 6장에 있는 책 기록의 시간분해능time resolution에 관한 우리의 논의를 보라. 다른 빅데이터들은 틀림없이 충분할 것이다. '구글 트렌드Google Trends'에 따르면 구글에서 빅데이터 검색량은 2011년까지 상대적으로 완만하다가 치솟기 시작했다. '빅데이터'를 다룬 위키피디아의 기사는 2010년 4월 처음 만들어졌

으며, 2013년 7월 14일 현재 694회 수정됐고, 한 달에 15만 회 이상 열람되며, 영어 위키피디아에서 2022번째로 인기 있는 기사다. "Big data," Google Trends, 2013, http://goo.gl/tL8GnD; "Big Data," Wikipedia, July 14, 2013, http://goo.gl/DFFbr; "Big Data: Revision History," Wikipedia, July 14, 2013, http://goo.gl/Jvla3; "Big Data," X!'s Edit Counter, July 14, 2013, http://goo.gl/e9YZ7v; "Big Data," Wikipedia Article Traffic Statistics, July 14, 2013, http://goo.gl/vgYxH 참조.

4_ 진화 동역학 프로그램 이 프로그램의 장소, 연구, 책임자 등에 대해서는 이 주제를 논한 노왁의 책을 읽는 것이 가장 좋은 방법이다. Martin A. Nowak with Roger Highfield, *SuperCooperators*(New York: Free Press, 2011)를 보라.

5_ 해는 밤에 어디로 가는가 이 물음에 대한 답은 갈릴레오 갈릴레이가 1632년에 쓴 논쟁적인 작품에서 논의되었다. 그가 쓴 *Dialogue Concerning the Two Chief World Systems, Ptolemaic and Copernican*, trans. Stillman Drake(New York: Modern Library, 2001)를 보라.

6_ 왜 하늘은 푸른가 이 현상은 레일리Rayleigh 경이 발견한 '레일리 산란' 때문에 일어난다. 당시에는 그의 이름이 존 스트루트John Strutt였다. John Strutt, "On the Light from the Sky, Its Polarization and Colour," *Philosophical Magazine* 41, series 4(1871): 107~20, 274~79를 보라.

7_ 나무는 산만큼 높이 자랄 수 있는가 George W. Koch et al., "The Limits to Tree Height," *Nature* 428(April 22, 2004): 851~54, 온라인은 http://goo.gl/lxNlq.

8_ 우리는 왜 잠을 자야 하는가 Carlos Schenck, *Sleep*(New York: Penguin, 2007) 참조. 이 주제를 다룬 책은 아주 많지만 어느 누구도 우리가 왜 자야 하는지를 완전하게 알지는 못한다. 이것은 이론가들에게 재미난 영역으로 다가온다. 예컨대 다음을 보라. Van M. Savage and Geoffrey B. West, "A Quantitative, Theoretical Framework for Understanding Mammalian Sleep," *PNAS: Proceedings of the National Academy of Sciences*(November 20, 2006), 온라인은 http://goo.gl/wFWDC.

9_ Nicholas Wade, "Anthropology a Science? Statement Deepens a Rift," *New York Times*, December 9, 2010, 온라인은 http://goo.gl/eCI9K3 참조.

10_ Nathan Myhrvold, Chris Young, and Maxine Bilet, *Modernist Cuisine: The Art and Science of Cooking*(Bellevue, WA: The Cooking Lab, 2011); Malcolm Gladwell, "In the Air," *New Yorker*, May 12, 2008, 온라인은 http://goo.gl/TTtsLU를 보라.

11_ the의 빈도 2000년 영어 책에서 'the'의 빈도는 100단어당 4.6회다.

12_ quiescence의 빈도 2000년 영어 책에서 'quiescence'의 빈도는 500만 단어당 2회다.

13_ 오늘날의 단어 수 세기 리눅스 명령어 *cat textfile.txt \ tr ' ' '\n' \ sort \ uniq -c \ sort -k1 -n -r >1grams.txt*는 모든 1-그램1-gram을 빈도가 가장 높은 것에서 가장 낮은 순으로 나열한 목록을 만들어낸다.

14_ 인간 컴퓨터 당시에 인간 컴퓨터는 대부분 여성이었다. 그들에 관한 놀라운 이야기는 David Alan Grier, *When Computers Were Human*(Princeton, NJ: Princeton University Press, 2007)에서 볼 수 있다. '인공적인 인공지능artificial artificial intelligence'이라고 묘사되는 아마존닷컴의 '메커니컬 터크Mechanical Turk' 서비스는 웹 기반의 크라우드소싱을 이용하는데, 어떤 측면에서 보면 이와 비슷한 접근법으로의 복귀를 암시한다. http://www.mturk.com 참조.

15_ Miles Hanley, *Word Index to James Joyce's Ulysses*(Madison: University of Wisconsin Press, 1937).

16_ 지프의 작업에서 핸리의 단어색인이 한 역할 지프가 그의 이름을 딴 법칙과 처음 조우하기 전에 그는 『율리시스』의 단어들의 빈도를 조사했다. 1911년에는 R. C. 엘드리지R. C. Eldridge라는 사업가가 신문 여덟 페이지에 실린 원고에서 단어들의 빈도를 계산한 목록을 출간했다. "현명하게 선택하기만 한다면 보통의 단어 수를 가지고 두 사람이 서로 상대방을 이해하고…… 많은 주제에 관해 총명하게 대화하는 것이 가능하다"는 사실을 깨달은 엘드리지가 세운 목표는 어휘 통계를 이용해 "보편 어휘의 토대"의 윤곽을 그리는 것이었다. George Kingsley

Zipf, *The Psycho-Biology of Language*(Boston: Houghton Mifflin, 1935), 온라인
은 htttp://goo.gl/KYvOcK; George Kingsley Zipf, *Human Behavior and the
Principle of Least Effort*(Reading, MA: Addison-Wesley, 1949); R. C. Eldridge, *Six
Thousand Common English Words*(Buffalo, NY: Clement Press, 1911) 참조.

17_ 『율리시스』의 단어들을 빈도순으로 순위 매기기 지프는 핸리의 단어목록에 붙어 있
던 마틴 주스Martin Joos의 색인에 광범위하게 의존했다. 주스는 필요한 통계들
대부분을 일람표로 만들었다.

18_ 지프의 법칙 지프의 법칙이 지프의 것도 아니고 법칙도 아니라는 점을 지적하지
않을 수 없겠다. 몇 가지 이유로 이것은 법칙이 될 수 없다. 첫째, 이것은 거의 사
실이지만 완벽한 사실은 아니다. 자세히 관찰하면 대부분의 언어는 순수한 지프
방식의 행태에서 벗어나는 편차를 체계적으로 보인다. 둘째, 많은 (모순되는) 이
론적 편차가 있음에도 지프의 법칙이 모든 언어에 적용되어야 하는지, 아니면
특정 언어에만 적용되어야 하는지가 불분명하다. 지프의 법칙은 극단적으로 보
편적일 뿐 아니라 불가사의하기까지 한 경험적 규칙성으로 보는 편이 최선이다.

이것은 지프의 것도 아닌데, 처음 발견한 사람이 지프가 아니기 때문이다. 우
리가 아는 한 이러한 숨겨진 수학적 원리를 처음 발견한 사람은 장바티스트 에
스투Jean-Baptiste Estoup라는 프랑스 속기사였다. 그는 1912년부터 지프 방식의
규칙성들이 즉각적이고 실질적인 영향을 미치는 속기 필기 훈련법을 다룬 유명
한 저작들을 출간하기 시작했는데, 거기에 이 주제의 탐구 결과가 담겨 있었다.
이중 로그 축에 빈도 순위를 나타내는 방식으로 지프의 법칙을 나타낸 고전적인
묘사는 에드워드 콘던Edward Condon이 1928년 『사이언스』에 처음으로 소개했
다. 콘던은 이후 매우 저명한 물리학자가 됐는데, 미국물리학회와 미국과학진흥
협회의 회장을 역임했다.

지프의 법칙을 다룬 지프의 첫 출판물은 1935년에 등장했다. 그는 다른 사람
들이 성취한 많은 발견을 독자적으로 재발견한 것으로 보이며, 그것들을 더 나
은 데이터들로 확증했다(지프의 지적 부채를 비판적으로 검증하는 일은 매력적이긴 하
나 이 책의 범위를 넘어서는 것이다). 지프는 이 주제에 관해 여러 해 동안 연구를 이

어갔고, 기본적 결과물들을 이론적 뼈대와 사회과학 전반에 걸친 비슷한 현상들의 폭넓은 탐구라는 양쪽 맥락에 배치했다. 지프는 또한 이러한 아이디어를 종합하고 유명하게 만든 유일하고도 가장 영향력 있는 사람이었다. 그가 1949년에 쓴 『인간 행동과 최소 노력의 원리 Human Behavior and the Principle of Least Effort』의 한 서평은 이 책이 "지금까지 쓰인 모든 책 가운데 가장 야심 찬 책으로서…… 완전히 다르고 신선하다. 이것은 한 세기 동안 누구도 하지 못했던 학제 간, 부문 간 경계들을 가로지른다"라고 했다. John Q. Stewart, review of *Human Behavior and the Principle of Least Effort*, by George Kingsley Zipf, *Science* 110, no. 2868(December 16, 1949): 669 참조. 본문에 담긴 우리의 논의는 이 책에 담긴 평가에 느슨하게 기대고 있다.

하지만 이 개념의 이렇게 풍부한 역사에서 '지프의 법칙'이라는 이름을 대체할 더 정확한 이름이 있는가? 지프의 법칙이 실제로는 '에스투-콘던-지프의 규칙성'으로 불려야 한다는 주장은 상당히 합리적이다. 완전히 공평하지는 않더라도 말이다. 지프의 업적은 핸리, 주스, 엘드리지가 수행한 단어색인 작업과 횟수세기가 있었기에 가능했다. 콘던의 업적 역시 다른 사람들이 이미 해놓은 빈도분석에 기반하고 있었는데, 그의 경우 레오너드 에어스Leonard Ayres, (듀이 십진법을 고안한 멜빌 듀이Melvil Dewey의 아들인) 고드프리 듀이Godfrey Dewey 등을 참고했다. 따라서 우리는 지프의 법칙을 '에스투-콘던-지프-엘드리지-에어스-듀이-핸리-주스의 규칙성'이라고 불러야 한다. 이것이 아마도 우리가 '지프의 법칙'이라는 단순한 명칭을 고수하는 이유일 것이다.

어쨌든, 진정으로 인상 깊은 데이터세트를 고통스럽게 분석한 작업에 바탕을 둔 모든 발견이 그것을 떠받치는 데이터를 만들어낸 사람의 이름을 따라 명명되지는 않았다는 주장은 뻔한 소리다. 우리가 어떤 것들의 이름을 짓느라 분주할 동안 '아차상'이라도 준비해둬야 하지 않을까. 이것을 '핸리의 원리Hanley principle'라고 해두자.

Jean-Baptiste Estoup, *Gammes Sténographiques*(Paris: Institut Sténographique, 1916); E. U. Condon, "Statistics of Vocabulary," *Science* 67, no.

1733(March 16, 1928): 300, 온라인은 http://goo.gl/Qi5B49; Leonard P. Ayres, *A Measuring Scale for Ability in Spelling*(New York: Russell Sage Foundation, 1915), 온라인은 http://goo.gl/C0cgke; Godfrey Dewey, *Relative Frequency of English Speech Sounds*(Cambridge, MA: Harvard University Press, 1923); M. Petruszewycz, "L'Histoire de la Loi d'Estoup-Zipf: Documents," *Mathématiques et Sciences Humaines* 44(1973): 41~56, 온라인은 http://goo.gl/LlrNn을 보라.

이런 아이디어들에 대한 간결하고도 우아한 리뷰는 Willem Levelt, *A History of Psycholinguistics*(Oxford: Oxford University Press, 2012)에 등장한다. 지프의 법칙에 관한 참고문헌 및 관련 원리는 Nelson H. F. Beebe, *A Bibliography of Publications about Benford's law, Heaps' Law, and Zipf's Law*(Salt Lake City: University of Utah, 2013), 온라인은 http://goo.gl/TuyT0에서 확인할 수 있다. 이와 연관된 개념인 "l/f noise"에 대해서는 Benoit B. Mandelbrot, *Multifractals and l/f Noise: Wild Self-Affinity in Physics*(New York: Springer, 1999)를 보라.

19_ 사람 키의 분포 C. D. Fryar, Q. Gu, and C. L. Ogden, "Anthropometric Reference Data for Children and Adults: United States, 2007~2010," *Vital Health Statistics* 11, no. 252(2012), 온라인은 http://goo.gl/uEuiV를 보라.

20_ 멱법칙 좀 더 정확하게 말해서 어떤 양quantity이 다른 양에 비례하고, 고정된 지수exponent나 거듭제곱power까지 올라갈 때 멱법칙이라고 지칭된다. 지프의 법칙은 두 개의 양이 각각 순위와 풍부도이고 지수가 1과 같다는 점에서 멱법칙이다. 만약 양들이 네트워크와 관련된다면, 근본적인 네트워크는 일반적으로 '무척도scale-free'라고 알려진 것이다. Steven H. Strogatz, "Exploring Complex Networks," *Nature* 410, no. 6825(2001): 268~76, 온라인은 http://goo.gl/gO6Eb4 참조. 만약 두 개의 양이 기하학적 구조geometric structure와 관련되고, 지수가 정수가 아니라면, 근본 구조를 지칭하는 특별한 단어가 있는데 바로 프랙탈fractal이다. Benoit Mandelbrot, *The Fractal Geometry of Nature*(San Francisco: W. H. Freeman, 1985) 참조.

지프가 단어의 빈도에서 처음으로 멱법칙을 발견한 사람이긴 하지만, 이전의 연구자들은 전혀 다른 분야에서 멱법칙을 발견했다. 가장 주목할 만한 사례는 경제학자 빌프레도 파레토Vilfredo Pareto가 이탈리아 땅의 80퍼센트가 인구 20퍼센트의 소유 아래 있다는 점을 알아낸 것이다. 이 규칙은 여러 가지 80 대 20 규칙 가운데 첫 번째다. 이런 종류의 비대칭은 수학적으로 볼 때 멱법칙과 밀접한 관련성이 있다.

멱법칙을 따르는 관계의 다수는 지프가 1949년에 쓴 책에서 처음 보고됐다. 지프는 이 책에서 다른 사람들이 발견한 많은 법칙을 수집해서 보여주었다. 최근의 연구를 보려면 Aaron Clauset, Cosma Rohilla Shalizi, and M. E. J. Newman, "Power-Law Distributions in Empirical Data," *SIAM Review* 51, no. 4(2009): 661~703, 온라인은 http://goo.gl/6PLJFF; Manfred Schroeder, *Fractals, Chaos, Power Laws: Minutes from an Infinite Paradise*(New York: W. H. Freeman, 1991)를 보라. 이러한 관계들은 흔하디 흔해서 외견상 좁은 분야에 방대한 사례가 존재한다. 예를 들어 Ignacio Rodríguez-Iturbe and Andrea Rinaldo, *Fractal River Basins: Chance and Self-Organization*(Cambridge, England: Cambridge University Press, 2001)을 보라.

21_ 빌 게이츠와 달 2010년 인구조사에서, 주택 자산을 제외한 미국 가정의 중위 순자산median net worth은 1만 5000달러였다. 2010년 3월 『포브스』는 빌 게이츠의 순자산을 530억 달러로 추산했다. 5.7피트는 1.7미터다. 그러므로 우리의 가상 시나리오에서 게이츠의 키는 약 6007킬로미터가 된다. 이것은 명왕성(지름 2390킬로미터), 금성(지름 4879킬로미터), 달(지름 3474킬로미터)보다 훨씬 더 큰 수치이며, 화성(지름 6792킬로미터)에 버금간다. 주택 자산을 포함한다고 해도 중위 가정의 순자산은 6만 6740달러인데, 빌 게이츠의 키는 여전히 1350킬로미터이므로, 명왕성의 절반보다도 크다. "The World's Billionaires: William Gates III," *Forbes,* March 10, 2010, 온라인은 http://goo.gl/8ykj; "Wealth and Asset Ownership," U.S. Census Bureau, July 11, 2013, 온라인은 http://goo.gl/llnbC, 그리고 특히 "Wealth Tables 2010," U.S. Census Bureau, 온라인은

http://goo.gl/v7mxk를 보라.

22_ M. E. J. Newman, "Power Laws, Pareto Distributions and Zipf's Law," *Contemporary Physics* 46, issue 5(2005), 온라인은 http://goo.gl/nrkMB 참조. 무작위 원숭이들에 대한 설명은 George A. Miller, "Some Effects of Intermittent Silence," *American Journal of Psychology* 70, no. 2(June 1957): 311~14, 온라인은 http://goo.gl/p6PLll 참조.

23_ 불규칙동사 이 매력적인 화제를 풍부하고도 자세히 다룬 입문서는 Steven Pinker, *Words and Rules: The Ingredients of Language*(New York: Basic Books, 1999)다. 어떤 관점으로 보면 불규칙동사들은 이상하거나 유쾌하게 변덕스럽다. 어떤 여성은 『뉴욕 북리뷰New York Review of Books』에 "당신은 불규칙동사입니까?"로 시작되는 개인 광고를 실은 적이 있다. Steven Pinker, *The Language Instinct*(New York: William Morrow, 1994), 134를 보라.

24_ J. P. Mallory and D. Q. Adams, *The Oxford Introduction to Proto-Indo-European and the Proto-Indo-European World*(Oxford: Oxford University Press, 2006); Don Ringe, *A Linguistic History of English*(Oxford: Oxford University Press, 2006) 참조.

25_ 처음 접미사의 등장 강한 불규칙동사와 다르게, 규칙동사들은 '약한weak' 동사로도 불린다. Detlef Stark, *The Old English Weak Verbs*(Tübingen, Germany: M. Niemeyer, 1982); Robert Howren, "The Generation of Old English Weak Verbs," *Language* 43, no. 3(September 1967), 온라인은 http://goo.gl/2yf0t 참조.

26_ 규칙화 규칙화는 보통 일방통행이어서 예외는 극히 드물다. 그 예외 중 하나가 불규칙 형태인 snuck로, 지난 세기에 영어에 살금살금 스며들었다. stick/stuck, strike/struck, stink/stunk 같은 불규칙동사에 뒤이어, 영어 화자 가운데 1퍼센트 정도는 매년 sneaked에서 snuck로 전환하고 있다. 이런 비율이라면 당신이 이 문장을 읽는 동안에도 한 사람이 슬그머니 빠져나갈 것이다. Steven Pinker, "The Irregular Verbs," *Landfall*(Autumn 2000): 83~85, 온라인은 http://goo.gl/kFFzLm.

27_ 우리는 왜 drove라고 말하는가 사실 현대 영어에서 완벽한 불규칙동사는 존재하지 않는다. 그 빈도가 매우 낮기는 하지만 규칙 형태가 언제나 존재하며, 적당한 때를 기다리고 있다. 빈도는 이런 현상에 매우 강력하게 영향을 미친다. 빈도가 높은 불규칙동사들은 경쟁하는 규칙 형태를 훨씬 더 잘 진압하기 때문이다. drove에 비해 drived를 위한 신호는 무시해도 될 정도다. 이것이 drove를 안전하게 지켜준다. 반면에 throve는 수세기 동안 취약했다. 규칙화된 형태인 thrived는 20세기 들어 우세를 점하기 시작했지만, 오래전부터 가공할 경쟁자였다. 이런 현상이 바로 일반적인 영향이다. 우리의 엔그램 데이터에서 found(빈도 2000 가운데 1)는 finded보다 20만 배 더 많이 발견된다. 그러나 dwelt(빈도 10만 가운데 1)는 dwelled에 비해 겨우 60배 더 자주 나온다. Michel2011을 보라.

2007년의 연구를 위해 우리가 '권위적authoritative'이라고 여기는 근대 영어 Modern English 불규칙동사들을 종종 필요로 했다는 점에 유의하라. 우리는 어떤 동사들이 규칙화됐고 어떤 것들은 그렇지 않았는지 판단하기 위해 그 목록을 사용했다. 이것을 우리가 스스로 만든다면 우리 방법론에 들어맞는 것만 선별한다는 취약성을 보일 우려가 있었다. 그래서 우리는 S. Pinker and A. Prince, "On Language and Connectionism: Analysis of a Parallel Distributed Processing Model of Language Acquisition," *Cognition* 28(1988): 73~193에 나오는 목록을 사용했다. 우리는 이 목록에 의거해 불규칙동사는 최소한 한 가지 의미에서 불규칙 활용을 하는 동사라고 간주했다. 사전이나 자료들마다 어떤 동사가 불규칙이고 어떤 것은 그렇지 않은지 종종 의견 차이가 있다는 점에도 유의하라. 예를 들어 wed/wed는 위의 목록에 따르면 불규칙으로 남아 있지만, 거의 모든 현대의 사전들에 따르면 그렇지 않다(일부는 이미 wed/wedded를 선호한다).

28_ 현존하는 언어학 가설들 빈도와 규칙화의 관계에 대해서는 Joan L. Bybee, *Morphology: A Study of the Relation Between Meaning and Form*(Amsterdam: John Benjamins, 1985)에 설명되어 있다. 언어학적 변화가 어떻게 일어나는지 좀 더 일반적으로 다룬 저작들은 많다. 예를 들면 다음과 같다. William Labov, "Transmission and Diffusion," *Language* 83, no. 2(June 2007): 344~87, 온라

인은 http://goo.gl/aZ5M2R; Greville Corbett et al., "Frequency, Regularity, and the Paradigm: A Perspective from Russian on a Complex Relation," in *Frequency and the Emergence of Linguistic Structure*, ed. Joan L. Bybee and Paul J. Hopper(Amsterdam: John Benjamins, 2001), 201~28. 이러한 질문들은 좀 더 명쾌하게 진화론의 관점에서 탐구할 수도 있다. Mark Pagel, *Wired for Culture: Origins of the Human Social Mind*(New York: W. W. Norton, 2012); Mark Pagel, Quentin D. Atkinson, and Andrew Meade, "Frequency of Word-Use Predicts Rates of Lexical Evolution Throughout Indo-European History," *Nature* 449(October 11, 2007): 717~20, 온라인은 http://goo.gl/93WiJ0. Partha Niyogi, *The Computational Nature of Language Learning and Evolution*(Cambridge, MA: MIT Press, 2009)을 참조하라. 니요기Niyogi는 2010년 현장에서 비극적으로 생을 마감한 전문가였는데 당시 43세였다.

29_ 예를 들면 이런 책들이다. Oliver Farrar Emerson, *A Middle English Reader* (New York: Macmillian, 1909); Hanry Sweet, *An Anglo-Saxon Primer*(Oxford: Clarendon Press, 1887).

30_ **자연선택 추적하기** 이 주제를 다룬 저작들은 방대하다. 예를 들면 다음과 같다. P. C. Sabeti et al., "Detecting Recent Positive Selection in the Human Genome from Haplotype Structure," *Nature* 419, no. 6909(2002): 832~37, 온라인은 http://goo.gl/TW6SYJ; P. Varilly et al., "Genome-Wide Detection and Characterization of Positive Selection in Human Populations," *Nature* 449, no. 7164(2007): 913~18, 온라인은 http://goo.gl/NfnzeU.

31_ **불규칙동사들에 대한 우리의 분석** 이 작업은 원래 Erez Lieberman et al., "Quantifying the Evolutionary Dynamics of Language," *Nature* 449(October 11, 2007): 713~16, 온라인은 http://goo.gl/3kCMQT에 나온다.

32_ **방사성 물질과 반감기** "Radioactive Decay," Wikipedia, June 22, 2013, http://goo.gl/xTYhl; "Half-life," Wikipedia, June 3, 2013, http://goo.gl/TXn3 참조.

33_ **존 하버드의 구두** 구두가 반들반들 윤이 나게 하는 것은 단지 손만이 아니다. 많

은 학부생들이 이 구두에 오줌을 눈다. 2013년에 하버드를 졸업한 학생 가운데 23퍼센트가 그렇게 했다고 답했다. 존 하버드 뒤에서 '볼일'을 보는 것은 하버드 학부생들이 거쳐야 할 '3대' 의례 가운데 하나다. 두 번째는 프라임 스크림 prime scream이라고 알려진 것으로, 나체로 고래고래 소리를 지르는 것이다. 세 번째는 와이드너 도서관에서 섹스를 하는 것인데, 책과 접촉하기를 갈구하는 학생의 육신이 지닌 끝없는 열정을 증명한다는 취지다. 킨들을 가지고 그렇게 한번 해보시길. Jule M. Zauzmer, "Where We Stand: The Class of 2013 Senior Survey," *Harvard Crimson* (May 28, 2013), 온라인은 http://goo.gl/lEpfA 참조.

34_ **용어색인 만들기** 어떤 색인들은 다른 것들보다 훨씬 강력하다. 당신이 훨씬 더 도전적인 원자료들을 확보해뒀다 하더라도 부사의 색인은 라이머의 것보다 훨씬 더 세련됐다. 예를 들어 『인덱스 토미스티쿠스』는 근간이 되는 텍스트의 표제어 정리lemmatization를 완벽하게 해내는데, 어휘적으로 관련된 모든 단어를 그룹으로 묶은 것이다(영어에서 표제어 정리를 할 때 <u>run</u>, <u>running</u>, <u>runs</u>, <u>ran</u>, <u>outrun</u>, <u>also-run</u> 같은 단어들을 하나의 제목으로 묶는다). 이러한 표제어 정리는 그 자체로 주목할 만한 성취다. 우리가 공개한 엔그램 데이터세트는 표제어 정리를 나타내지 못한다. 이것을 제대로 하기란 아주 어렵다.

35_ **『인덱스 토미스티쿠스』** 1980년 부사는 수십 년 동안 아이비엠과 해온 협업 과정을 생생하게 담은 체험기를 출간했다. 그것은 놀라울 만큼 선견지명으로 가득 차 있는 문서로, 일일이 열거하기 어려울 정도로 너무나 많은 통찰을 담고 있다. 예를 들어 부사는 거대 인문학big humanities의 필요성을 예견하고(7장의 논의를 참고하라) 이렇게 썼다.

오늘날 학자로서의 삶은 협력자들로 이뤄진 팀이 수십 년에 걸쳐 협업해야 하는 프로젝트보다는, 당장 발표해야 하는 여러 가지 단기 연구 프로젝트를 더 선호하는 듯이 보인다. …… 1센티미터의 토대에 1킬로미터의 연구를 세우기보다는 폭 1킬로미터인 토대에 1센티미터의 결과를 세우는 편이 훨씬 더 좋을 것이다.

30년도 더 지나서 당시 미국역사학회 회장이던 앤서니 그래프턴Anthony Grafton이 이와 비슷한 일련의 생각을 피력했다.

새롭게 등장한 과학적 연구 형식이 텍스트 기록을 보완하는 연구 가능성을 역사학자들에게 제공함에 따라, 그리고 디지털 문서들과 증거물들이 확대되고 디지털 연구 방법론에 접근하기가 더욱 쉬워짐에 따라 역사학자들도 팀을 구성해서 함께 일하는 법을 배워야 하는 상황이 도래했다. …… 협업은 하나의 길을 제공한다. 이 길은 전통적인 취향의 학자들이 고문서와 원고의 토대 깊숙한 곳에 잠자고 있던 지구적 차원의 경제적·문화적·정치적 관계를 밝혀내는 데 엄청난 잠재력을 지니고 있다.

디지털 인문학 운동을 창시한 문서임이 틀림없는 부사의 글은 오늘날에도 읽어볼 이유가 충분하다. R. Busa, "The Annals of Humanities Computing: The *Index Thomisticus*," *Computers and the Humanities* 14(1980): 83~90, 온라인은 http://goo.gl/FgVWQ; A. Grafton, "Loneliness and Freedom," *Perspectives on History*, March 2011, 온라인은 http://goo.gl/dOx3J을 보라.

36_ "장미를 분해하다" G. A. Miller의 *The Psycho-Biology of Language*(Cambridge, MA: MIT Press, 1965) 서문, 온라인은 http://goo.gl/KYvOcK를 보라. 1965년판 서문 도입부부터가 그랬듯이 이 글의 전문은 오늘날 보아도 적절하다.

『언어의 정신생물학The Psycho-Biology of Language』은 모든 이의 취향을 만족시키기 위해 계산된 것이 아니다. 지프는 꽃잎을 세기 위해 장미를 분해할 그런 사람이다. 만약 셰익스피어의 소네트에 담긴 단어들을 일람표로 만드는 것이 당신의 가치관에 위배된다면, 이 책은 당신을 위한 것이 아니다. 지프는 언어에 접근하면서 과학자의 시각을 채택했다. 이것은 그에게 생물학적·심리학적·사회학적 과정으로서 언어의 통계학적 연구를 뜻한다. 그러한 분석이 당신에게 혐오감을 느끼게 한다면, 당신의 언어를 그냥 내버려두고 조지 킹슬리 지프를 역병이라도 되는 듯이 피하라. 당신은 마크 트웨인을 읽으며 훨씬 더 행복해할 것이다: "거짓말쟁이들이 있다, 빌어먹을 거짓말쟁이들과 통계학자들." 또는 "그대는 통계학자와 함께 앉거나 사회과학에 전념하지 말지어다."(W. H. 오든)

그러나 선의를 위해 살해된 아름다움에 움찔하지 않는 사람에게는 지프의 과학적 노력이 정신을 아찔하게 만들 것이고, 상상력을 자극하는 놀랍고도 예상치 못한 결과들을 안겨줄 것이다.

37_ Sally Jenkins, "Burned-Out Phelps Fizzles in the Water against Lochte," *Washington Post*, July 29, 2012.

38_ Melissa Rohlin, "Kobe Bryant Says He Learned a Lot from Phil Jackson," *Los Angeles Times*, November 14, 2012, 온라인은 http://goo.gl/bKGDTg.

39_ **불규칙동사들의 동맹** Steven Pinker, *Words and Rules: The Ingredients of Language*(New York: Basic Books, 1999); Lieberman et al., "Quantifying the Evolutionary Dynamics of Language"와 이 글의 보충물; Michel2011과 Michel2011S에서 다룬 관련 주제에 관한 논의를 보라.

40_ 여기서 우리는 burned와 burnt의 빈도 비율이 영국에서 각각의 형태를 사용하는 영어 화자의 비율을 반영한다고 가정했다.

chapter 3 데이터로 사전 만들기

1_ Jeff Meldrum, *Sasquatch: Legend Meets Science*(New York: Forge, 2006) 참조.

2_ 추파카브라를 비롯해 여러 어휘를 논의한 책은 Loren Coleman and Jerome Clark, *Cryptozoology A to Z*(New York: Fireside, 1999)이다. 추파카브라는 떼 지어 움직인다는 점에 유의하라. 만약 당신이 한 문장에서 이것과 마주친다면 가까이에 그것들이 더 잠복해 있을 가능성이 꽤 높다. 현재 추파카브라의 빈도가 급상

승하고 있으니, 앞으로는 조금 더 흔해질 것이다.

3_ **구글 북스** "Google Books History," http://goo.gl/ueobb 참조.

4_ 아마도 'page'와 'pages'만으로 구성된 길이가 다양한 영어 문장들을 구성하는
것이 가능할 듯하다. 예를 들면 다음과 같다.

"Page!(책장을 넘기세요!)": 머리사 메이어가 누군가에게 책장을 넘기라고 명령하
면서.

"Page, page!(페이지, 삐삐를 치세요!)": 머리사가 래리에게 명령하면서.

"Page, page pages!(페이지, 견습생들에게 삐삐를 치세요!)": 좀 더 구체적인 지시.

"Page, page Page's pages!(페이지 양, 페이지의 견습생들에게 삐삐를 치세요!)": 래리가
다른 사람의 견습생들에게 삐삐를 쳐서 일을 망치고 있었다.

"Page, page Page's page's pages!(페이지 양, 페이지의 견습생의 견습생들에게 삐삐를
치세요!)": 페이지의 견습생이 뒤처지고 있었다.

"Page, page pages Page's page pages!(페이지 양, 페이지의 견습생이 삐삐로 보내는
쪽들을 삐삐로 보내세요!)": 머리사가 래리에게 배속된 특정 견습생이 종종 삐삐로
보내는 쪽들을 삐삐로 보내라고 다른 견습생에게 말하면서. [page는 명사로는 종이
한 장, 견습생 등을 뜻한다. 남성과 여성의 이름으로도 쓰인다. 동사로는 '호출기로 호출하다(삐
삐를 치다)', 빈도가 낮기는 하지만 '페이지를 넘기다'라는 뜻이 있다. 저자들은 영어 단어 page
의 다양한 뜻을 가지고 말놀이를 한 것이다. 저자의 한 명인 장바티스트 미셸은 옮긴이가 추가
설명을 요청하는 이메일을 보내자 네 번째 문장부터는 맨 앞의 Page가 여성의 이름을 지칭한다
고 답했다. 따라서 Page라는 단어는 구글의 설립자 래리 페이지와 페이지라는 이름의 여성을 부
르는 데 각각 쓰인 셈이다. -옮긴이]

5_ Leonid Taycher, "Books of the world, stand up and be counted! All
129,864,880 of you," Google Books Search, August 5, 2010, http://goo.
gl/5yNV 참조. 타이처는 구글의 대표적인 메타데이터 전문가다.

6_ **비파괴적 스캐닝** 책을 복사해본 사람은 누구나 알겠지만, 책을 복사할 때 좋은 이
미지를 얻기란 쉽지 않다. 극복해야 할 여러 가지 문제 가운데 하나는 책을 펼쳤
을 때 평평하지 않다는 것이다. 제본된 부분에 가까워질수록 안쪽으로 휘어진다.

구글은 이 문제를 풀기 위해 각 페이지의 굽은 부분을 보정하기 위한 시스템을 개발했다. 이 과정에 대한 자세한 설명은 Michel2011S에 있다.

7_ 갤럽의 7일 평균은 투표할 가능성이 높은 약 2700명을 대상으로 한 여론조사를 바탕으로 했다. "Election 2012 Likely Voters Trial Heat: Obama vs. Romney," Gallup, http://goo.gl/ujbzb 참조.

8_ 피터 노르빅의 무크MOOC(Massive Open Online Course)에 대해서는 "Introduction to Artificial Intelligence," https://www.ai-class.com/을 보라. 그의 교과서에 대해서는 Stuart J. Russell and Peter Norvig, *Artificial Intelligence: A Modern Approach*(Englewood Cliffs, NJ: Prentice Hall, 1995)를 보라.

9_ **법률적 이슈들** 위키피디아는 소송과 그것의 복잡한 진행 과정을 자세하게 추적하고 기록해왔다. "Google Book Search Settlement," Wikipedia, June 23, 2013, http://goo.gl/8E5Cx를 보라. 법률적 이슈 가운데 어떤 것들은 Giovanna Occhipinti Trigona, "Google Book Search Choices," *Journal of Intellectual Property Law and Practice* 6, no. 4(March 10, 2011): 262~73에 나온다. 좀 더 일반적인 이슈에 대해서는 Marshall A. Leaffer, *Understanding Copyright Law*, 5th ed.(Albany, NY: Matthew Bender, 2011)를 보라. 이 주제를 다룬 매우 자세한 참고문헌 목록은 Charles W. Bailey, Jr., "Google Books Bibliography," *Digital Scholarship*, 2011, http://goo.gl/grff2에 있다. Thomas C. Rubin, "Searching for Principles: Online Services and Intellectual Property," Microsoft, http://goo.gl/GX3CB에 실린 루빈의 언급을 보라.

10_ Michael Barbaro and Tom Zeller, Jr., "A Face Is Exposed for AOL Searcher No. 4417749," *New York Times*, August 9, 2006, http://goo.gl/c8MCY; "About AOL Search Data Scandal," http://goo.gl/6hnfuI을 보라.

11_ **현대 게놈 시퀀싱의 기반** 게놈 시퀀싱과의 관련성 때문에 작은 텍스트 조각을 가지고 전체 텍스트를 어떻게 잘 조합할 것인가 하는 문제를 분석하는 이론적 장치들은 이미 방대하게 존재한다. 이에 관한 저작 가운데 분수령이 된 것은 랜더-워터먼Lander-Waterman 통계학의 발전이다. 이 통계학은 게놈 시퀀싱 기술

의 극적인 발전과 포유류 게놈의 복잡한 반복 구조 덕분에 현대의 게놈 시퀀스 연구자들이 실적을 잔뜩 올릴 수 있게 해주었다. 이 통계학은 또한 텍스트 말뭉치들에 대한 엔그램 기반의 접근법에도 즉각적이고 실질적으로 적용된다. E. S. Lander and M. S. Waterman, "Genomic Mapping by Fingerprinting Random Clones," *Genomics* 2, no. 3(April 1988): 231~39, 온라인은 http://goo.gl/wuAcXr을 보라.

12_ Dan Quayle, *Standing Firm*(New York: HarperCollins, 1994); Mark Fass, "How Do You Spell Regret? One Man's Take on It," *New York Times,* August 29, 2004, 온라인은 http://goo.gl/gWW4wK.

13_ 페일린은 이 1-그램을 2010년 7월 18일 트윗한 것으로 유명하다. 그녀는 앞서 텔레비전에서도 이 단어를 썼다. Max Read, "Sarah Palin Invents New Word: 'Refudiate'," *Gawker,* July 19, 2010, 온라인은 http://goo.gl/XjV7TJ.

14_ Michael Macrone, *Brush Up Your Shakespeare*(New York: HarperCollins, 1990); Jeffrey McQuain and Stanley Malless, *Coined by Shakespeare*(Springfield, MA: Merriam-Webster, 1998) 참조.

15_ 『아메리칸 헤리티지 사전American Heritage Dictionary』(ADH) 이 사전은 어학적으로 보수적이라는 평판을 받긴 했으나, 방법론적 관점에서는 지극히 혁신적이었다.

1967년 헨리 쿠세라Henry Kucera와 W. 넬슨 프랜시스W. Nelson Francis는 일련의 다양한 장르들의 대표적인 사례가 되기를 희망하면서, 100만 개의 단어가 실린 텍스트집 「브라운 말뭉치Brown Corpus」를 출판했다. 이것의 출판은 학문적으로 말뭉치 언어학의 등장에 중요한 역할을 했고, 여러 측면에서 볼 때 우리가 구글에서 창조한 말뭉치의 가장 초기 형태이자 가장 중요한 선구자라 할 수 있다.

바로 그 직후 출판업자 휴턴 미플린Houghton Mifflin은 쿠세라에게 자기 회사가 만들고 있던 새로운 사전을 지원하기 위한 새로운 말뭉치를 만들어달라고 제안했다. 이 출판업자는 영어 어휘집을 구축하는 데 통계를 사용하여 엘드리지의 전략(2장의 '1937: 데이터 오디세이' 절 참조)을 실천하고 싶어했다. 휴턴 미플린의 AHD 초판은 1969년에 처음 모습을 드러냈는데, 이러한 전략을 적용한 최초의 사전이었다.

그러므로 선구적인 AHD가 구글 북스에 기반한, 우리의 강력하고도 새로운 말뭉치가 던지는 빛을 얼마나 잘 견뎌낼지 궁금해하는 것은 자연스럽다. 운 좋게도 1997년부터 2011년까지 AHD의 주필이었던 조지프 P. 피케트Joseph P. Pickett가 기꺼이 우리의 작업에 동참했다. 그 덕분에 AHD에 관한 우리의 모든 분석은 그의 적극적인 협업과 그의 직원들의 지원이라는 막대한 도움을 받았다. 이 책에서 AHD 관련 수치들은 모두 피케트와 그의 팀이 제공한 데이터뿐만 아니라 그들과 나눈 소통에 바탕을 두고 있다(피케트는 궁극적으로 Michel2011의 공저자다). 우리는 종종 AHD에 대해 글로 비판하긴 했지만, AHD가 새로운 유형의 분석을 공격적으로 추구하는 것이 최고의 사전을 만드는 데 도움이 된다고 느낀 것은 분명하다. 우리는 언어학적 관리 방식linguistic governance에서 투명성은 위대하며, AHD만큼 투명한 참고서적은 없다고 생각한다.

AHD는 용례위원회usage panel에 의존하는 것으로도 유명하다. 이 위원회는 약 200여 명의 언어 전문가들로 구성되는데, 연방 대법관 안토닌 스칼리아Antonin Scalia부터 『뉴욕 타임스』의 십자말풀이 편집자인 윌 쇼츠Will Shortz, 퓰리처상 수상 작가인 주노 디아즈Junot Díaz에 이르기까지 온갖 부류의 사람들이 포함돼 있다. 이 위원회의 의장은 스티븐 핑커다(핑커 역시 Michel2011의 공저자다). 이 위원회는 여러 측면에서 언어 추적에 관한 컬처로믹스 또는 텍스트-말뭉치-통계학 접근법의 정반대 급부를 대표하는데, 일반적인 언어 사용을 대표하는 샘플 대신 적은 수의 언어 전문가들, 곧 어휘 엘리트에 의존한다.

우리는 이 두 가지 접근법이 어떻게 비교될지 궁금했다. 매년 AHD는 용례 위원들에게 질문지를 보낸다. 언젠가 한번은 AHD에서 우리가 이 질문지의 보충 질문을 만들고 위원들이 답하도록 허락했다. 우리는 이 결과를 엔그램을 통해 우리가 발견한 것과 비교했다. 예를 들어 우리는 그들에게 sneaked와 snuck에 대해 물었다. 이 두 가지 과거형 가운데 어느 것을 받아들일 수 있는가? 우리는 젊은 위원일수록 snuck을 더 많이 받아들이는 경향이 있음을 발견했다(미출간 데이터). 우리가 엔그램으로 발견한 것들은 지난 20년 동안 snuck이 빠르게 확산됐음을 보여준다. 이러한 결과는 위원들, 나아가 일반적인 언어 사용자들이 젊은 나이에 어떤 것은 받아들일 수 있는 용례이고 어떤 것은 그렇지 않은지 인식하는 경향이 있다는 것을 암시한다.

American Heritage Dictionary of the English Language, 4th ed.(Boston: Houghton Mifflin, 2000); "The Usage Panel," *American Heritage Dictionary*, 2013, http://goo.gl/JtT41; Francis Nelson and Henry Kucera, *Brown Corpus Manual*(Brown University Department of Linguistics, 1979) 참조.

16_ **『아메리칸 헤리티지 사전』에 실린 단어 개수** AHD 팀은 표제어 수가 15만 3359개인 제4판의 목록을 우리에게 제공했다. 종종 같은 단어가 이 목록에 여러 번 등장했다. 예를 들어 console은 명사와 동사에서 모두 등장했다. 우리는 이처럼 중복된 것들은 뺐다. men's room처럼 하나의 단어가 아닌 것들도 뺐다. 결과적으로 목록에는 11만 6156개의 단어가 남았다.

17_ **『옥스퍼드 영어 사전』(OED)에 실린 단어 개수** 이 수치는 OED의 마지막 인쇄본인 1989년 제2판의 것이다(옥스퍼드 대학교 출판부의 최고경영자인 니겔 포트우드Nigel Portwood를 포함한 많은 사람들이 제3판이 인쇄본으로 나오리라고는 별로 기대하지 않는다. 이러한 참고서적들이 웹으로 거처를 옮기는 것이 일반적인 경향이기 때문이다). 안타깝게도 우리는 OED로부터는 지원의 혜택을 받지 못했다. OED 웹사이트는 "정의되고(정의되거나) 삽화로 그려진 단어 형태의 수는" 61만 5100개라고 밝혀놓았다. 이 웹사이트의 서문에 따르면, 이 판은 또한 16만 9000개의 "이탤릭체·볼드체로 표시된 구절과 조합들"을 포함하고 있다. 이것들은 1-그램이 아니다. 우리가 추산한 44만 6000개는 단순히 이 두 값 사이의 차이에 불과하다. 따라서 이것은 정확한 추산이라기보다는 상한값에 해당한다. OED 제2판은 이보다 적으면 적었지 더 많은 1-그램들을 포함할 수 없다. 최근 OED가 앞으로 있을 심포지엄에 우리를 초대했으니, 좀 더 활발한 AHD 스타일의 협업을 기대해볼 수 있다. 정확한 수치를 얻는 것은 확실히 좋은 일이다. *Oxford English Dictionary*, 2nd ed.(Oxford: Oxford University Press, 1989); "Dictionary Facts," *Oxford English Dictionary*, http://goo.gl/DL6a7; Bas Aarts and April McMahon,

The Handbook of English Linguistics (Hoboken, NJ: John Wiley & Sons, 2008); Alastair Jamieson, "Oxford English Dictionary 'Will Not Be Printed Again,'" *Telegraph,* August 29, 2010, 온라인은 http://goo.gl/V5g8Ak 참조.

18_Joan Acocella, "The English Wars," *New Yorker,* May 14, 2012, 온라인은 http://goo.gl/wGVHsx; Ryan Bloom, "Inescapably, You're Judged by Your Language," *New Yorker,* May 29, 2012, 온라인은 http://goo.gl/js9VJc; Steven Pinker, "False Fronts in the Language Wars," *Slate,* May 31, 2012, 온라인은 http://goo.gl/33vNYT에서 벌어진 격렬한 공개 논쟁을 보라. 이 논쟁은 학계에서도 일어났다. 예를 들어 Henning Bergenholtz and Rufus H. Gouws, "A Functional Approach to the Choice Between Descriptive, Prescriptive and Proscriptive Lexicography," *Lexicos* 20(2010), 온라인은 http://goo.gl/agXm7S를 보라.

19_ **혁신당의 사전편찬학** 루스벨트는 '간소화 철자 위원회Simplified Spelling Board'라고 알려진 집단이 처음 제안한 계획을 지지했다. David Wolman, *Righting the Mother Tongue: From Olde English to Email, the Tangled Story of English Spelling* (New York: Harper Perennial, 2010)을 보라. 이 주제에 대해 쓴 루스벨트의 편지 원본은 디지털 팩시밀리 형태로 "Letter from Theodore Roosevelt to William Dean Howells," Theodore Roosevelt Center at Dickinson State University, http://goo.gl/JA8cP에서 볼 수 있다.

20_ 우리가 이 장에서 아슬아슬하게 제시한 분석 자료들은 Michel2011과 Michel 2011S에 자세하게 나와 있다.

21_ 우리는 ADH에 있는 11만 6156개의 고유한 1-그램 표제어들의 빈도 분포를 계산했다. 열 번째 백분위 수가 나온 뒤에 대략 10억 개당 한 부분 꼴로 빈도들이 치솟기 시작했다.

22_ **알파벳이 아닌 철자를 포함한 단어들** 단어가 모두 알파벳 철자로만 구성돼야 하는지에 대해선 전혀 명확하지 않다. 예를 들어 OED는 최근에 처음으로 ♥에 관한 항목을 포함시켰다. Erica Ho, "The Oxford-English Dictionary Adds '♥'

and 'LOL' as Words," *Time*, March 25, 2011, 온라인은 http://goo.gl/0RB6EA 를 보라.

23_ 지프 방식의 어휘목록 만들기 지프 방식의 어휘목록은 엘드리지가 신봉하고 AHD 가 실현시킨 아이디어를 단지 현대적으로 갱신한 것이며, 어휘 통계들은 더 나은 사전을 편찬하기 위해 사용될 수 있다는 점에 주목하라. 일찍이 Richard W. Bailey, "Research Dictionaries," *American Speech* 44, no. 3(1969): 166~72, 온라인은 http://goo.gl/4RqfDu에서 이것의 효과를 강력히 주장하는 의견이 나왔다.

24_ 우리가 제외하기로 한 단어의 기준(알파벳으로 되어 있지 않은 용어, 구성된 단어들로 쉽게 뜻을 알 수 있는 합성어, 변종 철자, 정의하기 어려운 용어)은 ADH의 조지프 피케트와 나눈 논의를 바탕으로 했다. 저마다 조금씩 기준이 다르기는 하지만, 대체로 사전들은 어떤 단어들을 의도적으로 포함하는 동시에 어떤 단어들은 의도적으로 배제해왔다. 새뮤얼 존슨은 1755년에 나온 그의 기념비적 사전에서 배제되는 단어들의 여러 사례를 논의했다. 존슨 박사는 사전의 서문에서 이 주제에 관해 아주 다채롭게 설명했는데, 알파벳으로 되어 있지 않은 용어는 언급하지 않지만 나머지 세 가지 부류의 문제에 대해 다음과 같이 언급한다.

먼저, 그는 합성어는 대부분 배제했다: "나는 합성된 단어들, 혹은 이중으로 된 단어들의 경우, 그것들을 구성하는 요소들이 단순한 상태에 있을 때에 비해 현저히 다른 의미를 획득하는 경우를 제외하고는 주의를 기울이지 않았다. 그러므로 노상강도highwayman, 산지기woodman, 기수horsecourser 같은 단어는 설명을 필요로 한다. 반면에 강도 같은thieflike, 마부coachdriver는 주의를 기울일 필요가 없었는데, 어근이 합성된 단어의 의미를 이미 포함하고 있기 때문이다."

그는 변종 철자들은 대부분 포함시켰다: "나는 단순히 불필요하거나 문체가 화려하다고 해서 의도적으로 어떤 것을 거부하지는 않았다. 오히려 점성의viscid, 점착성viscidity, 점성이 있는viscous, 점착성viscosity처럼 다른 작가들이 서로 다르게 만들어낸 것들을 받아들였다." 당시엔 철자가 훨씬 덜 표준화됐다.

그는 정의하기 어려운 용어들은 포함시켰다: "의미가 쉽게 풀어쓰기에 너무 미묘하거나 덧없는 단어들이 있다. 이런 것들은 문법가들이 비속어라고 부르는 것이거나 사어死語에 포함돼 있는데, 소리가 나지 않거나, 단순히 운문을 채우거나, 혹은 운을 조절하는 것 이상의 쓰임이 없다. 그러나 이것들이 종종 억양이 전달할 수 있는 것들의 다른 형태에 불과할지라도 살아 있는 말 안에서 힘과 강한 어조를 지닌다는 사실을 쉽게 인지할 수 있다."

그는 다른 여러 범주들도 배제했는데 이것들 가운데 상당수는 오늘날에도 일반적으로 배제되는 대상들이다.

이름: "내가 의도한 것은 보통의 사전, 혹은 통용되는 사전이었기에 Arian, Socinian, Calvinist, Benedictine, Mahometan처럼 제대로 된 이름과 관련된 단어들은 전부 빼버린 반면에 이교도Heathen, 비기독교도Pagan와 같이 좀 더 일반적인 성격의 단어들은 포함시켰다."

전문용어: "나는 예술과 제조업 관련 용어들이 다수 빠졌다는 점을 솔직히 인정한다. 그러나 내가 뻔뻔하게 주장하는 이런 결점은 피할 수 없었다. 나는 광부들의 언어를 배우기 위해 갱도를 방문할 수 없었고, 항해에 관한 방언들을 다루는 내 기술을 완벽하게 만들고자 배를 탄다거나, 책에서 언급되지 않은 물품들, 도구들, 다양한 작업의 이름을 얻기 위해 상인들의 창고를 방문하거나, 숙련공의 공방을 방문할 수는 없었다. 호의적인 우연이나 내가 닿을 수 있는 손쉬운 조사에 따른 것들은 무시하지 않았다. 그러나 살아 있는 정보를 얻으려 하거나, 시무룩한 사람, 난폭한 사람과 다투면서 단어들을 모으려는 것은 가망 없는 노동이었다." 우리의 분석에 따르면 '메리엄-웹스터Meriam-Webster 온라인 사전'은 종종 의학 전문용어에서 OED를 능가하는데, 이는 방대한 의학용어 사전을 따로 보유하고 있는 덕분이다(미출간 데이터).

외국어: "우리 저자들이 자신들의 외국어 지식에 의해서건, 외국어에 대한 무지에 의해서건, 허영이나 음란함에 의해서건 유행을 따르고 싶어서 혹은 혁신의 욕망으로 소개한 단어들을 나는 있는 그대로 기록했다. 오로지 그런 것들을 비난하고, 모국어를 상처 입히면서 쓸모없는 외국어를 토착화하려는 시도의 어리석음을 다른 사람들에게 경고하기 위해서였다."

유행: "사전에서 발견되지 않는 단어들 전부가 애통하게 누락된 것은 아니다. 노동하고 상업하는 사람들의 삶의 어휘는 대부분 우연적이고 변하기 쉽다. 그들의 용어 가운데 상당수는 임시적이거나 지역적 편의를 위해 만들어지는데, 어떤 시간과 어떤 장소에서는 쓰이지만 다른 사람들에겐 완전히 알려지지 않았다. 언제나 증가하거나 퇴조하는 상태에 놓인 이러한 도망자의 은어는 내구성 있는 언어로 간주할 수 없으며, 따라서 보존할 가치가 없는 다른 것들과 함께 소멸하는 운명을 맞아야 한다." 영어에는 온갖 종류의 암흑물질이 있다.

Samuel Johnson, *A Dictionary of the English Language*(London, 1755); *Merriam-Webster's Collegiate Dictionary*, 11th ed.(Springfield, MA: Merriam-Webster, 2003)을 보라. Pedro Carolino, *English As She Is Spoke*(New York: Appleton, 1883)도 추천한다.

25_ 우리는 어휘집에서 1000개의 단어 샘플을 추출한 뒤, 배제되는 목록에 얼마나 많이 포함되는가를 판단했다. 물론 우리가 영어의 암흑물질 전체의 목록을 가지고 있지는 않다. 마치 우주의 암흑물질처럼 그것이 정확히 무엇인지는 모르고, 많다는 것만 안다.

26_ 올해의 단어 "All of the Words of the Year, 1990 to Present," American Dialect Society, http://goo.gl/JCYMiK 참조.

27_ 우리는 카약을 타고 비행기에서 뛰어내리는 스카이야킹skyaking을 제쳤다는 사실에 흥분했다. 그러나 우리가 보기에 스카이야킹 추종자들이 일반적으로 직면하는 사망 위험을 생각하면 스카이야킹이 덜 성공적일 거라고 강력한 진화론적 주장을 펼 수 있다. 당연히 미국방언협회의 예측은 액면가 그대로 믿어서는 안 된다. 2011년부터 컬처로믹스는 랜덤하우스와 맥밀런의 사전 둘 다에 등재되었다. "Culturomics," *Macmillan Dictionary* 온라인, http://goo.gl/qkg8GE; "Culturomics," Dictionary.com, http://goo.gl/EmvAhE 참조.

28_ 중간 시점들은 선형보간법linear interpolation에 바탕을 두었다.

29_ 언어의 성장과 변화의 원인 언어가 변화하는 정확한 원인, 특히 영어의 미래를 추측해보는 것은 흥미롭다. Michael Erard, "English As She Will Be Spoke,"

New Scientist, March 29, 2008; "English Is Coming," *Economist*, February 12, 2009, 온라인은 http://goo.gl/wcPGt8 참조. 사람들은 오랫동안 이런 종류의 사안에 흥미를 보여왔다. Joseph Jacobs, "Growth of English-Amazing Development of the Language as Shown in the New Standard Dictionary's 450,000 Words," *New York Times*, November 16, 1913 참조.

30_ 붙임표(하이픈)가 중간에 들어가는 방식으로 두 단어가 합성어로 전환되는 사례는 어마어마하게 많다. 우리는 너무 많은 사례들로 여러분을 질식시킬 생각은 없다. 신종 변형으로는 'rail road, rail-road, railroad'가 있다.

chapter 4 사람은 어떻게 유명해지는가

1_ 메타데이터의 질 흥미롭기는 하지만 이제는 좀 세월이 지난 이야기인데, 구글이 책의 메타데이터 때문에 초기에 겪은 어려움에 대해서는 정보가 무척이나 풍성한 블로그 〈랭귀지 로그〉에서 볼 수 있다. Geoff Nunberg, "Google Books: A Metadata Train Wreck," *Language Log*, August 29, 2009, http://goo.gl/AwNArh. 메타데이터의 질은 그 시절 이후로 극적으로 개선됐다.

2_ Michel2011S를 보라.

3_ 엔그램 대 인간 게놈 게놈 염기 결정base-call의 질에 관한 추산은 Eric Lander et al., "Initial Sequencing and Analysis of the Human Genome," *Nature* 409, no. 6822(2001): 860~921, 온라인은 http://goo.gl/trMZ4e에 기초했다.

4_ 엔그램과 법 부상하는 법률적 주장 가운데 하나는, 저작권 보호를 받는 책 수백만 권의 디지털 판본을 사람들에게 읽으라고 제공하는 것('소비적' 사용)은 저작권 침해인 반면, 이와 똑같이 저작권이 보호된 텍스트를 가지고 수행된 계산의 결과물을 볼 수 있게 하는 것('비소비적' 사용)은 그 결과물이 원본 텍스트의 긴 덩어리를 포함하지 않는 한 저작권 침해가 아니라는 것이다. 엔그램은 '비소비적' 사

용의 유용한 사례이며, 우리는 이런 관점을 작가조합과 구글이 맞붙은 재판에서 법정의견서에 피력한 바 있다. Letter from Erez Lieberman-Aiden and Jean-Baptiste Michel to Court, September 3, 2009(ECF No. 303), *The Authors Guild, Inc., et al., v. Google, Inc.*, 770 F.Supp.2d 666(S.D.N.Y., March 22, 2011)(No. 05-Civ.-8136)을 보라.

이 주장은 최근 'The Authors Guild, Inc., et al. v. HathiTrust et al.(S.D.N.Y., 2012) 재판'에서 법적 영향력을 획득했다. '해시트러스트 디지털 도서관The Hathi-Trust Digital Library'은 참여한 도서관에서 획득한 수백만 권의 디지털화한 책들에 직접 접근할 수 있는 서비스를 제공한다. 이것들은 종종 구글에 의해 디지털화됐다. 2012년 10월 10일, 뉴욕 남부지구 연방지방법원의 해럴드 베어 주니어Harold Baer, Jr. 판사는 해시트러스트의 손을 들어주었다. 이 판결은 특히 방대한 책들에 대한 '비소비적' 계산이 "과학의 발전과 예술의 함양에 귀중한 기여"를 하고, 그러한 혜택은 "정당한 사용의 보호 안에 안전하게 속한다"고 인정했다. 이런 시각을 떠받치기 위해 베어 판사는 매튜 L. 조커스Matthew L. Jockers, 매튜 새그Matthew Sag, 제이슨 슐츠Jason Schultz가 쓰고 우리도 서명한 법정의견서를 인용했다. 판사는 하나의 특별한 예로서 우리가 이 책을 여는 데 사용한 바로 그 엔그램을 다음과 같이 지칭했다. "저자들이 오랜 시간에 걸쳐 미합중국을 지칭하기 위해 'are' 보다 'is'를 사용한 빈도." 판결문은 온라인 http://goo.gl/QESiv에 있고, 이것이 인용한 법정의견서는 "Brief of Digital Humanities and Law Scholars as Amici Curiae in Partial Support of Defendants' Motion for Summary Judgement," *The Authors Guild, Inc., et al., v. HathiTrust et al.*, 902 F.Supp.2d 445(S.D.N.Y., October, 10, 2012)(No. 11-Civ.-06351) 2012 WL 4808939이다.

5_ *The Colbert Report*, 6:38, February 7, 2007, http://goo.gl/iFMGCt를 보라. 스티븐 핑커는 Michel2011의 공저자다.

6_ 지구상에서 구글 검색이 가장 많이 된 사람 "Zeitgeist 2010: How the World Searched," Google Zeitgeist, 2011, http://goo.gl/OCpY2X를 보라.

7_ 여러분은 *Jacobellis v. Ohio*, 378 U.S. 184(1963)을 보면 그것을 알 것이다.

8_ 바람 터널 Wilbur Wright et al., *The Papers of Wilbur and Orville Wright*(New York: McGraw-Hill, 2000); Peter L. Jakab, *Visions of a Flying Machine: The Wright Brothers and the Process of Invention*(Washington, DC: Smithsonian Institution Press, 1990); Gina Hagler, *Modeling Ships and Space Craft: The Science and Art of Mastering the Oceans and Sky*(New York: Springer, 2013) 참조.

9_ 이 질문에 대한 실수를 담은 동영상은 "Steele Flubs 'Favorite Book' Reference During Debate," Newsmax, January 3, 2011, http://goo.gl/8hh40에서 볼 수 있다.

10_ Andra Medea, "Carol Gilligan," *Jewish Women: A Comprehensive Historical Encyclopaedia*, http://goo.gl/LN2al을 보라.

11_ 코호트 접근법 안드보르드가 1930년에 했던 원래 연구의 번역문은 Kristian F. Andvord, "What Can We Learn by Following the Development of Tuberculosis from One Generation to Another?," *International Journal of Tuberculosis and Lung Disease* 6, no. 7(2002), 562~68에 있다. 코호트 연구에 대한 고전적 연구는 Richard Doll, "Cohort Studies: History of the Method," *Sozial- und Präventivmedizin* 46, no. 2(2001), 75~86, 온라인은 http://goo.gl/dRJKCp 참조. 이 장에 나오는 모든 분석은 Michel2011에 기초하고 있으며, Michel2011S에도 자세히 나와 있다.

12_ 에이드리언의 세계는 궤도 주기가 3.47지구년이다.

13_ 1800년에서 1950년 사이에 태어난 사람들 가운데 유명세를 떨친 사람들의 명단을 만드는 것은 여러 가지 중요한 기술적 어려움을 안고 있었다. 중요한 문제 가운데 하나는 어떤 사람에 상응하는 엔그램이 언급됐을 때 그것이 실제로 그 사람을 지칭했는지를 판단하는 것이었다. 윈스턴 처칠은 1874년에 태어난 정치인을 지칭한 것인가, 1940년에 태어난 그의 손자를 지칭한 것인가, 1971년에 태어난 윈스턴 처칠이라는 이름의 소설가를 지칭한 것인가, 아니면 구분할 수 없는 이 세 사람의 혼합을 지칭한 것인가? 이 문제를 풀기 위해 베레스는 맥락성 정보를 상당히 많이 이용했다. 그는 위키피디아의 '윈스턴 처칠'에 관한

페이지는 기본적으로 1874년 윈스턴을 가리키도록 돼 있고, 1874년의 윈스턴이 다른 윈스턴 처칠 후보자들에 비해 위키피디아 트래픽이 훨씬 많다는 사실에 주목하면서, 각각의 윈스턴 처칠 후보자의 생일을 엔그램이 처음 등장한 시기와 비교했다. 이런 기준과 또 다른 여러 기준이 수십만 명의 이름에 적용됐다. Michel2011S에 있는 모든 것을 읽어보라.

14_ 나중에 베레스와 『사이언스』의 저널리스트 존 보해넌John Bohannon은 가장 자주 언급되는 현대 과학자들로 구성된 '과학 명예의 전당Science Hall of Fame'을 만들고자 엔그램을 사용했다. 그들은 각 과학자들의 명성을 밀리다윈milliDarwin 이라는 단위로 계산했다. 1밀리다윈은 다윈 명성의 1000분의 1을 뜻한다. 가장 유명한 과학자는 버트런드 러셀Bertrand Russell로 밝혀졌다. 전쟁에 반대한 그의 태도가 그를 엄청난 논쟁의 소재로 만든 것이다. 살아 있는 과학자 가운데 가장 유명한 사람은 노엄 촘스키Noam Chomsky로, 507밀리다윈이었다. Adrian Veres and John Bohannon, "The Science Hall of Fame," *Science* 331, no. 6014(January 14, 2011), 온라인은 http://goo.gl/6g8b7X를 보라.

15_ Michel2011, Michel2011S 참조.

16_ **유명인사 표적 집단** 1800년에서 1920년까지 매년 태어난 가장 유명한 25명의 직업적 범주는 Michel2011S에서 전체를 볼 수 있다. 이 명단은 마리 퀴리Marie Curie(1867, 과학자), 마르셀 뒤샹Marcel Duchamp(1887, 예술가), 클로드 섀넌Claude Shannon(1916, 수학자), 험프리 보가트(1899, 배우), 버지니아 울프(1882, 작가), 윈스턴 처칠(1874, 정치인) 등을 포함하고 있다.

17_ 명성 연구는 사회학에서 잘 자리 잡은 분야다. Leo Braudy, *The Frenzy of Renown: Fame and Its History*(Oxford: Oxford University Press, 1986); Stanley Lieberson, *A Matter of Taste: How Names, Fashions, and Culture Change*(New Haven, CT: Yale University Press, 2000) 참조.

18_ Mark Sage, "Chapman Shot Lennon to 'Steal His Fame,'" *Irish Examiner*, October 19, 2004, 온라인은 http://goo.gl/pLXl51을 보라. 최근 『롤링스톤』이 보스턴 마라톤 대회 폭파범 조카르 차르나예프Dzhokhar Tsarnaev의 사진을 표

지에 실으면서 이와 관련된 논쟁이 불붙었다. Janet Reitman, "Jahar's World," *Rolling Stone*, July 17, 2013, http://goo.gl/fyc8y를 보라.

19_ 이 임무에 동참한 세 번째 우주인을 아는 사람이 있으면 손을 들어보라. 암스트롱과 올드린이 달 표면에 있는 동안 지휘선을 타고 달 주변을 돌았던 사람의 이름은 마이클 콜린스Michael Collins다.

chapter 5 침묵의 소리: 빅데이터가 말하는 억압과 검열의 역사

1_ Heinrich Heine, *Almansor*, in *Heinrich Heine's Gesammelte Werke*, ed. Carl Adolf Buchheim(Berlin: G. Grote, 1887). 영어 번역문은 Stephen J. Whitfield, "Where They Burn Books," *Modern Judaism* 22, no. 3(2002): 213~33, 온라인은 http://goo.gl/YbmMU3 참조. 오늘날 이 문구는 베를린의 광장인 베벨플라츠Bebelplatz에 미차 울만Micha Ullman의 디자인으로 세워진 추모비에 새겨져 있는데, 1933년의 분서 당시 요제프 괴벨스가 이곳에서 군중을 이끌고 2만 권이 넘는 책을 태웠다. 반투명 판유리로 만들어진 이 추모비를 통해 관람자들은 2만 권을 꽂기에 충분한 빈 서가를 볼 수 있다. 명문銘文은 http://goo.gl/SYzu4에서도 볼 수 있다. *Almansor*에서 나온 이 문구는 베벨플라츠의 명문에서도 보듯, 오자를 포함하고 있다는 데 유의하라.

2_ **헬렌 켈러의 편지** 켈러의 측근 가운데 한 명이 받아 적으면서 수정을 가한 이 편지는 최종본으로 이어지는 편집 과정을 보여준다. 이 편지는 미국맹인재단American Foundation for the Blind이 소장하고 있으며 Helen Selsdon, "Helen Keller's Words: 80 Years Later… Still as Powerful," American Foundation for the Blind, May 9, 2013, http://goo.gl/uSSE8에서도 볼 수 있다. 주석은 Rebecca Onion, "'God Sleepeth Not': Helen Keller's Blistering Letter to Book-Burning German Students," *Slate*, May 16, 2013, http://goo.gl/SxdG2에서 논

의됐다.

3_ V. Gregorian, ed., *Censorship: 500 Years of Conflict* (New York: New York Public Library, 1984) 참조.

4_ Jacob Baal-Teshuva, *Chagall: 1887~1985* (Cologne, Germany: Taschen, 2003), 16.

5_ **모이셰 세갈** 1910년에 이미 샤갈의 이름은 궁극적으로 마르크 샤갈로 굳어지긴 했지만, 초기에 그는 Movsha Khatselev, Mark Zakharovich, Movsha Shagalov 등 여러 이름으로 알려졌다. 여기에 대해선 Benjamin Harshav, *Marc Chagall and His Times: A Documentary Narrative* (Palo Alto, CA: Stanford University Press, 2004), 63 참조. 그의 삶과 예술을 알려주는 유용한 내용은 다음의 책들에 나와 있다. Baal-Teshuva와 앞의 책; Jackie Wullschlager, *Chagall: A Biography* (New York: Alfred A. Knopf, 2008); Marc Chagall, *The Jerusalem Windows*, trans. Jean Leymarie (New York: George Braziller, 1967); Marc Chagall, *My Life*, trans. Elisabeth Abbott (New York: Da Capo Press, 1994).

6_ Robert Hughes, "Fiddler on the Roof of Modernism," *Time*, June 24, 2001, http://goo.gl/aFMsU 참조.

7_ Françoise Gilot and Carlton Lake, *Life with Picasso* (New York: McGraw-Hill, 1964), 258. 이 책의 저자 질로는 피카소의 연인이자 뮤즈였다. 그녀는 피카소가 샤갈과 얽힌 일이 있긴 했으나 샤갈의 예술을 매우 존경했다고 말한 바 있다. 그녀가 했던 말의 전문은 다음과 같다. "마티스가 죽으면 색채가 진정으로 무엇인지 이해하는 화가는 샤갈이 유일할 것이다. 나는 수탉과 당나귀, 날아다니는 바이올리니스트와 온갖 민간전승에 열광하지는 않지만, 그의 화폭은 얼렁뚱땅 만들어진 게 아니라 진정한 그림을 담고 있다. 그가 베네치아에서 최근에 한 작업 중의 일부를 보면서 나는 르누아르 이래로 어느 누구도 샤갈만큼 빛에 대한 감각을 가진 사람이 없음을 확신했다."

8_ Wullschlager, 223.

9_ Harshav, 326~27.

10_ NV: "Chagall"(프랑스어), "Шагал"(러시아어).

11_ 막스 노르다우 퇴폐 예술에 대한 막스 노르다우의 견해는 그의 두 권짜리 책 *Entartung*(Berlin: Carl Dunder Verlag, 1892~1893)에서 드러난다. 이 견해를 나치가 이용한 방식은 노르다우의 광범위한 시각과는 정확히 반대되는 것이었다. 예를 들어 Max Nordau and Gustav Gottheil, *Zionism and Anti-Semitism*(New York: Fox, Duffield, 1905); Max Nordau and Anna Nordau, *Max Nordau: A Biography*(Whitefish, MT: Kessinger, 2007)를 보라. 노르다우는 '세계 시온주의자 의회World Zionist Congress' 설립 때부터 6차 회의 때까지 부의장을 지냈고(의장은 테오도어 헤르츨Theodor Herzl), 그 이후에 이어진 네 차례의 회의에서는 의장을 지냈다. "Max Nordau," *The Encyclopedia of the Arab-Israeli Conflict*, ed. Spencer C. Tucker(Santa Barbara, CA: ABC-CLIO, 2008) 참조.

12_ 매우 가혹하게 진행된 독일의 문화 통제 Richard A. Etlin, *Art, Culture, and Media Under the Third Reich*(Chicago: University of Chicago Press, 2002); Glenn R. Cuomo, ed., *National Socialist Cultural Policy*(New York: St. Martin's Press, 1995); Alan E. Steinweis, *Art, Ideology, and Economics in Nazi Germany*(Chapel Hill: University of North Carolina Press, 1993); Jonathan Petropoulos, *The Faustian Bargain*(New York: Oxford University Press, 2000) 참조.

13_ Peter Adam, *Art of the Third Reich*(New York: Harry N. Abrams, 1992), 53.

14_ 박물관은 이 주장에 동의하지 않았다. 여기에 대해서는 Marcy Oster, "Heirs of Owner of Nazi-Looted 'The Scream' Want Explanation on Display at MoMA," Jewish Telegraphic Agency, October 15, 2012, http://goo.gl/gBmtL 참조.

15_ 영어 번역문은 Neil Levi, "Judge for Yourselves!"—The 'Degenerate Art' Exhibition as Political Spectacle," *October* 85(1998): 41~64, 온라인은 http://goo.gl/CfuBMt에 있다.

16_ 1991년 스테파니 배런은 로스앤젤레스 카운티 미술관에서 〈퇴폐 미술전〉을 복원하는 기획을 했다. 그녀가 이 전시회를 위해 만든 카탈로그는 학문적으로 크나큰 기여를 했다. Stephanie Barron, ed., *Degenerate Art: The Fate of the*

Avant-garde in Nazi Germany(Los Angeles: Los Angeles County Museum of Art, 1991).

17_ 1937년 8월 2일에만 3만 6000명이 〈퇴폐 미술전〉을 관람했다. 이 규모가 얼마나 대단한지 감을 잡으려면 *Art Newspaper*(www.theartnewspaper.com)에서 손쉽게 확인할 수 있는 지난 10년간의 세계 전시 관람자 통계를 보면 된다. 20XX년의 통계는 http://www.theartnewspaper.com/attfig/attfigXX.pdf에 있다. 명단에 오른 전시회 가운데 명목상 단 한 전시회만이 〈퇴폐 미술전〉 첫 넉 달간의 하루 평균 관람객 수를 넘었다. 이 예외는 2009년 일본 나라奈良에서 열린 쇼무聖武 천황(701~756)과 고묘光明 천황비(701~760)의 쇼소인正倉院 보물 전시회였는데, 하루 평균 1만 7926명이 다녀갔다. 그러나 이 전시회는 약 2주밖에 열리지 않았고, 50만 명이 약간 넘는 전체 관람객 수는 〈퇴폐 미술전〉에 비하면 극히 소수에 불과하다. 일반적으로 말해, 전시 기간이 매우 짧아 관람객이 극도로 몰린 전시회가 있긴 하지만 그 어떤 것도 〈퇴폐 미술전〉이 얻은 지속적인 관심에 비견될 만한 것은 없었다. "〈퇴폐 미술전〉의 인기는 그 어떤 현대 미술 전시회도 필적할 수가 없다"는 주장은 배런의 책 9쪽에 명시적으로 나온다. 우리가 그동안 이루어진 모든 전시회의 관람객 규모를 알지 못하는 것은 분명하지만, 이 주장은 우리가 구할 수 있는 수치에 기초해서 볼 때 매우 적절해 보인다.

18_ 이 인용문은 배런의 카탈로그에 등장하는 페터 군터Peter Guenther의 "Three Days in Munich, July 1937"에서 나온 것이다. 이 매혹적인 문건은 열일곱 살의 군터가 〈위대한 독일 미술전〉과 〈퇴폐 미술전〉을 방문한 경험을 묘사해놓았다. 앞의 책 38쪽을 보라.

19_ 놀데는 나치당의 지지자였는데도 히틀러가 인상주의에 반감을 갖는 바람에 표적이 됐다.

20_ 이 포스터는 http://goo.gl/bNK9H에서 볼 수 있다.

21_ 이 영어 번역문은 "List of Banned Books, 1932~1939," University of Arizona, June 22, 2002, http://goo.gl/PMVRy에 있다.

22_ 이 블랙리스트는 W. Treß, *Wider den Undeutschen Geist: Bücherverbren-*

nung 1933(Berlin: Parthas, 2003); G. Sauder, *Die Bücherverbrennung: 10. Mai 1933*(Frankfurt am Main: Ullstein, 1985); *Liste des Schädlichen und Unerwünschten Schrifttums*(Leipzig: Hedrich, 1938)에 자세하게 수록돼 있다. W. 트레스, 베를린 시 웹사이트berlin.de와의 의사소통을 통해 우리는 블랙리스트 디지털 버전을 만드는 데 엄청나게 도움을 받았다. 이와 관련한 매우 유용한 일지는 http://goo.gl/0ig7Ig에서 볼 수 있다.

23_ Margaret F. Stieg, *Public Libraries in Nazi Germany*(Tuscaloosa: University of Alabama Press, 1992); Alan E. Steinweis, review of *Public Libraries in Nazi Germany*, by Margaret F. Stieg, DigitalCommons@University of Nebraska-Lincoln, April 1, 1992, http://goo.gl/atlK2t 참조.

24_ 러시아에서의 억압 Robert Service, *Stalin: A Biography*(Cambridge, MA: Harvard University Press, 2004) 참조. 스탈린은 정적들을 문서 기록에서 제거하는 데서 멈추지 않았다. 한 예로, 그는 매우 공격적으로 사진에서 정적들의 모습을 조작했다. David King, *The Commissar Vanishes*(New York: Metropolitan Books, 1997); Joseph Gibbs, *Gorbachev's Glasnost*(College Station: Texas A&M University Press, 1999)를 보라.

25_ NV: "Троцки, Зиновьев, Каменев"/Russian(smoothing= 1).

26_ 할리우드 텐 이들에 대한 자세한 설명은 Bernard F. Dick, *Radical Innocence* (Lexington: University Press of Kentucky, 1988); Gerald Horne, *The Final Victim of the Blacklist*(Berkeley: University of California Press, 2006); Edward Dmytryk, *Odd Man Out*(Carbondale: Southern Illinois University Press, 1996)을 보라. 그리고 괄목할 만한 다큐멘터리 영화 *The Hollywood Ten*(John Berry 감독, 1950)도 참조하라.

27_ 「월도프 성명서Waldorf Statement」 전문은 William T. Walker, *McCarthyism and the Red Scare*(Santa Barbara, CA: ABC-CLIO, 2011), 136에 있다.

28_ Jonathan Auerbach, *Dark Borders*(Durham, NC: Duke University Press, 2011), 4.

29_ *Exodus*(Otto Preminger 감독, 1960).

30_ 천안문 광장에서의 학살을 좀 더 자세히 다룬 책으로는 다음과 같은 것들이 있다. Dingxin Zhao, *The Power of Tiananmen*(Chicago: University of Chicago Press, 2001); Scott Simmie and Bob Nixon, *Tiananmen Square*(Seattle: University of Washington Press, 1990); Philip J. Cunningham, *Tiananmen Moon*(Lanham, MD: Littlefield, 2009); Timothy Brook, *Quelling the People*(Palo Alto, CA: Standford University Press, 1992).

31_ Xiao Qiang and Sophie Beach, "The Great Firewall of China," *St. Petersburg Times*, September 3, 2002; "The Great Firewall: The Art of Concealment," *Economist*, April 6, 2013, http://goo.gl/VTV3b 참조.

구글 같은 검색엔진을 검열하려는 중국 측의 노력은 어떤 면에서 용어색인과 카드식 도서목록의 개념으로 우리를 되돌려놓았다. 당신이 (이 비유에선 전체 인터넷을 봉쇄하여) 도서관에서 어떤 콘텐츠를 제거할 수 없다면, 용어색인과 카드 도서목록(당신이 관심 있는 페이지나 단어들을 찾도록 도와주는 검색엔진)을 제거하여 접근을 효과적으로 제한할 수 있다. 중국에서 행해진 구글에 대한 검열과 구글에 의한 검열을 좀 더 자세히 다룬 것으로는 다음을 보라. "Google Censors Itself for China," *BBC*, January 25, 2006, http://goo.gl/Xyd1ua; Michael Wines, "Google to Alert Users to Chinese Censorship," *New York Times*, June 1, 2012, http://goo.gl/7QmrQ; Josh Halliday, "Google's Dropped Anti-Censorship Warning Marks Quiet Defeat in China," *Guardian*, January 7, 2013, http://goo.gl/aA2HU.

천안문 광장의 학살에 대한 중국 당국의 인터넷 검열을 좀 더 자세히 다룬 자료로는 다음을 보라. Jonathan Kaiman, "Tiananmen Square Online Searches Censored by Chinese Authorities," *Guardian*, June 4, 2013, http://goo.gl/60SIo; Matt Schiavenza, "How China Made the Tiananmen Square Massacre Irrelevant," *Atlantic*, June 4, 2013, http://goo.gl/d7Ccw. '탱크 사나이'와 관련해서는 Patrick Witty, "Behind the Scenes: Tank Man of Tiananmen," *New York Times*, June 3, 2009, http://goo.gl/IvhdX를 보라.

이 현상에 관한 유용한 통찰은 "China's Tiananmen Generation Speaks," *BBC*, May 28, 2009, http://goo.gl/ms7x2와 "Chinese Students Unaware of the 'Tank Man,'" *Frontline*, video, 2:37, July 27, 2008, http://goo.gl/Jf0Hy처럼 중국의 젊은 세대에게 그들이 이 사건에 대해 아는지, 언제 이것에 대해 배웠는지, 어떻게 찾아냈는지를 물어보는 것에서 나온다.

32_ NV: "Tiananmen"/English, "天安门"/Chinese(smoothing= 0). 축들의 척도가 다르다는 점에 유의하라. 정확한 명령어는 'Tiananmen:eng_2012*10, 天安门:chi_sim_2012'다. 1950년 이전에 가짜 봉우리가 나타난 이유는 중국어 책 뭉치에서 그날 이전에 저술된 몇 권의 책 때문이다. 중국어 자료들은 이 사건들을 "六四事件(6·4 사건)"이라고 부르는 경향이 있다. NV: "六四事件"/Chinese는 예상되는 시점에 상승을 보여준다. 그러나 1989년 이전에는 이 구절이 지시하는 대상이 없었다는 점을 감안하면 놀랄 일은 아니다.

33_ 자세한 내용은 Michel2011과 Michel2011S 참조.

34_ **조롱은 마케팅이 될 수 있다** 나치는 〈퇴폐 미술전〉에 이어 재즈, 유대인의 노래, 그리고 다른 퇴폐 음악 콘서트를 열었는데, 그들은 이런 형태의 전복에 대해 점점 더 우려하게 됐다. 청중들이 실제로는 이 음악의 팬으로서 왔다는 의심이 들었기 때문이다. Michael Haas, *Forbidden Music*(New Haven, CT: Yale University Press, 2013); "Music in the Third Reich," Music and the Holocaust, http://goo.gl/OlNcwZ 참조.

35_ Charlotte Salomon, *Life? or Theater?*, Trans. Leila Vennewitz(New York: Viking, 1981); Mary Lowiner Felstiner, *To Paint Her Life*(New York: Harper Perennial, 1995); Michael P. Steinberg and Monica Bohm-Duchen, *Reading Charlotte Salomon*(Ithaca, NY: Cornell University Press, 2006) 참조.

36_ "A Poignant Reminder of the Value of Life," *St. Petersburg Times*, October 6, 1963 참조.

37_ Felstiner, 228.

38_ 이 엔그램은 원래 스티븐 핑커가 지목했던 것이다. 더 자세한 내용은 Steven

Pinker, *The Better Angels of Our Nature: Why Violence Has Declined*(New York: Viking, 2011)에 있다.

chapter 6 기억과 망각의 속도

1_ 비엔나 학파 Thomas Uebel, "Vienna Circle," *The Stanford Encyclopedia of Philosophy*(Summer 2012); Alfred J. Ayer, *Logical Positivism*(Glencoe, IL: Free Press, 1959); Friedrich Weismann et al., *Wittgenstein and the Vienna Circle*(Oxford: Basil Blackwell, 1979); David Edmonds and John Eidinow, *Wittgenstein's Poker*(New York: Ecco, 2001) 참조.

2_ 민족정신에 대한 반감 Verein Ernst Mach, *Wissenschaftliche Weltauffassung: Der Wiener Kreis*(Vienna: Artur Wolf, 1929)를 보라.

3_ 헤르만 에빙하우스 Hermann Ebbinghaus, *Memory: A Contribution to Experimental Psychology*, trans. Henry Ruger and Clara Bussenius(1885; New York: Teachers College, Columbia University, 1913) 참조. 이 저작에 대해 윌리엄 제임스가 한 평가는 William James, *Essays, Comments and Reviews*(Cambridge, MA: Harvard University Press, 1987)에서 볼 수 있다. 에빙하우스는 실험심리학의 개척자였지만, 그가 첫 번째 물결에 속했던 것은 아니다. 에빙하우스보다 앞선 시대의 중요한 인물 가운데는 실험심리학의 아버지로 간주되는 빌헬름 분트Wilhelm Wundt, 미국 심리학의 아버지로 간주되는 윌리엄 제임스 등이 있다.

4_ NV: "Lusitania, Pearl Harbor, Watergate"(smoothing= 0).

5_ 특정 숫자나 번호가 텍스트에 등장할 가능성은 균질하지 않다. 이와 반대로, 이런 경우에는 꼬리가 두꺼운 분포를 보이는데 어떤 면에서 멱법칙과 비슷하다. 이를 '벤퍼드 법칙Benford's law'이라고 한다. 예를 들어 Theodore P. Hill, "A Statistical Derivation of the Significant Digit Law," *Statistical Science* 10, no.

4(November 1995): 354~63, 온라인은 http://goo.gl/hLtUvm을 보라.

벤퍼드 법칙에 따르면, 1876이라는 번호를 텍스트에서 볼 가능성은 실질적으로 전무하다. 그것들이 연도들을 가리키는 경우가 압도적으로 많다는 점에 비춰본다면 벤퍼드 법칙은 완벽하게 의미가 통하는 이례적인 발견이다.

벤퍼드 법칙은 특히 강력한 발견이다. 예를 들어 이것은 소득신고에서 허위를 잡아내는 데 사용될 수 있다. 왜냐하면 숫자를 위조할 때 사람들은 벤퍼드 법칙을 따르지 않는 경향이 있기 때문이다. 이 법칙의 응용을 제안한 사람 가운데 한 명이 현재 구글의 수석 경제연구원인 할 베리언이다. Hal Varian, "Letters to the Editor," *American Statistician* 26, no. 3(June 1972) 참조. 사고와 숫자의 관계에 대해 더 자세히 알고 싶다면 Stanislas Dehaene, *The Number Sense: How the Mind Creates Mathematics*(Oxford: Oxford University Press, 1997)를 보라.

6_ **정보화 시대 이전의 정보의 속도** 윌리엄 도크라William Dockwra는 1680년 런던에서 페니 포스트Penny Post를 설립하면서 광고하기를, "단돈 1페니"로 "하루에 적어도 열다섯 차례" "시내 가까운 곳들에" 오전 여섯 시부터 오후 아홉 시까지 또는 매 시간에 한 번씩 배달한다고 했다. 그는 런던 시내와 외곽의 "가장 멀리 떨어진 곳에" 적어도 다섯 차례 배달하고, 네 시간 이내로 배달을 보장한다고 약속했다. 오늘날 우체국이 이렇게 한다면 좋겠다. "London Penny Post," The British Postal Museum & Archive, http://goo.gl/qwAtI에서 광고를 직접 보라. Catherine Golden, *Posting It: The Victorian Revolution in Letter Writing*(Gainesville: University Press of Florida, 2009); George Brumell, *The Local Posts of London 1680~1840*(Cheltenham, England: R. C. Alcock, 1950); "Provincial Penny Post/5th Clause," The British Postal Museum & Archive, http://goo.gl/jomYJ; Randall Stross, "The Birth of Cheap Communication(and Junk Mail)," *New York Times*, February 20, 2010, 온라인은 http://goo.gl/SO0L0Y; Robert Darnton, "An Early Information Society: News and the Media in Eighteenth-Century Paris," *American Historical Review* 105, no. 1(February 2000) 참조.

벅민스터 R. 풀러는 과거 역사에서 정보가 얼마나 빠른 속도로 이동했는지를 보여주는 그래픽을 아름답게 그려냈다. Buckminster R. Fuller and John McHale, "Shrinking of Our Planet," 온라인은 http://goo.gl/IfvqBL을 보라.

초창기에는 빠르게 움직인 것이 순수한 정보만이 아니었다. 19세기에는 말 그대로 지하의 관을 통해 도시 전체로 소포가 송달됐다. 뉴욕이나 파리와 같은 도시들에서 이 기송관氣送管, pneumatic tubes과 압축 공기를 통해 시간당 최대 40킬로미터의 속도로 소포를 보냈다. 관들의 방대하고 복잡한 네트워크는 주요 도시의 대부분의 지역에 퍼져 있었다. 뉴욕은 1950년대에 기송관 사용을 중단했다. 파리는 1980년대에 팩스 기계가 일반화되기 전까지 이 시스템을 이용했다. 오늘날 우리는 현상적으로 볼 때 능숙하게 정보 주변을 맴도는 것이 가능한 시대, 진정한 정보화 시대에 살고 있다. 그러나 당신이 파인애플 사진이나 파인애플에 관한 편지가 아니라 진짜 파인애플을 맨해튼을 가로질러 보내고자 한다면 1세기 전에 사는 편이 더 나았다고 말할 수도 있을 것이다.

짐작건대 이 관들은 여전히 존재하고, 우리는 그 관 안에 틀림없이 쥐들이 살고 있을 거라고 때때로 상상한다. 그러므로 뉴욕 지하에는 관을 타고 돌아다니는 다람쥐들로 구성된 정보 고속도로가 있다고 말하는 편이 정확하다. 다만 이것이 인터넷이 아닐 뿐이다(그리고 아마도 다람쥐가 아니라 쥐일 것이다). J. D. Hayhurst, *The Pneumatic Post of Paris*(Oxford: France and Colonies Philatelic Society of Great Britain, 1974); L. C. Stanway, *Mails Under London: The Story of the Carriage of the Mails on London's Underground Railways*(Basildon England: Association of Essex Philatelic Societies, 2000); "Pneumatic Mail," National Postal Museum, http://goo.gl/uwsgmz 참조.

특히 페이팔PayPal, 테슬라모터스Tesla Motors, 스페이스엑스SpaceX의 뒤를 따르는 사업가 엘런 머스크Elon Musk는 최근 그가 하이퍼루프Hyperloop라고 명명한, 대량 수송을 위한 접근법으로서 인간과 화물 두 가지 다 실어 나를 수 있는 기송관의 재도입을 제안했다. Damon Lavrinc, "Elon Musk Thinks He Can Get You from NY to LA in 45 Minutes," CNN Tech, July 17, 2013, http://goo.gl/EXPdT를 보라.

7_ 팩스 기계 어떻게 해서 팩스가 전화보다 먼저 발명된 걸까? 아마도 인간 음성이 지닌 풍부함을 정확하게 부호화하는 것이 기하학적 형상을 기호화하는 것보다 훨씬 더 어려웠을 것이다.

8_ 전화기를 누가 발명했는가? '전화기 발명가'라는 칭호가 누구에게 돌아가는 것이 맞는가 하는 논쟁은 여전히 진행 중이다. 2002년 미국 하원은 표결로 안토니오 무치를 전화기 발명가로 인정했다. 그러는 사이, 캐나다 정부는 공식적으로 무치의 주장을 입증할 실질적 증거가 충분하지 않다고 선언했다. 우리는 유엔 안보리가 곧 끼어들기를 희망한다. Robert V. Bruce, *Bell: Alexander Graham Bell and the Conquest of Solitude*(Boston: Little, Brown, 1973) 참조. 무치에 관한 좀 더 자세한 사항은 *Scientific American Supplement*, no. 520(December 19, 1885) 참조.

9_ Alexander Graham Bell Family Papers at the Library of Congress, 1862~1939, http://memory.loc.gov/ammem/bellhtml/.

10_ 이 연구를 위해 우리가 사용했던 발명품의 전체 목록은 Michel2011S에 있다. 어떤 것이 발명되고 특허권이 인정되기까지는 예외 없이 보통 몇 년 정도 시차가 있다. 어떤 경우에는 발명일이 모호하게 규정돼 있고, 특허권이 인정되기까지 아주 긴 시간이 걸리기도 한다. 한 예가 1920년 러시아의 레온 테레민에 의해 발명된 악기 테레민이다. 이 기구에 대한 미국 특허권은 1928년에 내려졌다. 이런 경우, 우리는 특허권이 인정된 날짜 대신 발명된 날짜를 사용했다.

11_ 발명품의 생명 주기 Everett M. Rogers, *Diffusion of Innovations*(New York: Free Press, 1962)는 어떤 사회에 혁신이 확산되는 방식을 다룬 책 중에 고전적인 교과서다.

12_ 이 인용문은 스타니스와프 울람이 쓴 폰 노이만의 감동적인 부고 기사에서 나왔다. 이 글에서 울람은 폰 노이만과의 대화를 회상했다. 이 부고 기사는 폰 노이만이 현대 과학에 기여한 업적은 선견지명으로 가득 차 있었다고 총평했다. Stanislaw Ulam, "John von Neumann 1903~1957," *Bulletin of the American Mathematical Society* 64(1958): 1~49.

13_ 레이 커즈와일의 책 *The Singularity Is Near: When Humans Transcend Biology*(New York: Viking, 2005)를 보라. 커즈와일은 2012년부터 컴퓨터가 자연 언어를 이해할 수 있게 하는 프로젝트를 책임지는 구글의 기술 담당 임원으로 일하고 있다.

14_ 헤르더는 민족정신이라는 용어 외에도 널리 사용되는 용어인 시대정신Zeitgeist 도 만들어냈다. Johann Gottfried Herder, *Reflections on the Philosophy of the History of Mankind*(Chicago: University of Chicago Press, 1968); Frederick M. Barnard, *Herder's Social and Political Thought*(Oxford: Clarendon Press, 1965) 참조.

15_ Robert Reinhold Ergang, *Herder and the Foundations of German Nationalism*(New York: Columbia University Press, 1931); George M. Fredrickson, *Racism: A Short History*(Princeton, NJ: Princeton University Press, 2003); Eve Garrard and Geoffrey Scarrey, eds., *Moral Philosophy and the Holocaust*(Burlington, VT: Ashgate, 2003) 참조.

16_ 프란츠 보아스 당연히 보아스의 문화 해석은 선동가들에게는 불리하다. 나치는 그의 책을 불사르고, 박사학위를 취소하고, 보아스류의 인류학을 '유대인 과학'이라고 맹렬히 비난했다. 보아스가 문화에 어떤 기여를 했는지에 대해서는 George W. Stocking, Jr., "Franz Boas and the Culture Concept in Historical Perspective," *American Anthropologist* 68(1966): 867~82, 온라인은 http://goo.gl/VIyZ8g에서 상세히 확인할 수 있다. 스토킹이 편집한 *Volksgeist as Method and Ethic: Essays on Boasian Ethnography and the German Anthropological Tradition*(Madison: University of Wisconsin Press, 1998)도 보라. 특히 메티 번쓸Matti Bunzl이 그 책에 기여한 바를 알고 싶다면 "Franz Boas and the Humboldtian Tradition: From *Volksgeist* and *Nationalcharakter* to an Anthropological Notion of Culture"를 보라.

17_ -오믹스omics '컬처로믹스라는 용어를 만들 때 우리는 이것이 지노믹스 genomics의 표준적 발음(또는 단어 'owe'에서의 발음)에서처럼 '장음 오'로 발음되

는 것을 의도했다. 그러나 최근 『맥밀런 사전』의 발음 안내에서는 이 단어가 이코노믹스economics에서처럼 '단음 오'로 발음되어야 한다고 보고했다(3장의 「빅데이터로 보는 언어의 성장과 죽음」 절을 보라). 사전이 이런 문제에서 잘못될 수 있는가? 아니면 우리가 잘못했는가? 우리가 처음부터 잘못 발음하고 있었는가, 아니면 맥밀런이 이런 선언을 한 뒤로 우리의 잘못이 시작됐는가? -omics에 관련한 자세한 사항은 James Gorman, "'Ome,' the Sound of the Scientific Universe Expanding," *New York Times*, May 3, 2012, http://goo.gl/I0um5 참조.

18_ 엔그램 뷰어 우리는 이 시간 잡아먹는 괴물을 만든 데 대해 모든 이에게 사과하고 싶다. 사람들이 그토록 많은 시간을 허비하도록 하는 것은 결코 우리의 의도가 아니었다. 방법이 있기만 하다면 우리는 생산성 저하로 야기된 모든 손해를 원상복구하고 싶다. 엔그램 뷰어가 어떻게 사용됐는지에 대해 좀 더 자세히 알고 싶다면 다음을 보라. Patricia Cohen, "In 500 Billion Words, a New Window on Culture," *New York Times*, December 16, 2010, 온라인은 http://goo.gl/16gtxR; Alexis C. Madrigal, "Vampire vs. Zombie: Comparing Word Usage Through Time," *Atlantic*, December 17, 2010, 온라인은 http://goo.gl/MUUnG1.

19_ 갈릴레오는 이 점을 *Dialogue Concerning the Two Chief World Systems*, 321에서 논했다. 갈릴레오가 했던 화성 관측의 일부를 현대에 와서 복원하려는 시도가 있었다. 그것에 관해서는 다음을 참조하라. William T. Peters, "The Appearances of Venus and Mars in 1610," *Journal for the History of Astronomy* 15, no. 3(1984).

20_ Giovanni Virginio Schiaparelli, *La Vita sul Pianeta Marte*(Milan: Associazione Culturale Mimesis, 1998).

21_ 화성의 운하 이 주제를 다룬 로웰의 3부작은 *Mars*(Boston: Houghton Mifflin, 1895); *Mars and Its Canals*(New York: Macmillan, 1911); *Mars as the Abode of Life*(New York: Macmillan, 1908)이다. 앨프레드 러셀 월러스Alfred Russel Wallace 는 *Is Mars Habitable?*(New York: Macmillan, 1907)에서 로웰의 가정을 반박했

다. Steven J. Dick, *Life on Other Worlds*(Cambridge: Cambridge University Press, 1998); Robert Markley, *Dying Planet*(Durham, NC: Duke University Press, 2005) 도 보라. 로웰에 대해 더 자세히 알고 싶다면 다음을 참조하라. David Strauss, *Percival Lowell*(Cambridge, MA: Harvard University Press, 2001).

22_David H. Devorkin, *Henry Norris Russell: Dean of American Astronomers*(Princeton, NJ: Princeton University Press, 2000) 참조.

23_Dick, *Life on Other Worlds*, 35.

24_H. G. Wells, *The War of the Worlds*(London: William Heinemann, 1898).

25_당시에 사용된 화성 구형 모형은 로웰 아래서 훈련받은 E. C. 슬리퍼E. C. Slipher 가 만든 MEC-1 시제품prototype이라고 알려진 지도에 바탕을 두었다. 과학적으로는 운하에 등을 돌리기로 합의가 되었지만, 슬리퍼는 1964년 죽을 때까지도 운하에 대한 희망을 품고 있었던 것 같다. 마리너 4호의 저공비행은 1965년에 이루어졌다. MEC-1 시제품 지도는 http://goo.gl/GrOKZ에서 볼 수 있다. 그리고 구글 어스를 이용해서도 화성 운하를 탐사할 수 있다. 구체적으로 어떻게 탐사하는지를 보여주는 비디오는 "Mars," Google Earth, http://goo.gl/ZXZZa이다. 슬리퍼의 논문 선집은 "E. C. Slipher Collection," Arizona Archives Online, http://goo.gl/jXva1D에 있다.

26_마리너 탐사선들과 관련하여 자세한 것은 John Hamilton, *The Mariner Missions to Mars*(Minneapolis: ABDO, 1998) 참조.

chapter 7 유토피아, 디스토피아, 데이터토피아

1_「사무엘 하」24장.

2_Jeffrey Meyers, *Edgar Allan Poe: His Life and Legacy*(New York: Charles Scribner's Sons, 1992)를 보라. 에드거 앨런 포가 기구 여행을 했다고 거짓말로 쓴

여행기를 볼 수 있는 저해상도 팩시밀리는 "Réseau Pneumatic de Paris," *Cix*, 2000, http://goo.gl/nCo3s에 있다.

3_ **엔그램 뷰어 업데이트** 가장 최근 버전 엔그램 데이터는 800만 권의 책에서 추출됐고, 품사 꼬리표를 도입했다. Yuri Lin et al., "Syntactic Annotations for the Google Books Ngram Corpus," *Proceedings of the ACL 2012 System Demonstrations*(2012): 169~74; Yuri Lin, "Syntactically Annotated Ngrams for Google Books"(master's thesis, Massachusetts Institute of Technology, 2012) 참조.

4_ **전자책** 2009년에 이미 아마존은 인쇄된 책보다 전자책을 더 많이 팔았다. Charlie Sorrel, "Amazon: Kindle Books Outsold Real Books This Christmas," *Wired*, December 28, 2009, 온라인은 http://goo.gl/ZsB7it을 보라. 2012년 전자책은 미국 내 도서 시장에서 23퍼센트를 차지했다. Jeremy Greenfield, "Ebooks Account for 23% of Publisher Revenue in 2012, Even as Growth Levels," *Digital Book World*, April 11, 2013, 온라인은 http://goo.gl/u0d1GJ 참조.

5_ **디지털 책들에 대한 접근 통로의 증가** 해시트러스트(http://www.hathitrust.org), 인터넷 아카이브(http://archive.org/index.php), 구텐베르크 프로젝트(http://gutenberg.org), 미국 디지털 공공도서관(http://dp.la) 등은 디지털 책을 공적으로 사용할 수 있도록 하기 위해 기울인 여러 가지 노력 가운데 주목할 만한 것들이다. 책의 모든 텍스트를 온라인에서 공적으로 접근할 수 있게 되면 문화적 추세를 추적하는 데 훨씬 더 강력한 도구를 만들 수 있다.

한 가지 사례를 bookworm.culturomics.org에서 볼 수 있다. 책벌레Bookworm의 원본을 구글에서 클로즈드소스closed source로 적용할 때에는 '엔그램 뷰어'라는 이름을 사용했다. '책벌레'는 문화 관측소Cultural Observatory가 내놓은 오픈소스의 일환이다. 책벌레 코드 기반은 벤저민 슈미트, 네바 체르니아프스키 듀런드, 마틴 카마초Martin Camacho, 매튜 닉레이, 린펑 양 등이 함께 개발했다. 특히 슈미트가 주도적인 역할을 했다.

6_ **구글이 디지털화한 책의 수** Robert Darnton, "The National Digital Public Library Is Launched!," *New York Review of Books*, April 25, 2013, 온라인은 http://

goo.gl/OI5n2J 참조.

7_ 도서관을 위협하는 것들 S. Peter Davis, "6 Reasons We're in Another 'Book-Burning' Period in History," *Cracked*, October 11, 2011, http://goo.gl/FBZoD; Matthew Shaer, "Dead Books Club," *New York*, August 12, 2012, http://goo.gl/UAIDN; Mari Jones, "David Lloyd George's Books Pulped by Conwy Libraries Services," *Daily Post*, March 24, 2011, http://goo.gl/blpK0; Helen Carter, "Authors and Poets Call Halt to Book Pulping at Manchester Central Library," *Guardian*, June 22, 2012, http://goo.gl/lEas1P 참조.

8_ 신문의 디지털화 Chronicling America, National Endowment for the Humanities, http://chroniclingamerica.loc.gov; Trove, National Library of Australia, http://trove.nla.gov.au; 그리고 지금은 폐지된 구글 뉴스 아카이브, Google News, http://news.google.com/newspapers 참조.

9_ 고대의 필사본과 미출간 원고 예를 들어 "Digitized Dead Sea Scrolls," Israel Museum, Jerusalem, http://dss.collections.imj.org.il; Perseus Digital Library, Tufts University, http://www.perseus.tufts.edu를 보라. 포와 관련된 유물들을 디지털화하려는 노력은 "The Edgar Allan Poe Digital Collection," Harry Ransom Center, University of Texas at Austin, http://goo.gl/XvcqO에서 볼 수 있다.

10_ 물리적인 세계의 디지털화 텍스트와 예술 작품을 비롯해, 유럽의 여러 문화적 사물들에 접근하는 길을 열려는 방대한 노력에 대해선 Europeana, http://europeana.eu 참조.

11_ 우리의 데이터 발자국 Josh James, "How Much Data Is Created Every Minute?," *DOMO*, June 8, 2012, http://goo.gl/RN5eB 참조. 고대 그리스의 모든 텍스트를 디지털화하는 것이 목표인 '페르세우스 도서관 프로젝트'의 편집장인 그레고리 크레인Gregory Crane 교수는 서기 600년 이전에 대략 1억 단어가량이 살아남았다고 주장했다. 그레고리 크레인이 장바티스트에게 보낸 이메일, May 18, 2013.

12_ 스팸 2010년에 발송된 107조 통의 이메일 가운데 89.1퍼센트가 스팸이었다. "Internet 2010 in Numbers," *Royal Pingdom*, January 12, 2011, 온라인은 http://goo.gl/ziXncU 참조.

13_ 뎁 로이의 TED 강연은 재미도 있고 정보도 알차다. Deb Roy, *The Birth of a Word*, video, 19:52, March 2011, http://goo.gl/5MoJo를 보라. 이 프로젝트에 관한 좀 더 자세한 정보는 Jonathan Keats, "The Power of Babble," *Wired*, March 2007, http://goo.gl/3epTR; Jason B. Jones, "Making That Home Video Count," *Wired*, March 25, 2011, http://goo.gl/V3oTL에서 볼 수 있다. 기술적인 부분의 자세한 개관은 Deb Roy et al., "The Human Speechome Project," Massachusetts Institute of Technology, July 2006, http://goo.gl/O3E0e; Rony Kubat et al., "TotalRecall: Visualization and Semi-Automatic Annotation of Very Large Audio-Visual Corpora," Massachusetts Institute of Technology, http://goo.gl/Dra7T에서 확인할 수 있다.

14_ 평생기록 평생기록, 웨어러블 컴퓨터, 개인계량화quantified self 같은 최신 개념들은 서로가 긴밀하게 연관돼 있다. Steve Henn, "Clever Hacks Give Google Many Unintended Powers," NPR, July 17, 2013, http://goo.gl/eyUW9; Edna Pasher and Michael Lawo, *Intelligent Clothing*(Lansdale, PA: IOS Press, 2009); Tomio Geron, "Scan Your Temple, Manage Your Health with New Futuristic Device," *Forbes*, November 29, 2012, http://goo.gl/9lg72; Greg Beato, "The Quantified Self," *Reason*, December 21, 2011; Mark Krynsky, "The Best Health and Fitness Gadget Announcements from CES 2013," Lifestream Blog, January 18, 2013, http://goo.gl/Qq0BY; Eric Topol, *The Creative Destruction of Medicine*(New York: Basic Books, 2011), Jody Ranck, *Connected Health*(San Francisco: GigaOM, 2012) 참조.

15_ 마음기계 인터페이스 Leigh R. Hochberg et al., "Neuronal Ensemble Control of Prosthetic Devices by a Human with Tetraplegia," *Nature* 442, no. 7099(2006): 164~71; Martin M. Monti et al., "Willful Modulation of Brain

Activity in Disorders of Consciousness," *New England Journal of Medicine* 362, no. 7(2010): 579~89를 보라. 둘 다 기념비적인 연구다.

16_ 의식의 흐름 Steven Pinker, *The Stuff of Thought*(New York: Viking Penguin, 2007); Chris Swoyer, "Relativism," *The Stanford Encyclopedia of Philosophy*(Winter 2010)를 보라. 의식의 흐름이라는 개념은 대체로 윌리엄 제임스에게 크게 빚지고 있다.

17_ 보스턴 마라톤 폭발 사건 수사 수사관들은 사건 현장에 있었던 개인들이 찍은 방대한 양의 사진과 동영상을 이 잡듯이 뒤졌고, 대중에게 용의자 두 명의 신원을 확인해달라고 요청했다. Spencer Ackerman, "Data for the Boston Marathon Investigation Will Be Crowdsourced," *Wired*, April 16, 2013, 온라인은 http://goo.gl/DpPKca; Pete Williams et al., "Investigator Pleads for Help in Marathon Bombing Probe: 'Someone Knows Who Did This,'" NBC News, April 16, 2013, 온라인은 http://goo.gl/46kndz를 보라.

18_ 이 소녀는 열일곱 살이던 2013년 4월 4일 목을 맸다. 그 결과 그녀는 식물인간이 됐고 사흘 뒤에 생명연장 장치가 제거됐다. "Rehtaeh Parsons, Canadian Girl, Dies After Suicide Attempt; Parents Allege She Was Raped by 4 Boys," *Huffington Post*, April 9, 2013, 온라인은 http://goo.gl/Cqs030.

19_ 마케터들이 당신에 대해 아는 것들 Charles Duhigg, "How Companies Learn Your Secrets," *New York Times*, February 16, 2012, 온라인은 http://goo.gl/DV04Me 참조.

20_ 정부가 당신에 대해 아는 것들 Joseph Ax, "Occupy Wall Street Protester Can't Keep Tweets from Prosecutors," *Chicago Tribune*, September 17, 2012.

21_ Jamie Skorheim, "Seattle Bar Steps Up as First to Ban Google Glasses," MyNorthwest.com, March 8, 2013.

22_ 스냅챗의 '삭제된' 메시지는 적어도 몇 가지 사례에서는 복구될 수 있다. 이 점이 드러나자 연방통상위원회Federal Trade Commission에 정식 제소가 제기됐다는 점에 유의하라. Jessica Guynn, "Privacy Watchdog EPIC Files Complaint

Against Snapchat with FTC," *Los Angeles Times*, May 17, 2013, http://goo.
gl/WSxTxA 참조.

23_ 선구자들 Franco Moretti, *Graphs, Maps, Trees: Abstract Models for a Lite-
rary History*(London: Verso, 2005); 같은 부류로서 앞서 「장미를 분해해 꽃잎 세
기」절에서 인용한 George Miller의 언급; Matthew L. Jockers, *Macroanalysis:
Digital Methods and Literary History*(Urbana: University of Illinois Press, 2013);
James M. Hughes et al., "Quantitative Patterns of Stylistic Influence in the
Evolution of Literature," *Proceedings of the National Academy of Sciences*
109, no. 20(2012): 7682~86, 온라인은 http://goo.gl/3uaAoM; James W.
Pennebaker, *The Secret Life of Pronouns: What Our Words Say About
Us*(New York: Bloomsbury, 2011) 참조. '공유된 지평' 학술대회 웹사이트는 http://
goo.gl/fnyWw이다. 과학과 인문학의 미래에 관한 통찰력 가득한 읽을거리로
우리는 Edward O. Wilson, *Consilience: The Unity of Knowledge*(New York:
Alfed A. Knopf, 1998)를 추천한다. 과학과 인문학 사이의 긴장을 다룬 핵심 참고
문헌은 C. P. Snow, *The Two Cultures and the Scientific Revolution*(London:
Cambridge University Press, 1959)이다.

24_ 계량화된 사회 Adolphe Quetelet, *Sur l'Homme et le Développement de
Ses Facultés, ou, Essai de Physique Sociale*(Brussels: L. Hauman, 1836); Émile
Durkheim, *Les Règles de la Méthode Sociologique*(Paris: F. Alcon, 1895);
Auguste Comte and Harriet Martineau, *The Positive Philosophy*(New York:
AMS Press, 1974) 참조. 이러한 지적 흐름은 지프(1935)에게 동기를 부여한 것과
비교해볼 만한 가치가 있다.

거의 10년 전 베를린 대학교에서 언어학을 공부하는 동안 나는 담화를 자연
현상처럼 연구하면 유익할 것이라는 생각이 들었다. …… 정확한 과학적 방
식으로, 객관적인 담화 현상에 통계적 원리들을 직접적으로 적용하여.

25_ 우리는 하버드 학생들인 마틴 카마초와 기욤 베스의 도움으로 문화적 관성을 분석했다. 우리는 연속적으로 증가해 지난 20년간 두 배에 다다른 엔그램들이 초기 20년 이후에도 계속 증가하는지 알아봐달라고 부탁했다. 그러한 수백 개 엔그램들의 평균은 도표의 남색 선을 이룬다. 도표 각각의 지점은 해당 시점의 평균에 포함된 모든 엔그램의 중간값이다. 각각의 엔그램에 대한 시간축은 초기 20년의 상승이 항상 0년에서 시작하게 하기 위해 상쇄됐다는 점에 유의하라. 이 초기의 20년, 즉 엔그램들이 급격하게 상승하는 것이 보장된 이 기간을 강조했다. 그 뒤로 엔그램들은 계속 상승하는데, 이는 문화적 관성을 뜻한다. 갈색 선으로 표현된 엔그램들의 평균은 20년 동안 계속 하강한 것들을 고른 것이다. 이것들 역시 관성을 보여주는데, 이번에는 아래 방향이다. 이 효과는 매우 확연하다. 비록 이 도표에서 연역될 수는 없지만, 강조한 하강 기간 이후 30년 동안 90퍼센트의 엔그램들이 더욱 떨어졌다.

26_ Franz Boas, "The Study of Geography," *Science* 210S(1887): 137~41.

인문학을 위한
빅데이터
사용 설명서

참석자

김재중(번역자, 경향신문 기자), 송길영(㈜다음소프트 부사장),
천정환(성균관대학교 국어국문학과 교수), 허수(한림대학교 한림과학원 교수)
(이상 가나다순)

김재중 　　　최근 마케팅, 교통, 재난, 의학 등 분야를 막론하고 전 사회적으로 빅
　　　　　　　　데이터가 큰 이슈가 되었습니다. 오늘 이 자리는 빅데이터가 학문적,
산업적으로 어떤 의미가 있고, 한국의 인문학 연구에서 빅데이터가 어떻게 활용되
고 있으며, 앞으로 어떤 새로운 가능성을 제시할 수 있을지를 짚어보기 위해 마련되
었습니다. 우선 국내의 대표적 빅데이터 전문가인 ㈜다음소프트의 송길영 부사장님
께서 빅데이터에 대해 간략한 개관을 해주시고, 빅데이터가 인문학과 만나는 접점
에 대해 총괄적인 소개를 해주시는 걸로 대화를 시작하면 좋겠습니다.

누구도 밟지 않은 땅, 빅데이터와 인문학이 만나는 자리

송길영 　　　데이터 앞에 '빅'을 붙인 것은 대략 2010년부터였습니다. 그 전까지는
　　　　　　　　'데이터 마이닝data mining'이라는 말을 썼고, 그다음에는 유비쿼터
스 컴퓨팅ubiquitous computing, 사물 인터넷internet of things, M2Mmachine to
machine 등의 용어를 썼지, 데이터의 총량이 많아진 것을 가지고 키워드를 만들지
는 않았습니다. 그런데 키워드가 단순할수록 전파력이 커지기 때문에 빅데이터라는
말을 만들어서 퍼뜨린 겁니다. 콘셉트 자체는 '다루기에 너무 큰too big to handle'
데이터입니다. 거꾸로 얘기하면, 기술이 발전하면 예전에 빅데이터였던 것이 더 이
상 빅데이터가 아니게 될 수도 있다는 뜻입니다. 따라서 사전적 정의보다는 오히려
'지금까지 우리가 다루지 못했던 거대한 데이터를 갖게 된다면, 우리가 생각하는 것

보다 더 큰 효용이 있지 않을까'라는 인간의 희망 자체가 빅데이터에 포함되어 있다고 보시면 됩니다.

제가 다루는 빅데이터는 사람이 남긴 언어 자원입니다. 저는 텍스트 데이터를 분석하는 텍스트 마이닝text mining이라는 기술을 가진 회사에서 일하고 있습니다. 그중에서도 특히 사람들이 소셜 미디어social media에 자발적으로 남기는 정보들을 다루고 있죠. 그 데이터의 총량은 엄청납니다. 하루에 나오는 트윗 개수만 해도 5억 건이 넘거든요. 그런 데이터를

2013년 10월 트위터 공식 발표 자료 기준

분석하는 일을 하다 보니 자연스럽게 사람들의 생각과 행동을 이해할 수 있는 툴tool을 얻게 되었습니다. 저희 회사의 슬로건은 '마인드 마이닝Mind Mining'입니다. 그런데 그 마인드라는 게 사방에 흩어져 있어요. 우리가 커뮤니케이션할 때 말로 가는 정보는 20퍼센트가 안 됩니다. 눈빛, 손짓, 표정, 분위기가 나머지 80퍼센트예요. 언어 정보는 20퍼센트밖에 안 되지만 흔적이 남아 채록이 가능하고, 그 속에 맥락context을 이해할 수 있는 단서clue가 있으니 그걸 분석하는 것입니다. 그런 분석을 통해 사람들의 '오피니언'

을 파악합니다. 오피니언은 '사실이냐 거짓이냐'의 이슈로 한정되지 않습니다. 개인의 종합적인 사고와 행동을 이끌어내는 추론 과정, 또는 인지의 합의 선호 같은 것을 알아보는 겁니다. 한 사람 한 사람의 생각보다는 우리 사회의 집단적인 선호나 그 추이, 그것을 초래한 요인 같은 것을 분석하면 사회를 이해할 수 있습니다. 우리 사회가 현재 어디까지 합의가 되어 있는지를 진단하고, 그 합의가 어떻게 흘러가는지를 예측하지요. 그걸 기반으로 인간의 욕망을 재고, 특정 산업이 그 욕망에 부합하는 일을 할 수 있도록 알려주는 것이 바로 제 직업입니다. 인간의 욕망을 파악하는 일을 하다 보니 인간을 심도 있게 이해하려는 분야에 도움을 청하게 되었습니다. 저희는 심리학, 사회학, 철학, 인류학, 경제학 연구자들이나 학회의 도움을 받고, 직원도 그쪽 전공자들 위주로 채용하고 있습니다. 제 전공은 컴퓨터사이언스이지만, 저는 인문학 전공자들과 함께 데이터를 분석하고 있습니다. 그래서 이 책이 굉장히 흥미로웠어요.

이 책에서 말하는 데이터는 제가 다루는 데이터와 양이나 성격은 다르지만

다루는 기법은 비슷합니다. 또 그것을 분석해서 추이를 발견해내는 일이 결국에는 '인간의 생각'을 파악하기 위한 과정이라는 점에서는 동일했습니다. 그래서 좌담에 응하게 되었죠.

김재중　송 부사장님께서 본인이 하고 계신 일과 관련하여 빅데이터가 인간의 욕망을 파악하는 일이나 마케팅에 어떻게 활용되고 있는지를 말씀해주셨습니다. 허수 교수님은 인문학 연구 방법론의 하나로 빅데이터를 활용해 여러 편의 논문을 쓰신 것으로 알고 있습니다. 정통 인문학계에서는 빅데이터가 어떻게 활용되고 있는지 최근의 동향을 소개해주시면 좋겠습니다.

허수　현재 인문사회과학계에서는 기초적인 콘텐츠가 마련되고 있는데, 그것을 연구에 활용하는 기술은 아직은 미흡하다는 것이 제 생각입니다. 송 부사장님의 말씀을 들어보니, 이런 상황 자체가 빅데이터라는 개념에 들어 있는 것이네요. '데이터는 어느 정도 산출되고 있는데, 그것을 활용할 줄 모른다.' 빅데이터라는 개념 자체가 그렇다는 것은 오늘 처음 알게 되었습니다. 저는 역사학 쪽에 있다 보니 사회과학계까지는 잘 모르겠고, 인문학에 한정해서 말씀드리겠습니다. 크게 보면 세 종류의 빅데이터가 마련되고 있습니다. 먼저 '한국역사정보통합시스템 www.koreanhistory.or.kr'이란 게 있는데요. 15년쯤 전에 많은 연구 인력을 동원해 역사 관련 중요 자료를 디지털화하는 국가 주도의 정보화 사업이 있었습니다. 주로 개항기부터 1945년까지의 잡지 자료를 입력했고, 신문도 일부 입력했습니다. 국사편찬위원회가 주도하고, 독립기념관이나 민족문화추진위원회, 서울대학교 규장각 등 다른 기관에 구축되어 있는 디지털 자료까지 연계해 하나의 시스템으로 통합했습니다. 우리는 그걸 줄여서 '역통'이라고 하는데, 역통에 들어가면 28개 사이트의 데이터베이스가 있고 그 안에 세부적으로 굉장히 많은 자료가 있습니다. 본문까지 디지털화된 것이 있고, 피디에프pdf 형태로 올라가 있는 게 있죠.

다음으로 국어학 분야의 '21세기 세종 계획www.sejong.or.kr'이 있습니다. 한국어 말뭉치 등 국어 기초 자료와 표준화된 전자

> '21세기 세종 계획' 홈페이지는 2014년 12월 30일에 운영을 종료하고, 12월 31일부터 언어 정보 나눔터(ithub.korean.go.kr)에서 해당 자료와 정보를 제공하고 있다.

사전을 구축하는 등 국어 정보화 사업으로 추진된 데이터베이스인데, 고문古文보다는 한글로 된 현대문 자료가 많습니다. 1998년부터 2007년까지 10년에 걸쳐 문학 작품, 역사 관련 문헌 등 2억 어절 정도 되는 방대한 데이터를 구축했습니다. 국어학 연구를 위해 형태소 분석까지 해서 아주 정밀하게 만든 것입니다.

세 번째는 일간신문의 디지털화인데요, 대표적인 것이 동아일보입니다. 동아일보는 1920년 창간호부터 최신호까지 전부 디지털화되었습니다. 지금 네이버 뉴스 라이브러리에서 서비스되고 있죠. 제가 연구에 사용하려고 볼 때 크게는 이렇게 세 가지가 있습니다.

> 네이버 뉴스 라이브러리(newslibrary.naver.com)는 1920~1999년까지 발행된 종이 신문을 원형 그대로 디지털화하여 웹에 구현한 뉴스 아카이빙 서비스로 현재 동아일보, 경향신문, 매일경제, 한겨레의 기사를 제공하고 있다.

그 밖에 국어학계에서는 예전부터 말뭉치, 즉 코퍼스corpus를 이용한 분석, 공기어共起語분석 등을 하고 있습니다. 최근엔 일제 강점기의 잡지 『삼천리』의 본문을 말뭉치화한 자료로 음운 현상이나 언어 현상을 연구한

> 같은 문맥에서 함께 어울려 쓰이는 단어들을 뜻한다.

논문도 있었습니다. 역사 쪽에서 보면, 개념어나 개념사 연구에서 2000년부터 빅데이터나 어휘 통계적인 것을 활용한 연구가 나오고 있습니다. 그런데 대체로는 어떤 단어를 역통에서 검색해서 몇 번 나왔다 하는 단순 빈도를 활용한 초보적인 수준의 연구입니다.

이 책에 나오는 것처럼 1억 단어당 몇 회도 아니고 절대 빈도, 단순 빈도를 가지고 비교하는 수준입니다. 저 개인적으로는 4, 5년 전부터 한림과학원의 개념사 연구에 합류하면서 유럽이나 중국 쪽의 연구에 자극을 받았습니다. 그들의 연구를 참고하면서 어휘의 빈도수 통계를 활용할 때 단순 빈도가 아니라 상대적인 가중치를 적용해 연도별 비교가 가능한 정규화된 표준 빈도를 가지고 분석을 할 수 있게 되었습니다. 최근에는 좀 더 나아가 공기어 분석이나 연결망 이론을 활용해 연구를 하기도 했습니다. 그런데 제가 발표를 해보면, 여전히 학계의 평가는 '당신이 활용한 데이

터는 대표성이 없다'라는 것입니다. 그게 가장 치명적이고 방어하기도 곤란한 부분입니다. 제가 주로 활용했던 게 한국근대전산잡지자료 19종인데, 분량으로 보면 제법 됩니다만 당시의 사상이나 개념을 연구하는 데 얼마나 대표성이 있느냐고 하면 대답이 상당히 궁색해집니다. 잡지가 중간에 끊기고, 발행주체도 다르고, 비어 있는 부분도 있기 때문에 대표성이 부족하다는 지적을 많이 받습니다. 또 하나는 그렇게 해서 도출한 결론이 기존의 정성적인 연구와 얼마나 확연하게 다른 면을 보여줄 수 있는가 하는 부분도 명확하게 제시하지 못한 상태라고 할 수 있습니다. 그럼에도 불구하고 적지 않은 연구자들이 이런 접근법에 관심을 보이며, 제 연구에 피드백을 해주거나 적극적으로 질문하는 모습을 볼 수 있습니다. 앞으로는 데이터를 활용한 연구에 대한 관심이 점점 높아질 것이라고 생각합니다.

김재중   송길영

김재중 말씀을 들어보니 한국 인문학계에서 빅데이터를 활용한 연구는 이제 막 피어나는 단계라고 할 수 있겠네요.

허수 거의 개척적인 차원이라고 할까요. 아직까지 학계에서 시민권을 갖지 못했다고 말하는 게 정확할 것 같습니다. 그렇지만 제 논문을 비롯해 관련 연구가 학술지에 심심치 않게 실리곤 합니다. 이제 출발점에 선 것이지요.

송길영　이 책 원서 제목을 참 잘 지었어요. 'Uncharted', '전인미답'이란 뜻이 잖아요. 그동안은 두 가지가 없었습니다. 일단 데이터가 없었고, 그걸 분석할 수 있는 툴이 없었어요. 둘 다 지금 만들어지고 있으니 지금 시작하는 것이죠.

천정환　맞습니다. 우리 학계에는 일단 구축되어 있는 데이터가 너무나 부족 합니다. 기본적인 자료들은 한국고전종합DBdb.itkc.or.kr에서 확인 할 수 있지만 조선시대 문서 중에는 아직까지 한글로 번역도 안 되고, 정리도 안 된 채 쌓여 있는 게 수두룩합니다. 조선시대에 생산된 그 수많은 문헌자료들이 한문을 해독할 수 있는 사람들만 읽을 수 있는 상황입니다. 근대 이후의 자료들도 일부 디

천정환　하수

지털화가 되긴 했지만, 아직 멀었습니다. 얼마 전에 국립중앙도서관에 가보니 그곳 의 장서수가 곧 600만 권을 돌파한다고 합니다. 구글 북스에는 그보다 훨씬 많은 자 료가 들어가 있는 거잖아요. 비교가 되지 않죠. 그런 자료들을 누가 디지털화할 마 인드나 재원을 가지고 있을까 하는 생각이 들었습니다. 2000년대 이후에는 디지털 화된 자료들이 많이 축적되어 저 같은 사람도 그런 자료를 활용해 논문을 쓰고 있지 만 아직까지는 저변이 취약하다고 할 수 있습니다. 데이터의 양 자체가 너무 적으니 까요. 역사 자료도 그렇고, 일반적인 책이나 문학작품도 마찬가지입니다.

허수 교수님께서 빅데이터가 역사학, 국어학에서 어떻게 활용되고 있는가에 대해 잘 말씀해주셨는데요, 저는 문화학 분야의 연구가 송 부사장님이 이야기하신 내용과 겹친다는 생각이 들었습니다. 문화학이 사람들의 욕망과 정체성의 변화가 어떤 방식의 선호를 만들어내고, 그것이 이데올로기나 계급관계를 어떻게 변화시키는지를 연구하고 비평하는 것이니 송 부사장님이 하시는 일과 통하는 부분이 많죠.

이처럼 빅데이터가 널리 활용된다면 인문학과 다른 학문의 경계가 엷어질 것 같습니다. 기존에 구획되어 있는 학제 간 체계가 약해지고, 근본적으로는 인과율에 대한 생각의 변화가 야기될 듯합니다. 기성의 양적 연구, 질적 연구에 대한 상도 달라질 것 같고요. 또한 거대통계학에 대한 인문학적 비판이 화두가 될 것입니다. 마치 사료 비판이 역사학에서 기본적이고 중요한 과제인 것처럼, 가공되지 않은 데이터를 어떻게 가공할 것인가에 대한 방법론이나 가공된 데이터가 지닌 '해석의 함정'에 대한 비판이 상당히 중요해질 것입니다.

한편으로는 기존의 인문학이 설정한 경계나 방법이 바뀌고 흔들리겠지만, 다른 한편으로는 거대한 데이터를 취사선택하고 가공해서 사용하는 것을 비판적으로 바라볼 수 있는 새로운 인문학적 사고가 강력히 요구될 것입니다.

인간의 문화를 수량화한다는 것, 그 가능성과 한계

김재중　이 책의 가장 큰 매력은 어떤 단어가 수세기에 걸쳐 사용되어온 빈도의 추이를 그래프로 명징하게 보여준다는 점입니다. 말 그대로 증거주의죠. 분명하게 수량화해서 보여주기 때문에 일단 시각적으로 확 와 닿는 것 같습니다. 천 교수님이 지적하신 것처럼 그런 방식의 연구가 지닌 함정도 있을 테고, 꼭 그렇게 도출한 결과만이 옳으냐는 질문도 있을 것 같습니다. 수량적 증거를 중시하는 사고방식, 그것을 바탕으로 연구하는 것의 가능성과 한계에 대해서 이야기를 나눠보고 싶습니다.

천정환   최근 전 세계적으로 화제가 된 책 중에서 빅데이터를 활용해 사람들에게 새로운 패러다임을 제시한 것이 있습니다. 바로 토마 피케티의 『21세기 자본』입니다. 아시다시피 피케티는 세계 선진 자본주의 국가들의 200~300년치 각종 통계 자료를 모아서 자기가 일일이 가공했습니다. 재미있었던 게 피케티 책에 나온 통계 자료들의 출처가 모두 자기 홈페이지pikettyt.pse.ens.fr/capital21c더라고요. 자기가 가공한 자료들을 인용한 것이죠. 그 거대한 종이, 즉 아날로그 자료를 집적해서 지극히 단순명쾌한 결론, 자본주의 사회를 고민해본 사람이라면 누구나 생각할 수 있는 결론, 즉 자본 수익률이 성장률보다 크다는 단순하지만 반박하기 어려운 이야기를 한 것입니다.

인문학자인 제가 흥미로웠던 것은 이 책의 인문학적 상상력이었습니다. 마치 마르크스의 『자본』이 그랬던 것처럼, 이 책은 시종 발자크나 제인 오스틴 같은 문학가들이 19세기 자본주의를 어떻게 묘사했는지, 그들이 묘사한 세계가 당시의 실제 상황과 어떤 연관성이 있었는지 등을 계속 이야기합니다. 또 터키의 노벨상 수상 작가 오르한 파묵의 작품에 나오는 상황이 왜 발자크가 묘사한 시기의 자본주의와 다른 양상을 보이는지를 비교해서 말하기도 합니다. 인문학적 사고와 글쓰기를 하면서도, 동시에 거대한 통계 자료를 가공해서 사용할 수 있는 능력을 보여주는 거죠. '문무'를 겸비했다고 할까요? 주류 경제학자들 사이에서는 피케티가 통계 자료를 사용하는 방법에 대한 문제 제기가 있다고 들었지만, 문학 연구자로서는 피케티의 이런 점이 매력적이었습니다. 우리가 지금 이야기하고 있는 바, 즉 데이터를 선택하고 가공할 수 있는 능력, 거기에 인문학적 통찰을 더해 무엇을 말할 것인가를 판단할 수 있는 능력과 관련해서도 참고할 만하고요.

허수 교수님께 궁금한 점이 있습니다. 최근 쓰신 논문에서 '제국帝國' 개념의 역사를 다루며 3098건의 용례를 놓고 분석

하셨는데, 단순 빈도수를 가지고 논지를 전

허수, 「어휘 연결망을 통해 본 제국」, 성균관대학교 대동문화연구소, 『대동문화연구 87』, 2014.

개한 선행 연구와 달리 연결망 이론을 적용하여 그 개념이 어떤 맥락에서 나왔는지를 파악하려고 시도하셨습니다. 우선 3098건이 우리 쪽에서는 나름 큰 데이터지만 지금 이야기하는 빅데이터에 비하면 아주 적은 양인데, 과연 그것이 질적인 연구,

기존의 담론 분석이나 정성적인 연구 방식과 어떤 의미 있는 차이를 보여줄 수 있을지에 대해 어떻게 생각하시는지요? 그리고 선행 연구와 비교했을 때 어휘 연결망으로 어떤 다른 결과를 얻으셨는지 궁금합니다.

허수 선행 연구는 역통에 나온 단순 빈도를 중심으로 한 데 반해, 저는 추출한 빈도수를 시기별·용례별 상호 비교가 가능하도록 표준화하고, 단어와 단어 간의 관계를 수량화하여 핵심어의 의미를 파악하는 '어휘 연결망 분석'이라는 새로운 시도를 해보았습니다. 이런 방법으로 해보니 선행 연구와의 가장 큰 차이는 '욕망'이 드러난다는 점이었습니다. 선행 연구에서는 '제국'이나 '제국주의'가 일본과 어떻게 같고 다르냐의 문제를 주로 다루었는데, 제가 잡지에 나오는 다양한 용례를 어휘 연결망 분석을 통해 보니 표면에 반제국주의 정서가 많긴 하지만 다른 한편으로는 강대국이나 학력주의, 엄숙한 권력 같은 문명적인 위계를 일상화, 내면화해서 쓰는 경우도 적지 않았습니다. 한 인물이나 집단 내부에서도 두 가지 용례가 공존하고 있었습니다. 선행 연구가 보지 못했던 부분을 제 나름대로 보고 강조하려고 했었죠.

다음으로 방금 중요한 말씀을 해주셨는데, 바로 n수입니다. 데이터의 수가 상대적으로 적다는 것, 맞는 말씀입니다. 앞으로의 과제는 제가 활용할 수 있는 데이터의 수를 늘려나가는 것이겠죠. 디지털화된 자료를 많이 확보해야 하는데 그게 쉽지 않습니다.

그런데 이 책에서 이 문제와 관련해서 관심 가는 부분이 있었습니다. 저자들은 계속해서 엔그램 뷰어를 활용하기에 '최적화된 소재들'을 제시합니다. 저는 데이터가 많이 축적되었다는 것도 흥미로웠지만 엔그램 뷰어라는 렌즈를 이용해서 무엇을 분석하느냐에 훨씬 관심이 많았습니다. 제가 비슷한 고민을 하고 있기 때문입니다. 저자들이 이 렌즈의 성격을 정확하게 알고, 그것이 가장 잘 적용될 수 있는 방법으로 접근하고 있다는 것을 느꼈어요. 엔그램 뷰어의 기반이 되는 데이터는 책입니다. 저자들은 뉴스 속보처럼 회전률이 빠른 정보는 단행본에 충분히 반영이 안 되기 때문에 엔그램 뷰어로 들여다보기에 적절한 대상이 아니라고 얘기합니다. 반면에 발명품의 확산처럼 상대적으로 긴 시간 동안 이루어지는 일은 해볼 만하다고 말하죠. 저자들이 엔그램 뷰어가 가진 속성을 민감하고 정확하게 인식하고 있다는 이야기입니다.

또 다른 예로, '명성fame'과 '미엉성 phame'을 구분해 이야기한 부분도 흥미로웠습니다. 엔그램 뷰어로 캐럴 길리건과 로버트 레드퍼드의 명성을 비교해보니 오히려 길리건이 더 높게 나왔습니다. 실제로는 로버트 레드퍼드가 더 유명한데 틀린 거 아니냐고 얘기할 수 있겠지만, 전제하고 있는 데이터베이스가 책이기 때문에 책을 읽고 쓰는 사람들은 레드퍼드보다 길리건을 언급할 일이 많다고 볼 수 있겠죠. 저는 저자들이 도출한 결론을 스스로 '절충안'이라 부르는 점에 주목하고 싶습니다. 실제의 '명성'과 엔그램 뷰어로 측정한 '미엉성'은 다를 수밖에 없다, 그렇지만

일단은 우리가 분석 가능한 부분부터 시작하자는 것입니다. 일단 확보된 데이터를 가지고 도출할 수 있는 결과부터 도출하고, 나머지는 데이터가 확장되고 분석 기술이 향상된 뒤에 접근하자는 생각인 것입니다.

제가 지향하는 것도 정확하게 이런 입장입니다. 사실 잡지 19종만으로는 굉장히 부족하잖아요. 그렇다고 해서 데이터가 다 마련될 때까지 기다린다면 언제 연구가 가능할지 모르는 이야기죠. 다른 한편으로는 이렇게 제한된 자료를 가지고도 일정하게 의미 있는 연구를 하면 데이터를 확장해나가는 데도 도움이 됩니다. 실제로 제가 일하는 한림과학원에서도 여러 가지 연구가 진행되면서 해방 이후의 데이터로는 '사상계'를 입력하는 것까지 이야기되고 있어요. 한계는 많지만, 한계 내에서 할 수 있는 최대한의 분석을 하는 것이 중요하다는 얘기를 하고 싶습니다.

송길영 그 부분에 대해서는 제가 10년간 이 일로 먹고 살고 있으니 실질적인 얘기를 해드릴 수 있을 것 같습니다. 제가 처음에는 PR 회사나 마켓 리서치 회사랑 일을 했는데, 우리가 가진 데이터와 그들이 원하는 바, 알고 싶은 바

가 잘 맞아떨어지지 않았습니다. 그래서 상업적인 성과를 내는 데 어려움을 겪었습니다. 지금은 사람들의 잠재적 욕망을 추론해서 그것을 기반으로 상품을 만드는 일을 도와주고 있는데, 기업이 필요로 하고 부족했던 부분과 잘 맞아 떨어지는 것 같습니다. 무슨 얘기냐 하면 데이터의 성격에 맞춰서 우리가 할 수 있는 일이 있고, 할 수 없는 일이 있다는 것입니다. 저는 허수 교수님 생각에 100퍼센트 동의합니다. 제 전공인 컴퓨터사이언스를 하는 친구들이 모여 어떤 소프트웨어를 만들었습니다. 다 만들고 나서는 버튼을 눌러 나오는 결과가 참인 줄 알았어요. 하지만 문맥상 참인 경우가 있고, 아닌 경우가 있었습니다. 『삼천리』라는 잡지를 예로 든다면 잡지를 발행한 사람의 의도, 독자 혹은 저자에 따라서 세트가 한정됩니다. 그 한정된 사람들의 생각을 알고 싶을 때는 참이지만, 전 국민의 생각을 알고 싶을 때는 편견이나 편향이 생깁니다. 물론 데이터가 많아지면 전체 의견에 가까워질 확률이 높아지지만, 그렇다 하더라도 저자의 의도에 부합하는 정보만 나오게 됩니다.

이 책의 데이터 소스는 저작물입니다. 그 시대의 지식인이 쓴 것이죠. 그렇다면 이미 한 번 걸러진 것이기 때문에 그것으로 모든 사람의 생각을 알 수 있다는 것은 오만입니다. 거꾸로 얘기하자면 데이터에 맞는 용처를 찾아야 한다는 것입니다. 많은 연구자들이 이런 칼이 나오면 다 썰어보고 싶어합니다. 그런데 생각과 다르면 '틀린 데이터'라거나 '쓸모가 없다'라고 생각하세요. 저만 해도 데이터에 맞는 용처를 찾는 일을 10년이나 해왔습니다. 연구하시는 분들께도 이 말씀은 꼭 해드리고 싶습니다.

데이터를 읽는 눈, 데이터를 만지는 손

허수 이 책의 저자들은 단행본이라는 한정된 데이터가 가장 잘 보여줄 수 있는 사례들을 세심하게 고민해서 굉장히 설득력 있게 배치했습니다. 저는 개념사라는 분야에서 연구를 하고 있는데, 무엇을 해보겠다는 목적은 있었지만 나에게 어떤 성격의 툴과 데이터가 있는지, 그것을 가지고 내가 성과를 낼 수 있는 부분이 무엇인지 파악하고 설정하는 일 자체도 상당히 어려웠습니다. 제가 여

저자 장바티스트 미셸

저자 에레즈 에이든

러분께 보내드렸던 세 편의 논문은 각기 다른 방식으로 초보적 수준에서 시도해본 것들입니다. 반면에 이 책의 저자들은 어떤 주제가 자기들이 만든 툴에 맞는지 아닌 지를 굉장히 민감하게 의식하고 있습니다. 저는 이런 부분을 인상 깊게 봤습니다.

송길영 저희가 컴퓨터 과학자나 통계학자들에게 데이터 분석을 맡겼다가 후에 인문학자들의 도움을 받게 된 이유가 바로 그것입니다. 뭘 할지도 모르는 상태에서 대량의 데이터를 일단 모아서 툴을 만들었기 때문에 처음에는 너무나 힘이 들었습니다. 그 툴을 어떻게든 좀 더 날카롭게 갈아야 하는데, 앵글 자체가 모호했던 것이죠. 그래서 저는 10년 동안 심리학, 인류학, 철학 등 여러 인문학 분야의 교수님들을 찾아다니며 물어봤습니다. "이거, 어떻게 생각하세요?" 보통 사람들이 만들어낸 데이터 소스이니 그들의 마음을 이해하는 사람들한테 물어본 것이죠. 만약 처음부터 인문학적 통찰을 가진 전문가가 가설을 세우고 그에 맞는 연구 방식을 제시했다면, 저희의 개발이 좀 더 날카로웠을 것입니다. 그러질 못했으니 바텀업bottom up 방식으로 할 수밖에 없었죠. 그런데 거꾸로 어떤 문제가 있느냐 하면 인문사회과학 분야에는 이런 툴을 운영, 관리할 만큼의 자금이 없다는 것입니다. 연구할 사람들은 툴을 도입하고 운영할 돈이 없고, 툴을 만들 수 있는 사람들은 연구의 방향을 모르니 뭔가 제대로 이루어지기가 어려운 것이죠. 이 책이 시금석이 되어 인문학과 기술이 만난다면, 좀 더 높은 수준의 협업이 가능해지지 않을까 조심스럽게 얘기하고 싶습니다.

허수 타이완의 사례를 잠시 말씀드리겠습니다. 중국 사상사 연구자인 진관타오金觀濤는 10년 동안 홍콩의 여러 기관에서 펀드를 받아 1830년부터 1930년까지 '중국근현대사상사 전문 데이터베이스'를 구축합니다. 1억 2000만 자 분량의 데이터에서 중국의 주요 정치사상 관련 핵심 개

넘 10개, 그 하위 개념 100개를 추출해 인권, 개인, 공공성 같은 개념들로 이루어진 『관념사란 무엇인가』라는 두꺼운 책을 냈습니다. 우리 연구진이 2010년에 이 책을 번역해서 냈는데, 600쪽 내외의 책 두 권입니다. 이 책은 중국에서 엄청나게 큰 반향을 일으켰습니다. 내용을 보면 엔그램 뷰어와 상당히 비슷해요. 잡지를 이용했고, 단행본도 포함했기 때문에 대표성 문제도 어느 정도 해결됩니다. 절대 빈도를 가지고 연구를 진행하긴 했지만, 핵심 키워드 하나에 집중하거나 두 개의 빈도를 상호 비교하는 방식을 택했습니다. 진관타오는 원래 중국 대륙 출신으로 천안문 사건의 이론적 배후로 지목되어 홍콩으로 피신하였고, 이후 다시 타이완으로 옮겨 연구와 후진 양성에 힘썼습니다. 진

관타오의 자료와 연구를 승계한 국립타이완정치대학의 차세대 연구자들을 만나보니 그가 구축한 데이터 위에 새로운 데이터를 구축하면서 이제는 공기어나 형태소 분석 등 한 단계 업그레이드된 연구를 하고 있었습니다. 『디지털 인문학』이라는 책도 네 권 냈고요.

이처럼 중국은 데이터도 많이 구축하고, 그걸 활용한 연구도 지속적으로 나와서 학계에 큰 충격을 주고 있습니다. 우리나 일본은 좀 늦은 감이 있죠. 이제는 서양의 개념이 어떻게 들어와 번역되고 유통되었는가를 동아시아 차원에서 연구할 수 있는 시대입니다. 이를 위해서는 한국의 디지털 인문학이나 빅데이터를 활용한 연구가 하루 빨리 성장해야 할 것입니다.

송길영 인문학자들이 디지털 소스는 안 가지고 있지만 분석 기법은 저희와 비슷해요. 저희는 보통 보고서 하나를 쓸 때 트위터, 블로그, 커뮤니티 사이트, 뉴스의 댓글 등 온라인에 공개된 40억 건 이상의 데이터를 봅니다. 소스를 분할해서 전체적인

담론을 분석하고 각각의 비율을 보거나, 키워드가 오르내리는 추이나 개념어들 사이의 연관관계를 봅니다. 그리고 그 개별적인 키워드들을 묶어 같은 의미 단위가 되도록 카테고리를 만듭니다. 담론의 전체 지형을 그리고, 그 움직임을 보고, 의미를 파악하는 작업이지

요. 툴은 다 있어요. 사실 이런 연구는 이미 커뮤니케이션이나 정치학 전공자들이 해오던 영역입니다. 담론 분석이라는 이름으로요. 사람들의 담론이 온라인에 남아 있기 때문에 가능했죠. 다만 기껏해야 몇 만 건 정도로 양이 적었고, 사건에 머물렀다는 점이 달랐습니다. 저희처럼 전체를 보려는 시도는 기술적 한계 때문에 할 수 없었던 거죠. 저희는 컴퓨터사이언스를 전공하기도 했고, 이 일을 상업적인 쓰임을 고려해서 하고 있기 때문에 투자가 가능했지만 인문학에는 투자가 되지 않아서 쓸 수 있는 데이터 소스가 거의 없습니다. 이 책에서 하는 이야기가 새롭고 유의미하긴 하지만 만약 일반 대중의 먹고, 사랑하고, 자는 일상의 변화를 보려는 목적이라면 한계가 있습니다. 그리고 엔그램 뷰어로 특정 단어의 사용 빈도를 추적하는데, '애플apple'이라고 하면 잡스의 '애플'도 있고 뉴턴의 '애플'도 있잖아요. 맥락을 파악하지 못하면 그 내용을 이해할 수 없습니다. 이 책에서 이야기하는 것에서 한 발 더 나아가려면 수많은 다른 기법을 사용해야 합니다. 그 목적에 따라서 꼭 해야 하느냐 하는 당위성도 다를 것이고, 나아갈 수 있는 방향도 무궁무진하겠지요.

천정환 　뉴스, 트위터, 블로그, 댓글까지 보시니 자료들의 성격도 제각각이고, 그 중요성에도 차이가 있을 것 같습니다. 그것들을 어떻게 가공해서 쓸 것인가 하는 부분에서도 거의 한계가 없겠고요. 그렇게 보면 정말로 빅데이터라는 개념 자체가 통제할 수 없고 무한하다는 의미를 담고 있는 것처럼, 자료를 가공해서 사용하는 방법도 무한하다고 할 수 있겠네요.

송길영 　네이트 실버Nate Silver라는 사람이 있습니다. 미국의 대통령 선거 결과를 다 맞힌 사람이지요. 2008년에는 49개 주, 2012년에는 50개 주를 다 맞혔어요. 그가 쓴 『신호와 소음Signals and Noises』이란 책을 읽어보시면 특정 주의 히스패닉 비율이나 GDP 같은 사회적인 변수가 정파, 당파에 대한 지지에 어떤 영향을 미치는지 등 수많은 척도를 놓고 고민합니다. 재미있는 것은 농구와 관련된 도박으로 돈을 번 사람이 그 공식을 야구에 적용했더니 돈을 잃었다고 합니다. 농구에는 해박하지만 야구는 모른다는 것이죠. 이처럼 어떤 데이터가 신호이고, 어떤 데이터가 소음인지를 판단하려면 해당 영역에 대한 이해가 필요합니다. 그러므로 데이터는 그 분야와 기법에 정통한 사람이 다루어야지, 매직박스 누르듯 아무나 다룰 수 있는 게 아닙니다.

천정환   한국 인문학에서도 점점 데이터가 다양해지고 있고, 그에 따라 역사를 보는 관점도 다양해지고 있습니다. 이를테면 최근에야 『삼천리』 같은 잡지가 주요 연구 대상이 되었고, 문학사나 문화사 연구자들은 『선데이 서울』 같은 것도 중요한 자료로 다루게 되었습니다. 이전에는 의미 있는 자료라고 간주되지 않던 것들이죠. 물론 역사학 중에서 전통적인 연구를 하는 분들은 여전히 관찬 자료들, 즉 총독부가 낸 공문서나 관보 같은 것을 보지 잡지나 신문에 나오는 '잡다한' 이야기, 이를테면 댓글 같은 것은 보지 않습니다. 이런 예를 들면 어떨지요. 자세히는 모르지만, 근래 한국 현대사 연구자들은 워싱턴DC 근처에 있는 미국 국립문서보관소National Archives and Records Administration, NARA에 가서 자료들을 뒤지는 게 주요한 과제인 듯합니다. 미국 국무성이나 국방성이 생산한 1차 자료들, 이를테면 한국전쟁에 참전했던 군인들이 쓴 일일 보고부터 시작해서 온갖 대한 관계 외교 문서를 모아서 논문을 쓰는 것이 한국 현대사 연구의 '정통'이 된 것 같은 느낌입니다. 아마도 우리에겐 그런 자료가 적고, 미국과 우리의 지정학이 그런 방식의 연구를 낳은 것이겠지요. 제가 하고 싶은 말은 어떤 데이터를 어떤 방법으로 다루느냐의 문제는 곧 역사나 대상 전체를 바라보는 관점과도 긴밀하게 연관된다는 것입니다. 한국 현대사를 누구의 눈으로 어떻게 해석할 것인가, 현대사 연구란 무엇인가 하는 점이 이런 문제와 결부되는 것이죠.

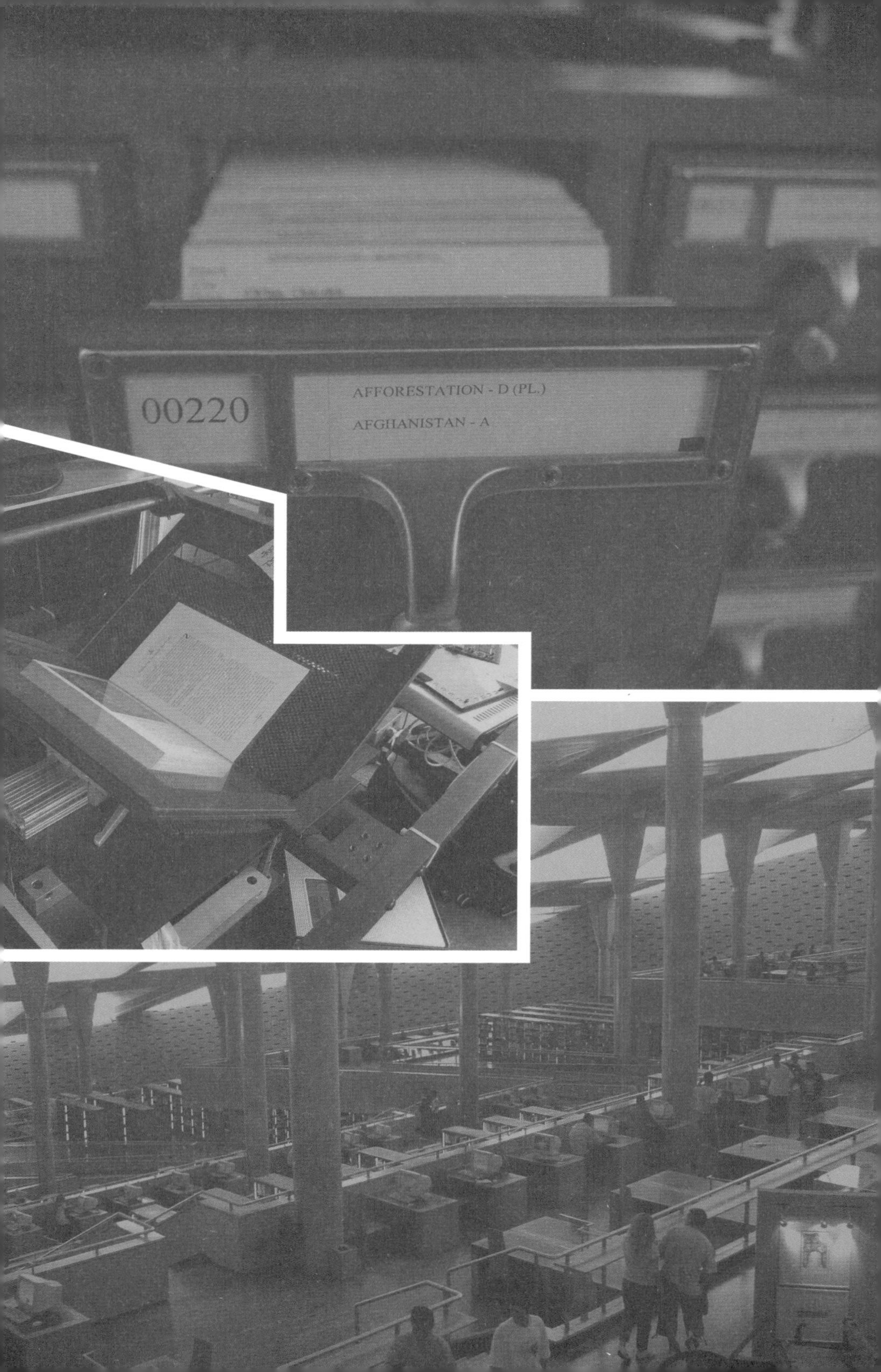
00220
AFFORESTATION - D (PL.)
AFGHANISTAN - A

한국어로 된 '구글 북스 라이브러리'가 있다면

김재중 만약 구글 북스 라이브러리 같은 자료가 한국어로 구축되어 있다면, 학문적인 혹은 산업적인 측면에서 어떤 연구나 작업을 해보고 싶으십니까? 이 이야기를 하다 보면 자연스럽게 앞으로 우리나라에 어떤 데이터가 구축되어야 할지, 그것으로 가능한 연구들로는 어떤 것들이 있을지를 엿볼 수 있지 않을까 싶은데요.

송길영 얼마 전에 모 방송국에서 지난 70년을 주제로 한 프로그램을 같이 만들어보자는 얘기가 나왔습니다. 그런데 저희는 못 한다고 했어요. 저희가 볼 수 있는 데이터는 최대 10년입니다. 70년까지 볼 수가 없어요. 방법이 하나 있다면, 신문 데이터를 가지고 보는 것입니다. 70년간 발행된 신문이 남아 있으니 그 데이터를 통해 '한국적'이라는 것이 어떻게 형성되었는지를 추적해볼 수 있겠죠. 문제는 신문 데이터베이스가 개방되어 있지 않다는 것입니다. 신문 데이터는 공적인 정보이기도 하지만 어느 정도는 사적이기도 하죠. 그런 데이터가 있다면 저는 정말 재미있는 작업을 해볼 수 있을 것 같습니다.

김재중 신문 데이터베이스를 말씀하셨는데 네이버가 그 작업을 상당 부분 하고 있죠. 제가 일하고 있는 신문사뿐 아니라 몇 개사의 신문을 네이버가 창간호부터 디지털화해서 웹에 공개해놓았습니다. 다른 분들은 이에 대해 어떻게 생각하시는지요?

천정환 구글 북스 라이브러리가 디지털화한 책이 3000만 권이 넘는다고 하죠. 우리는 한자 문명권에 살다가 본격적으로 한글을 쓰기 시작한 게

길게 잡아야 150년 정도밖에 안 되는데, 디지털화할 만한 게 얼마나 될까 싶기도 합니다. 하지만 누군가 어떤 방법으로든 자료들을 대량으로 디지털화해준다면, 지금으로선 예상할 수 없는 놀라운 시너지 효과가 나타나 연구를 하든 놀든 신나겠죠.

문제는 인문학자들이 가지고 있는 보수성과 인문학이 맞닥뜨린 위기가 한데 뒤섞여 있는 현재의 상황입니다. 예를 들어 프랑코 모레티의 작업들, 즉 세계문학 전체를 놓고 세계문학의 역사적인 지도가 어떻게 변해왔는지를 보여주는 연구가 국내 학계에도 영향을 미쳐 허수 교수님처럼 연결망 이론을 적용한다거나 그 밖에 데이터를 활용하는 연구가 조금씩 시작되고 있습니다. 그런데 이런 것들이 학계에서 선뜻 받아들여질지 모르겠습니다. 새로운 연구가 보수적인 학계에서 시민권을 얻을 수 있을까요. '정통' 학계에서는 여전히 오래된 문헌학적 연구가 주류거든요. 한국의 학계는 인지론이나 뇌과학 같은 새로운 학문적인 통찰도 부분적으로만 수용하거나 아예 수용하지 않습니다.

결론을 말씀드리면, 역통이 처음 구축되었을 때 그게 한국 인문학을 어떻게 변화시킬지 아무도 짐작하지 못했던 것처럼, 누군가 디지털 자료들을 훨씬 더 많이 구축하거나 연구자들이 산발적으로 만든 자료들을 통합한다면 예상치 못한 효과가 있을 것입니다. 네이버 뉴스 라이브러리만 하더라도 실제로 정말 유용하게 활용되고 있습니다. 그래서 한번 기대를 해보고 싶다는 생각이 듭니다. 그러니 한국 인문학은 현실의 빅데이터를 비판적으로 해독할 수 있는 힘과 동시에, 더 많은 자료를 제대로 구축해야 하는 과제를 둘 다 가진 겁니다.

허수 제가 속한 한림과학원의 당면 과제가 바로 『동아일보』를 비롯한 일간신문의 디지털 자료를 확보하는 일입니다. 이 책의 저자들이 구글에 가서 데이터를 활용할 수 있게 해달라고 협상하는 모습이 남 일 같지 않았습니다. 동아일보 등 4대 일간지를 제외하면 해방 이후에 구축된 디지털 자료는 거의 없습니다. 역통으로는 커버가 안 되죠. 사상계, 창작과 비평 등 해방 이후 굉장히 중요한 자료들이 많은데 디지털화가 안 되어 있거나 부분적으로만 되어 있습니다. 그렇다 보니 개념의 통시적인 변화를 살필 때 1945년에서 끝낼 수밖에 없습니다. 그 이후로는 텅 빈 상태이고, 한참 넘어와서 최근의 일간지 같은 것이 디지털화되어 있죠. 제가 시도한 19종 잡지 자료의 활용도 상당히 원시적인 방법을 사용한 것입니다. 미리 형태소 분석을 한 뒤에 그것을 기반으로 연구에 활용한 것이 아니라 '원시 말뭉치' 상태에서 필요한 어휘를 추출하여 하나하나 수작업으로 한 것이기 때문에 시간의 측면에서 너무 소모적이었죠. 그래서 이 19종 자료만이라도 데이터를 잘 정리해서 코퍼스로 만들기로 했습니다. 그 작업을 하는 업체의 말이 이 자료가 상당히 특수한 편이라고 합니다. 개항기 때부터의 자료이다 보니 한문이 많고, 국한문 혼용에 아래아 자도 있으니 처리하기가 복잡한 것이죠. 이 과정 자체가 하나의 새로운 분야라고 합니다. 어떤 문장은 띄어쓰기 없이 죽 이어져 있고, 어떤 문장은 10자 안팎의 길이마다 띄어 썼고,

또 어떤 문장은 현대문과 유사하고. 이런 것들을 하나하나 고려해야 하니 자동 처리가 어려운 것이죠. 이 자료를 사전 처리하는 작업 자체가 개척적이고 창의적인 분야라서, 업체에서는 작업 방식과 알고리즘 작성 및 적용 방식 자체를 학술 성과로 발표하고 싶다는 의사를 밝히기도 했습니다. 저로서는 매우 중요하고 고무적인 반응이라고 생각됩니다.

저는 이런 자료들, 특히 단행본 데이터가 방대하게 구축되어 있다면 개념사 쪽에서 해보고 싶은 연구가 하나 있습니다. 단행본에는 출간연도와 출간한 장소가 나오지 않습니까? 그 두 가지 정보를 입력하여 빈도를 추출해보면 어떤 개념이 서울 등의 중심지에서 사용되다가 지방으로 확산되는지를 시각화해서 볼 수 있을 것입니다. 이것을 좀 더 확장하면 중국, 일본과 연계해서 어떤 개념이나 저작물이 동아시아에서 유통되는 경로와 과정을 눈으로 확인해볼 수 있을 것입니다.

송길영   너무 재미있는 얘기인데, 요즘엔 사람들에게 도움을 줄 수 있어야 펀딩이 되잖아요. 그 부분이 가장 큰 이슈인 것 같습니다. 개념의 변화

를 알고 싶은 게 아니라 개념의 변화가 지금 나의 삶에 어떤 도움을 줄 수 있을지가 궁금한 것이죠. 그것을 설명할 수 있으면 펀딩이 좀 쉬워집니다.

김재중　　이 책에도 '인간 게놈 프로젝트'에 들어간 돈이 30억 달러인데, 국립 인문학재단의 1년 예산은 1억 5000만 달러밖에 안 된다는 이야기가 나옵니다. 인문학에 펀딩이 잘 안 되는 것은 미국도 마찬가지인가 봐요.

천정환　　아무래도 대규모 펀딩은 국가가 할 수밖에 없을 것입니다. 저는 현재 구축돼 있는 자료 중에 놀라웠던 것이 한국고전종합DB였습니다. 「조선왕조실록」「승정원일기」 등의 자료가 다 디지털로 구축되어 있는데, 번역문이 제공되는 것은 물론 한문과 영문이 같이 뜨기도 하고 키워드 하나를 넣으면 전체 DB를 다 검색해서 보여줍니다. 한자를 이렇게 잘 읽는 로봇이 있나 신기하더라고요. 조선이 기록 문화의 나라였다고들 하는데, 그렇다면 디지털화할 수 있는 자료가 얼마나 많겠습니까? 한국, 중국, 일본, 베트남까지 이런 자료들이 모두 디지털화된다면 동아시아가 공유하는 문화나 개념을 넘나들면서 연구할 수 있는 가능성도 열릴 것입니다. 진관타오가 동아시아 개념사 연구에 엄청난 자극을 준 것처럼요. 하지만 이게 돈을 벌 수 있는 일은 아니죠. 결국엔 국가가 하는 수밖에 없을 것 같습니다.

빅데이터, 축복인가 재앙인가

김재중　　번역을 하면서 이 책이 굉장히 짜임새 있게 기획되었다는 생각을 했는데, 역시나 데이터와 관련해서 빠질 수 없는 주제가 나옵니다. 과연 빅데이터는 축복일까, 재앙일까. 우리 역시 이 이야기를 안 할 수는 없을 것 같습니다. 개인적인 경험을 하나 말씀드리면, 미국에 연수를 가 있는 동안 한 대학의 정치

커뮤니케이션 수업을 청강했는데 놀라운 일이 하나 있었습니다. 교수가 프라이버시 침해 문제에 대해 이야기를 꺼냈습니다. 구글 메일이 검색어를 무차별적으로 데이터 마이닝해서 광고를 노출시키고 있는데, 이에 대해 어떻게 생각하는지 토론을 부쳤습니다. 의외로 몇몇 학생이 자기는 그쪽이 더 좋다고 얘기를 하더군요. 나는 여러 가지 정보는 필요 없다, 내가 관심이 있어 구글에서 찾아본 것 중에서 구글이 엄선해서 광고를 보내주니 내 시간을 절약할 수 있는 것 아니냐는 얘기였습니다. 많은 학생들이 그에 대해 우려를 표명하긴 했지만, 이젠 그런 의견들도 적극적으로 청취할 시기가 된 것 같습니다. 매우 현재적인 이야기지요.

데이터베이스가 좋은 도구가 될 수도 있지만, 악용되거나 의도치 않은 결과를 낳을 수도 있습니다. 세 분은 이에 대해 어떻게 전망을 하십니까? 이는 곧 앞으로 빅데이터를 다룰 때 어떤 점을 주의해야 할 것인가에 대한 이야기가 될 수도 있을 것입니다.

천정환 오늘날 한국 IT 문화에서 프라이버시 문제는 최대 이슈라고 할 수 있습니다. SNS 감청에 대한 이슈도 있었고, 검찰 고위 간부가 CCTV 때문에 곤욕을 치르기도 했지요. 이 책에서 이야기하는 '빅데이터가 약속의 땅이 될 것인가, 전염병을 불러올 것인가'는 이제 안이한 질문이 되었습니다. 이미 전염병이 되었죠. 그에 대해 국가와 기업, 개인들이 새로운 윤리나 대안을 마련하는 문제가 시급합니다. 기업과 개인 간의 새로운 협약도 필요하고, 근본적으로 사생활이 무엇인가에 대한 이야기도 필요합니다. 우리나라의 경우 국가 권력이 개인의 사생활을 마구잡이로 들여다보고 있기 때문에 프라이버시 문제를 어떤 윤리로 재구성할 것인가가 상당히 중요합니다. 개인들이 맞설 수밖에 없거든요.

한국 근대사가 검열로 점철된 역사나 다름없기 때문에 주변에 검열사 연구자 분들이 꽤 있고 저도 가끔씩 들여다보는데, 막으면 막을수록 개인들은 비공식적인 길을 개척합니다. 그러한 개인들 중에서 탁월한 반항아가 나타나 그 상황을 분쇄하려는 일이 계속 벌어지죠. 검열에 대해 방어할 수 있는 사회적 협약을 이야기해야 합니다.

허수 저는 약간 다른 관점에서 말씀드리고 싶습니다. 빅데이터를 이용한 연구나 분석이 굉장히 첨단의 일이잖아요. 일반인들은 잘 모르는 상태에서 결과물만 보게 되죠. 고도의 기술이 필요한 일이다 보니 이런 정보는 기술의 언어를 이해할 수 있는 사람들 혹은 돈이나 권력 있는 사람들에게로만 흘러갈 가능성이 매우 높습니다. 기술의 결과물을 공동체가 향유하는 문제에 대해서도 고민해봐야 합니다. 저 나름대로는 역사 분야에서 데이터에 관심을 갖고 이런저런 시도를 해보는데, 그러다가 기술이나 정보를 다루는 사람들의 논문을 보면 거의 상형문자를 보는 것이나 다름없습니다. 거의 이해할 수가 없습니다. 그들이 다루는 고도의 기술이 제 논문의 전제 자체를 허물어뜨리는 경우도 있습니다. 그 앞에서 저는 무력감에 빠지고 맙니다.

제가 할 수 있는 분야가 아니라는 생각에 한동안 포기해야겠다고 마음먹기도 했습니다. 이럴 때 필요한 개념이 저는 '적정 기술'인 것 같습니다. 저는 시대적 맥락과 데이터가 의미하는 바를 알고 있지만, 기술을 가진 분은 그런 이해는 없이 데이터만 가지고 있는 경우가 흔합니다. 학계의 지형과 기술에 대한 이해 사이에서 가장 적정한 수준의 기술이 무엇이냐를 찾아내는 게 중요할 것 같습니다. 아프리카에서 다른 어떤 고도의 기술보다 필터 있는 빨대로 깨끗한 물을 마시게 해주는 것이 훨씬 도움이 되는 것처럼 빅데이터를 활용하는 일에서도 그런 적정 기술이 필요하다고 생각합니다. 첨단 기술에 주눅 들지 않고 자기 방식으로 대응해나갈 수 있도록 말이죠.

송길영 프라이버시 이슈는 결국 '윤리 강령code of ethics'의 문제라고 생각합니다. 무슨 얘기냐 하면, 데이터화되었다고 해서 다 볼 수 있는 것은 아닙니다.

> 한 단체가 직업상 지켜야 할 윤리적 덕목이나 권고를 압축해서 제시해놓은 것

개인 간의 대화를 엿듣거나 훔쳐보면 안 되죠. 그건 윤리의 문제이지 기술의 문제는 아닌 것 같습니다. 저희는 공개된 데이터만 봅니다. 그것만으로도 충분히 연구하고

분석할 수 있거든요. 그런데도 사람 심리가 자꾸 남의 블랙박스를 열어보고 싶어합니다. 결국은 윤리 교육이 선행되어야 한다고 생각합니다. 기술을 얘기하기에 앞서 윤리적 공감대가 형성되어야 할 것 같습니다. 칼이 사람을 찌를 수 있다고 칼을 없애면 되겠습니까? 칼을 잘 쓸 수 있게 제도를 만들고 법률을 만들어야죠. 그 부분이 자꾸 전도되는 것 같습니다. 데이터가 있어서 봤다고 하는데 사실은 보면 안 되는 거죠.

김재중   데이터 주권의 문제, 즉 공권력이 데이터를 어떻게 다뤄야 하는가의 문제는 국가정보과학위원회와 같은 기구에 IT 전문가와 인문사회과학자가 함께 들어가 사회적 합의 기준을 만들어내는 일이 필요하다는 생각이 듭니다. 프라이버시 문제 이외에 빅데이터를 활용할 때 고려해야 할 문제가 또 있을까요?

데이터는 만능이 아니다

송길영   제가 10년간 이 일을 하면서 힘들었던 부분 중 하나는 데이터의 '완전 무결성'만 보려고 하는 분들을 만날 때입니다. 모든 목적을 만족시키는 데이터는 없을뿐더러, 보는 시각에 따라 항상 이런저런 한계를 가질 수밖에 없습니다. 데이터에 한계가 있다고 전체가 무용해지느냐? 그렇지 않습니다. 데이터는 만능이 아니라는 사실을 명심해야 합니다. 만능이 아닌데 왜 쓰느냐고 묻는다면, 대안이 없기 때문입니다. 이것보다 더 나은 게 없어요. 더 나은 게 있으면 쓰겠죠. 이렇게 큰 데이터가 장기간에 걸쳐서 많은 사람들에게 남아 있는 경우가 없기 때문에 지금까지 못 하던 일을 할 수 있게 되었습니다. 새로운 데이터는 못 하던 일에 써야 합니다. 이미 해오던 방법을 대체하기 위해 쓰는 것은 바보 같은 짓이에요. 실제로 대체가 되지도 않고요.

천정환 이미 있던 방법을 대체하는 데 쓰면 안 된다고요? 그건 대단히 중요한 통찰인데요.

송길영 하던 걸 대체하는 데 쓰면 첫째로는 싸움이 붙습니다. 그것의 순도와 방법에 대해서. 둘째로는 이 데이터를 통해 얻을 수 있는 게 작아요. 비용이 얼마나 많이 들어가는 일인데, 똑같은 거 할 거면 뭐 하러 그런 거대한 걸 보느냐는 이야기가 나오죠. 제가 봤을 때 관찰자가 자신의 가설을 제거하면 새로운 발견이 가능해져요. 보통은 자기가 알고 싶은 것에 대해 가설을 세웁니다. 하지만 가설을 없애야 진실을 볼 수 있습니다. 때로는 불편한 진실이 드러나기도 하죠. 거꾸로 얘기하면, 탐색적인 태도로 접근할 수 있기 때문에 연구자가 쓸데없는 일을 하지 않을 수 있습니다. 한참을 가다가 이 길이 아닌가 보다 하지 않고, 처음부터 탐색적으로 바라보면서 이렇게 하면 확실히 좀 다르구나, 연구해볼까 할 수 있는 것이죠.

김재중 저도 비슷한 이야기를 들었는데, 미국식의 데이터 분석법이나 통계적 방법이 강조되면서 최근엔 가설을 세우고 그에 따라 분석해가는 전통적인 방식보다는 가설 없이 데이터를 가져와 툴에 넣고 이렇게 저렇게 굴려보다가 그림이 나오면 그때 가설을 세우는 방식으로 논문을 쓴다고 하더라고요.

송길영 탐색적 연구를 기계가 대신 해주면 우리 입장에서는 인생을 낭비하지 않을 수 있습니다. 얼마나 힘든데요. 드릴로 땅을 파다가 콘크리트가 나오면 다 망하잖아요. 그런 일을 없앨 수 있는 것이죠.

빅데이터, 인간에 대한 '과학'을 향하여

김재중 끝으로 이 책에서 가장 인상적이었던 부분을 말씀해주시거나 이 책에 대한 간략한 평가를 하면서 이 자리를 마치도록 하겠습니다.

허수 저는 '반감기'라는 말이 가장 인상적이었습니다. 불규칙동사의 사용 빈도수가 절반으로 떨어져 점점 규칙화되어가는 시점을 나타내는 반감기요. 얼핏 생각하면 '규칙'이 먼저 있고, 그다음 거기에 '불규칙'이 생길 것 같잖아요. 그런데 데이터를 통해 불규칙동사를 추적해 들어가다 보니, 원래는 불규칙동사가 일반적이었는데 이것이 점점 규칙화되면서 나중엔 불규칙동사가 소수가 되어버렸죠. 그나마 그것들이 많이 쓰이는 단어이기 때문에 살아남아서 화석처럼 되었다는 것입니다. 저는 반감기를 측정한다는 아이디어가 굉장히 재미있었고, 언어 체계는 다르지만 한국에서도 이걸 가지고 뭔가를 할 수 있겠다 싶었습니다. 반감기 이외에도 디지털 지문, 디지털 공유지 등 새로운 개념을 표현한 용어들이 굉장히 적확하다는 생각이 들었고요.

그리고 이 책을 읽고 나니 더욱 그런 생각이 드는데, 빅데이터는 이제 거부할 수 없는 환경이 된 것 같습니다. 어떤 형태로든 받아들이고 적응해나가야 하는 새로운 현실인 것이죠. 예전의 정성적인 방법만으로는 불충분합니다. 문제의식과 환경이 바뀌면 새로운 방법을 개발해야 합니다. 툴도 바뀌고 마인드도 달라져야 하는 거죠. 이 책을 읽다 보니, 빅데이터를 활용한다면 거시적인 연구를 할 수 있겠다는 생각이 들었습니다. 연구자들도 이제는 새로운 현실에 적극적으로 대응해나가야 합니다. '기술을 모르니 난 못 하겠다'며 거부할 수 있는 일이 아니에요.

송길영 모수가 많아지고, 시계열 데이터가 축적되면 객관화가 가능해집니다. 저는 이렇게 얘기해요. '주관의 객관화'. 한 사람의 오피니언은 주관적이지만 사회 전체의 사례를 모으면 어떤 합의점이라는 게 존재하거든요. 그것이 정치, 경제, 사회현상으로 표현되는 것이죠. 그래서 저는 '객관적 주관'을 찾는다고도 이야기합니다. '소셜 사이언스social science', 즉 사회과학이라고 하지만 자연과학자들은 그 말을 인정하지 않습니다. 제어할 수가 없거든요. 통계적인 작업에서 결과를 내기 위해서는 그 속에 있는 변인을 제어해야 합니다. 정치, 경제, 사회현상에서는 변인을 제어한다는 게 불가능하죠. 그런데 어떻게 과학이 되겠어요? 하지만 수세기 동안 수천만 명이 남긴 정보를 놓고 본다면, 그때는 객관화가 가능해집니다. 인문사회과학에서도 데이터를 읽고 다루게 된다면, '소셜 사이언스'를 정말 '사이언스'의 수준으로 올릴 수 있지 않을까요? 저는 이 책이 제시하는 아이디어가 인간의 심리나 행동, 사회현상을 설명하는 일을 좀 더 '과학'에 가까워지게 하는 데 굉장히 좋은 툴이 아닐까 생각합니다.

천정환   저는 이 책을 읽으면서 저자들이 받은 혜택이랄까요, 좋은 환경 같은 것이 눈에 보였습니다. 이들은 굉장히 높은 수준의 학제적인 정보나 지식을 갖추고 있는데, 이는 미국적인 인문사회과학에 기반을 둔 것이죠. 구조적인 관점은 좀 부족하지만, '넘나드는 힘' 같은 것이 있어서 재미있었습니다. 반대로 한국 인문학의 척박한 상황이 자꾸 머릿속에 떠오르더군요. 데이터도 척박하고, 인문학자들이 사는 모습도 척박하고. 학제와 학제 사이에서 연구자들을 구속하는 것도 그렇고요. 이 책은 빅데이터를 활용해서 뭔가 새로운 것을 할 수 있다는 사실 자체를 보여주는, 그 세계로 진입하는 문턱에 무엇이 있는지를 보여주는 책이라고 생각합니다. 우리나라의 인문학자들이 이 책에 자극을 받아 뭔가 변화를 시도할 수 있는 계기가 되었으면 좋겠습니다.

송길영   이 책의 구성 자체가 굉장히 잘된 스토리텔링입니다. 무협지 같은 서사가 있어요. 성장의 과정이 있고, 반전도 있지요. 디테일하기도 하고요. 마지막으로 그 속에 단단한 '이론theory'이나 '주제theme'가 있어야 하는데, 엔그램 뷰어가 그리는 그래프라든가 반감기라든가 수학공식처럼 딱 떨어지는 맛도 있습니다. 한편으로 저는 저자들의 접근 방식이 상당히 '순수하다'는 느낌을 받았어요. 좀 더 들어가서 관계어라든가 네트워크까지 보면 상업적인 부분에서도 유의미한 이야기를 할 수가 있습니다. 이렇게 말씀드릴 수 있을 것 같습니다. 현재 우리가 가진 욕망은 어디서 갑자기 나온 것이 아니라 수백, 수천 년간 인류가 품어온 욕망의 누적이라고 할 수 있습니다. 그것은 문화나 관습으로도 남아 있죠. 그 원류를 찾는 데 이 책의 작업이 큰 도움이 될 거라고 생각합니다.

찾아보기

빅데이터 인문학: 진격의 서막

800만 권의 책에서 배울 수 있는 것들

2015년 1월 23일 1판 1쇄
2022년 3월 31일 1판 8쇄

지은이 | 에레즈 에이든 & 장바티스트 미셸
옮긴이 | 김재중

편집 | 조건형·이진
디자인 | 권지연
인포그래픽 | 203인포그래픽연구소
제작 | 박흥기
마케팅 | 이병규·양현범·이장열
홍보 | 조민희·강효원

출력 | 블루엔
인쇄 | 천일문화사
제책 | J&D바인텍

펴낸이 | 강맑실
펴낸곳 | (주)사계절출판사
등록 | 제406-2003-034호
주소 | 10881 경기도 파주시 회동길 252
전화 | 031)955-8588, 8558
전송 | 마케팅부 031)955-8595 편집부 031)955-8596
홈페이지 | www.sakyejul.net 전자우편 | skj@sakyejul.com
블로그 | blog.naver.com/skjmail
페이스북 | facebook.com/sakyejul
트위터 | twitter.com/sakyejul

값은 뒤표지에 적혀 있습니다. 잘못 만든 책은 서점에서 바꾸어 드립니다.

사계절출판사는 성장의 의미를 생각합니다.
사계절출판사는 독자 여러분의 의견에 늘 귀기울이고 있습니다.

ISBN 978-89-5828-815-2 03900